中央民族大学"985工程"
中国当代民族问题战略研究哲学社会科学创新基地
编 委 会 成 员

杨圣敏　马　戎　郝时远　朱苏力　卓新平

游牧者的财产法
——蒙古族苏鲁克民事习惯研究

戴双喜 著

中央民族大学出版社
China Minzu University Press

图书在版编目(CIP)数据

游牧者的财产法——蒙古族苏鲁克民事习惯研究/戴双喜著.
—北京:中央民族大学出版社,2009.5
ISBN 978-7-81108-667-6

Ⅰ.游… Ⅱ.戴… Ⅲ.蒙古族—民法:习惯法—研究—内蒙古 Ⅳ.D922.154

中国版本图书馆 CIP 数据核字(2009)第 062279 号

游牧者的财产法——蒙古族苏鲁克民事习惯研究

作　　者	戴双喜	
责任编辑	白立元	
封面设计	李　海	
出 版 者	中央民族大学出版社	
	北京市海淀区中关村南大街 27 号　邮编:100081	
	电话:68472815(发行部)　传真:68932751(发行部)	
	68932218(总编室)　　　68932447(办公室)	
发 行 者	全国各地新华书店	
印 刷 者	北京宏伟双华印刷有限公司	
开　　本	880×1230(毫米)　1/32　印张:10.5	
字　　数	266 千字	
版　　次	2009 年 5 月第 1 版　2009 年 5 月第 1 次印刷	
书　　号	ISBN 978-7-81108-667-6	
定　　价	27.00 元	

版权所有　翻印必究

总　　序

《民族法理论探索》丛书是中央民族大学"985工程"中国当代民族问题战略研究哲学社会科学创新基地民族法研究中心的主要研究成果,并且由国家"985工程"专项经费资助出版。我们立足于将民族法学的基础理论与当前国家关于民族问题的相关立法、民族政策以及民族地区社会主义法制建设实际相联系,既注重理论的丰富与发展,也关注民族地区法制建设实际。在研究过程中,我们邀请了国内民族法学界较有影响力的专家、学者共同开展项目研究。

国内民族法理论研究已有20余年,有了一定的学术积累,产生了一批有影响的成果,也形成了一支专业学术队伍。中国已经建立起具有中国特色的民族区域自治法律制度和民族区域自治理论体系。目前我们面临着在全球化、现代化背景下如何应对发展与创新的挑战,如何应对全球化和城市化进程中出现的新问题,如何结合形势发展,实现我国民族区域自治理论研究的与时俱进,如何通过推出高水平的研究成果,为国家民族法制建设提供政策咨询意见,如何通过研究和交流,增进世界各国对中国民族政策和民族法制建设的了解,这既是民族法研究中心的重要任务，也是本丛书的基本价值取向。

本丛书主要涉及如下研究方向：（一）民族区域自治法的实践与民族区域自治制度创新研究，主要内容包括：西部大开发与民族地区经济法制建设，民族自治地方刑事法律制度研究，民族自治地方财政法制建设研究，民族自治地方环境资源法制研究，广西瑶族地区的自治制度研究，民族经济法律制度研究，俄罗斯民族文化自治与人权保障、自治条例和单行条例研究；（二）中国少数民族自治历史研究，主要内容包括：中国古代至清代少数民族"自治"研究，近代少数民族"自治"研究，新中国成立以后民族区域自治制度的历史发展研究；（三）少数民族权益保障研究，主要内容包括：少数民族权益保障基础理论研究，以及民族教育、少数民族文化保护和对少数民族权利的司法保护等具体的少数民族权益保障研究。

长期以来，中央民族大学一直以研究民族问题见长，但是，如何使学科优势转化为社会经济效益，为将中央民族大学建设成为世界一流的民族大学，成为促进我国各项民族事业发展的重要理论研究基地以及党和国家民族问题决策的思想库，通过改革管理体制和运行机制做到资源整合、学科整合、人才整合、项目整合，提升科研创新能力和核心竞争力，依然需要更多的投入和做更多的努力。

中央民族大学有着良好的学术传统、深厚的人文底蕴，在国内外有广泛的学术影响，应当肩负起中国民族法学的教学、科研重任，应当支撑起民族法学学科在中国法学学科中的应有地位，并在国际人权（特别是少数人权利保障）、国际上民族纠纷的法律解决机制、民族区域自治与其他类型自治的比较研究等方面展开积极的对话，为我国党和政府正确处理国内民族问题提供切合国情的理论依据和有益借鉴。中央民族大学法学院在未来几年内将具备更加良好的办学条件，形成一支结构合理、教学科研力量雄厚的师资队伍，培养出一批民族法制理论研究和应用的高级人才，为推进民族法理论建设做出应有的贡献。

在研究方法上，本丛书力图将人类学（民族学）的田野调查、社会学定量分析等社会科学研究方法与法学的规范实证分析方法相结合，充分发挥我校人类学、民族学和社会学研究的优良传统，并将其相关研究成果应用到法学研究上，既注重田野调查第一手材料的搜集，也加强从法学角度对人类学（民族学）田野调查材料进行分析，力图使本丛书的研究建立在坚实而丰富的资料基础上，做到立足中国实际，理论与实际相结合。

本丛书在当前和今后一个时期具有广阔的应用前景。第一，力求探索一条适合我国国情的坚持和完善我国民族区域自治与少数民族权益保障制度的道路，为解决中国当前民族工作面临的各种问题做出理论尝试，而这对各民族长期的、稳定的、可持续的发展，促进民族团结、维护国家统一具有重要的意义。第二，有助于向世界展示我国各少数民族在社会主义现代化建设中政治、经济、生活方面的成就，展示我国各少数民族所享有的权利和自由，展示我国党和政府为促进少数民族发展与保障人权方面所做的努力，使外国人民，尤其是相关领域的专家、学者和国际组织了解中国包括少数民族在内的人权的真实状况，有力回击某些西方国家的无端攻击。第三，有利于加强民族法学学科的自身建设，培养造、就一支有较高理论素养、较强科研能力和敬业精神的科学研究队伍，并将形成广泛的国际、国内学术联系，能持续地为国家输送高质量人才,以及为国家和政府各部门提供决策和咨询服务等,其效益、持续力是广泛久远的。第四,本丛书努力突出理论和需求的适应性,其对民族区域自治与少数民族权益保障等重大现实问题的研究,将直接为立法、司法、执法部门提供决策和咨询服务,提供参考意见和材料。第五,通过本丛书的出版和发行,整合有利资源,突出学科优势,提升学科的核心竞争力,同时强化基础设施建设和办学条件的改善,使我校学生能够将强烈的使命感、对民族问题研究的浓厚兴趣与自身的学术功底相结合,为我国各民族的共同繁荣提供法律人才保证和智力支持。

徐中起

2008 年 5 月

目 录

导论 …………………………………………………… (1)
　（一）问题的提出 ………………………………………… (1)
　（二）主要内容 …………………………………………… (9)
　（三）创新与不足之处 …………………………………… (9)
　　1. 论著的创新之处 …………………………………… (9)
　　2. 论著的不足之处 …………………………………… (10)
　（四）范畴 ………………………………………………… (10)
　　1. 民事习惯与习惯法 ………………………………… (10)
　　2. 近代民法中的民事习惯 …………………………… (19)
　　3. 现代民法中的民事习惯 …………………………… (24)
　（五）路径选择与研究方法 ……………………………… (31)
　　1. 路径选择 …………………………………………… (31)
　　2. 研究方法 …………………………………………… (46)

一、蒙古游牧法文化及其财产法律表达 ……………… (49)
　（一）蒙古族法文化及其形态 …………………………… (49)
　　1. 蒙古族法文化及其存续、传承形态 ……………… (49)
　　2. 游牧经济的游动性与蒙古民族法文化传承 ……… (54)
　　3. 畜牧业传统知识与蒙古族法文化传承 …………… (60)
　（二）蒙古族游牧文化与财产 …………………………… (65)
　　1. "umqi"及其范围 ………………………………… (65)
　　2. "umqi"取得方式民法理论分析 ………………… (71)

　　　　3. 畜群管理结构与财产法 ……………………………（77）
　　　　4. 特殊物权客体——畜群 …………………………（82）
二、游牧文化中用益物权的传统表达方法 ………………………（89）
　（一）范畴 ……………………………………………………（89）
　　　　1. 语言学中的"苏鲁克" ……………………………（89）
　　　　2. 社会学语境中的"苏鲁克" ………………………（90）
　　　　3. 法学语境中的"苏鲁克" …………………………（93）
　（二）苏鲁克民事习惯的历史追述 …………………………（98）
　　　　1. 苏鲁克民事习惯起源与早期功能 ………………（98）
　　　　2. 苏鲁克民事习惯发展与变迁 ……………………（109）
　　　　3. 苏鲁克民事习惯早期调控功能的回归 …………（115）
　　　　4. 苏鲁克民事习惯断裂与连续 ……………………（125）
　（三）游牧烙印文化与财产权——物权变动模式 …………（132）
　　　　1. 传统烙印文化起源与发展 ………………………（132）
　　　　2. 传统烙印权能与法律意义 ………………………（137）
　　　　3. 苏鲁克用益权与烙印文化 ………………………（144）
三、比较视野下的苏鲁克民事习惯 ………………………………（153）
　（一）租佃说、雇佣说、租赁说 ……………………………（153）
　　　　1. 租佃说 ……………………………………………（153）
　　　　2. 雇佣说 ……………………………………………（157）
　　　　3. 租赁说 ……………………………………………（160）
　（二）家畜寄养说 ……………………………………………（165）
　　　　1. 起源与方法 ………………………………………（165）
　　　　2. 寄托制度与苏鲁克民事习惯 ……………………（167）
　（三）家畜信托说 ……………………………………………（172）
　　　　1. 信托说与方法 ……………………………………（172）
　　　　2. 信托与苏鲁克民事习惯 …………………………（174）
　（四）苏鲁克民事习惯的物权性质分析 ……………………（182）

        1. 苏鲁克民事习惯的物权特质分析 …………（182）
        2. 大陆法系传统民法视域中的苏鲁克制度 ……（188）
        3. 苏鲁克民事习惯的法律价值 ………………（204）
    （五）苏鲁克用益权的设立、消灭和内容 …………（211）
        1. 苏鲁克用益权的设立 ………………………（211）
        2. 苏鲁克用益权的消灭 ………………………（213）
        3. 苏鲁克用益权的内容 ………………………（218）
        4. 小结 …………………………………………（233）
四、迷失的知识传统及其解决进路选择 ………………（235）
    （一）苏鲁克用益权新动向 …………………………（236）
        1. 苏鲁克标的变化 ……………………………（236）
        2. 苏鲁克内容变化 ……………………………（245）
        3. 苏鲁克民事习惯功能变化 …………………（251）
        4. 传统公示习惯法的弱化 ……………………（260）
    （二）当代司法中的苏鲁克民事习惯 ………………（266）
        1. "事实"与"法律"之间 …………………（267）
        2. 司法公正与民事习惯 ………………………（277）
    （三）传统问题与规则选择 …………………………（282）
        1. 传统规则与传统问题 ………………………（283）
        2. 传统问题与现代规则 ………………………（287）
        3. 传统问题与司法能动 ………………………（303）
结语 ………………………………………………………（310）
参考文献 …………………………………………………（312）
后记 ………………………………………………………（327）

导　论

（一）问题的提出

　　游牧文化作为中华文明的源头之一，在北方草原延续至今已有几千年历史了。北方草原即蒙古高原，是亚洲内陆最大的草原。北方草原的范围大致东起小兴安岭，西至帕米尔高原，南起中国长城，北至西伯利亚森林的广大区域。北方草原地带的气候属高原大陆性气候，大部分地区属中温带干旱或半干旱区，还有部分地区为寒带湿润区。北方草原的年降雨量大部分地区为300～400毫米，从东向西降雨量逐渐减少。内蒙古西部的阿拉善地区大多不足100毫米。① 北方草原的西部地区主要是以绿洲为主，中部和东部地区则以草地为主。蒙古高原有众多的山川、河流、湖泊、草地，地势相对较平坦，有的地方是一望无际的绿草地，典型的温带草地是蒙古高原显著的特点。蒙古高原是蒙古人祖祖辈辈繁衍生息的摇篮，这个特殊的地理环境和自然条件也是蒙古族独特的历史文化产生和发展的沃土。蒙古地区从地理环境和自然条件来看，尤其是降雨量少、四季分明、草质的特点、河流灌溉系统的不发达等原因，决定了这一地区主要适合游牧生产，部分地区可以农耕和狩猎。地理环境和自然条件，决定了北方草原经济生活以游牧、畜牧业为主导，产生了高度发达的游牧文明。游牧文明是在其发展壮大的过程中，通过不断地与其他文明相互

---

① 王建革：《农业生态与传统蒙古社会》，第15页，山东人民出版社，2006年。

磨合、交流、冲突等调适的过程中积淀下来的。由于地理环境、自然条件、生产方式等原因，游牧文明具有强烈的个性特质。对游牧文明的评介和解读，往往也是与其他文明作为参照系展开的，其中，主要与农耕文明的比较更多一些。我们可以确定，草原社会的统治者不像中原地区那样，他是以土地所有权为基准的。没有一个单独的牧场是有价值的，除非使用它的人可以随时转移到另外的牧场上，因为没有一个牧场经得起长时间的放牧。移动权比居住权更加重要，而"所有权"实际上就是循环移动的权利。① 公元前209年，匈奴（匈奴是蒙古地区第一个见于史籍的民族共同体，从战国时期开始实力逐渐强大。公元前3世纪，匈奴开始称雄蒙古高原，活跃于内蒙古阴山及河套一带，南邻中原秦、赵等国。匈奴族源复杂，应包括荤粥、鬼方、猃狁、戎、狄在内的原先活动于大漠南北的各族，经过长期分合聚散，因"匈奴"于其中居于主导地位，形成了以匈奴为称号的游牧部族。他们控制了长城以北的广大地区，公元3世纪末建立了蒙古高原上的第一个游牧民族国家。到了公元1世纪末，鲜卑人取代了匈奴对该地区的统治。至此，匈奴一部分进入中原；一部分并入鲜卑；一部分西去中亚。其族属和语言，学术界仍有争论）冒顿弑其父头曼单于自立，在北方草原上第一次建立了强大的游牧民族政权，统一了草原诸部。匈奴人统一草原后，继承和发展了草原游牧文明，在亚洲游牧民族历史上成为游牧文化的主要先驱者之一。蒙古族（中国蒙古族主要分布在内蒙古自治区、辽宁省、吉林省、黑龙江省、新疆维吾尔自治区、青海省、河北省、甘肃省中国北部八省区，其他省市自治区零星散布。这里讲的民事习惯在地域上主要以内蒙古自治区为范围）作为民族共同体，

---

① [美] 拉铁木尔著，唐晓峰译：《中国的亚洲内陆边疆》，第44页，江苏人民出版社，2005年。

登上历史舞台之前，东起兴安岭，西至阿尔泰山脉以西，南达长城，北抵贝加尔湖一带广袤的北方草原上，除匈奴之外，曾经先后出现过东胡［东胡也是较早出现于汉文史籍的古代北方民族，东胡大约与匈奴同时见于史书记载。是战国时期中原华夏族对活动在匈奴（胡）以东族属、语言、习俗相同或相近各部落的统称。《史记·匈奴传·索引》卷一一载："东胡'在匈奴东，故曰东胡'。"属于蒙古人种，语言是古老的阿尔泰语系语言。东胡位于战国燕国的北部，赵国的东北部，与燕、赵诸国长期时战时和。汉初，东胡强盛，曾迫使匈奴冒顿单于贡奉千里马和阏氏（单于妻）。后来，冒顿领兵出击东胡，东胡大败，一部分部众及牲畜财产被掳，余众散为乌桓、鲜卑等部属。所以东胡人就是历史上的鲜卑人和乌桓人。《史记》载："东胡，乌丸（乌桓）之先，后为鲜卑。"《三国志》载："乌丸、鲜卑，即古所谓东胡也。"《魏书》载："乌桓者，古东胡也"，"鲜卑者，东胡之余种也。"东胡人及其后裔的居地大体上就是内蒙古东部地区］。乌桓［乌桓，汉文史书也记作"乌丸"、"古丸"，原为东胡后裔的一支。匈奴击破东胡以后，其部分余众居于乌桓山，因山名族。乌桓初游牧于饶乐水（今西拉木伦河）一带，后来分布在东起大凌河、西至鄂尔多斯高原的狭长地带。汉献帝初平年间，蹋顿统一乌桓各部，公元207年被曹操击破，部分并入鲜卑，一部分迁入内地］、鲜卑［鲜卑亦东胡别种，其语言与乌桓同。鲜卑作为族名，最早见于《后汉书》，是东胡后裔。公元2世纪中叶起，乘匈奴的衰败兴起，占据了蒙古高原，以今乌兰察布高原一带为中心，纠合各式各样的民族部落，建立了大联盟，分东、中、西三大部，有12大人，强盛一时。其中强大的有拓跋部、慕容部以及宇文部。在"五胡十六国"时期，鲜卑人进入了内地，鲜卑贵族建立了几个割据政权，后来拓跋鲜卑统一了黄河流域，建立了北魏王朝。公元7世纪以后，进入内地的所有鲜卑人最终同化于汉民族之中]、柔然[柔然亦称蠕蠕、芮芮、茹茹,源于东胡。统治者为东胡苗裔郁久闾氏,初居于乌兰察布高原,后进入漠北,附属于北魏。5世纪初,在社仑领导下逐渐强盛,与北魏抗衡,在敦煌、张掖之北的草原上建立了柔然汗国,其领土广阔,东抵朝鲜,西达中亚,多数臣民为突厥语族部落。公元552年(西魏废帝元年)为突厥所灭,语言为东胡后裔诸语言的一种方言]、突厥["突厥"一名最早见于《周书》、《北齐书》、《北史》。突厥是游牧于金山(今阿尔泰山)山麓的游牧部落,柔然的属部。公元552年,推翻了柔然政权,建立了突厥汗国,创制了自己的文字。582年被隋朝打败,分裂成北突厥和西突厥。西突厥统治中亚一带,公元659年(唐显庆四年)为唐所破,于其地置府州。东突厥统治今蒙古地区,在公元630年(唐贞观四年)为唐太宗所破,归属于唐朝达半个世纪。公元682年(唐永淳元年)东突厥叛唐独立,恢复旧地,重建突厥汗国,控制蒙古高原又半个世纪以上,公元745年(唐天宝四年)为回鹘所灭]、回鹘[回纥为敕勒(高车)或铁勒诸部之一,公元788年更名为回鹘。铁勒即南北朝时期的敕勒(高车)。隋唐时期分布于蒙古高原上的铁勒部落主要有:色楞格河流域的回纥,土拉河流域的仆骨、同罗、拔野古、思结、契苾等,阿尔泰山西南的薛延陀等,贝加尔湖南的都波等。此外,在中亚、西亚等地也有铁勒部落活动。铁勒诸部西北的叶尼塞河上游还有黠戛斯等部。敕勒部落各有酋长。回纥与突厥同一语族,由"九姓部落"组成,受突厥汗国统治,时服时叛。公元8世纪中叶,在首领骨力裴罗领导下推翻突厥汗国统治,于鄂尔浑河流域建立了回鹘汗国。其统治的疆域,东起兴安岭,西抵阿尔泰山。公元840年,黠戛斯攻破回鹘汗国,回鹘诸部溃散,大批回鹘人西迁至今甘肃和新疆地区。黠戛斯的南迁,使古代蒙古高原的民族构成和突厥语族各部落的分布发生了显著的变化,操北部铁勒方言的人口在蒙古高原占了优势]、室韦·达怛［室韦·达怛人原居住地在呼伦贝尔草原，大兴安岭东南，额尔古纳河与黑龙江两岸。据《魏书·失韦传》卷一载："语言与库莫奚、契丹、豆莫娄国同。"《北史·室韦传》卷九四载："盖契丹之类。其南者为契丹，在北者号室韦。"《新唐书·地理志》卷四二亦载："俱伦泊（呼伦湖），泊之四面皆室韦。"在古代汉籍中常与鞑靼（达怛）互通互易。他们是原蒙古人，他们的语言还没有经历后来的突厥化历史过程，保持着东胡后裔语言和方言的特点，即原蒙古语。室韦·达怛人有好多分支，其中居住在望建河（今额尔古纳河）南的蒙兀·室韦人是蒙古人的直接祖先］等少数民族建立的政权。这些政权有的实力很强大，经常跟中原王朝产生摩擦，甚至是严重的军事冲突和对峙，但有的时候也相安无事，"和平共处"。后来又兴起契丹和东北"白山黑水"间的女真等诸民族、部落或部落联盟。这些民族和部族在蒙古高原上的活动，对蒙古族的历史发展产生了深远的影响。蒙古族的族源同北方各民族的历史有密切的联系。[①] 他们从蒙古高原东北部不断地向南、向西推进和迁徙，有的在蒙古高原上建立过政权，有的在这一地区的统治达数百年之久。他们的有些政治法律制度源远流长，被后来居上的民族所继承和延续。

众所周知，后继的蒙古人把游牧文化推向了世界、推向了极致。"每一个社会都要建构适合它需要的文化内蕴。"[②] 蒙古人在北方草原驰骋几百年的过程中，创造了与其游牧经济相适应的富有个性的"民事法律"文化。游牧文化中孕育出的"民事法律"文化在其表达方式、渊源和实践方面与农耕文化中产生的民事法

---

① 亦邻真：《中国北方民族与蒙古族族源》，载《内蒙古大学学报》，1979年第3~4期。
② 孟驰北：《草原文化与人类历史》，第2页，国际文化出版公司，1999年。

律制度存在重大的差异性。这种差异性的原因很复杂，但其中不能忽略的一个重要因素之一就是移动的经济形态下的财产观念、意识，即"移动权比居住权更加重要，而'所有权'实际上就是循环移动的权利"①。这里以蒙古人的游牧经济中产生、发展和延续至今的"苏鲁克"制度为个案，展现游牧民族"民事法律制度"强烈的固有性的特点。这些特点包括：民事法律的表现形式以习惯法为主，制定法的规制相对较少；财产法的标的是围绕着游牧经济中最主要财产——畜群来展开的；财产的占有和物权的变动方式具有浓厚的游牧文化特色。这种固有性特点的梳理和展示至少有三方面的意义：一是通过其文化背景的阐释，可以给法的发展和演变过程的历史链条研究提供一个具体的法人类学个案素材；二是对当前民事法律制度中的民事习惯的"位置"安排给予启示性的经验支持；三是个案本身需要系统的民法学理论的解读，对司法实践中出现的问题给予理论指导。

苏鲁克民事习惯是蒙古族游牧经济中产生的一项畜牧经营方式。"苏鲁克"是蒙古语（suruk），原意为"群"，指畜群，本身并没有特定的何种畜群和何种制度契约的含义。"在漠南蒙古地区，很早以来就在蒙古人之间，或满、汉人与蒙古人之间流行着牲畜的寄养与代养的习惯，这种代牧畜群通称'苏鲁克'"②，也叫"放苏鲁克"（suruk tabihu）。其中代牧者为苏鲁克用益人（suruk uruhe），委托者为苏鲁克所有人（suruk in ejen）。"苏鲁克"从法律视角而言是一种合同关系，也是重要的，延续至今的民事习惯，是现今游牧地区重要财产用益民事习惯之一。苏鲁克

---

① ［美］拉铁木尔著，唐晓峰译：《中国的亚洲内陆边疆》，第44页，江苏人民出版社，2005年。
② 云慧群：《浅析清代漠南蒙古地区"苏鲁克"制》，载《经济·社会》，1988年第4期。

民事习惯在以游牧经济为主要特点的游牧文化中，创造了新的契约模式，改变了原有的单一的所有权物权体系，创造了新的用益物权模式，解决了游牧经济中的最主要财产之一——畜群的用益问题。苏鲁克民事习惯被历史学家、经济学家和社会学家关注得较多，但苏鲁克民事习惯长期没有得到法学理论的关注，尤其缺乏系统的民法学理论的分析和解读。苏鲁克民事习惯在内蒙古自治区建立初期，成功运用于农村牧区社会改革，从固有的民事习惯，上升为国家权力所认可的规范，为内蒙古自治区社会主义民主改革提供了重要的制度资源，并成为著名的"三不两利"政策的主要内容之一，也是内蒙古自治区对国家法律、政策做出变通规定的主要制度资源。在"文化大革命"期间作为旧制度遗留物而被否定，退出牧区。改革开放之后，苏鲁克民事习惯悄然被广大牧区重新援用，又一次对牧区牲畜家庭承包制改革提供了制度资源。伴随市场经济制度的发展和完善，苏鲁克民事习惯从政权规制逐步回缩为"纯"民间的民事习惯，继续对牲畜用益关系起到规范作用。20世纪末畜牧业产品逐步市场化而苏鲁克合同纠纷日益增多。由于公权力规制的退出，法学理论指导的缺乏、审判活动中盛行的"法条主义"思维使得苏鲁克民事习惯的诸多问题浮出水面。这些问题突出表现在：

首先，现行民事法律制度对司法实践中的苏鲁克合同纠纷的审裁依据支持严重不足，案件事实现行法中找不到充分的根据，这种情况下如何引用传统民事习惯处理苏鲁克纠纷成为急需解决的问题。这一问题涉及整个民事法律制度中的民事习惯的"位置"安排。

其次，苏鲁克合同在文本表达上属于双方在平等、自愿基础上达成的一种"无名合同"，双方权利、义务的约定遵循以往习惯法，但对传统习惯法的民法定性模糊，使得苏鲁克合同的民法上的定性也成为争议性较大的问题。① 定性不准导致苏鲁克双方权利、义务的法律确认难度增加，偏离了习惯法本身的原则和精神，传统知识的贡献和价值被遮蔽，司法公正也难以实现，苏鲁克习惯法也成为一种"迷失"的知识传统。

最后，苏鲁克合同是传统游牧经济中产生和发展起来的民事习惯，本身是依托于游牧经济中的其他民事习惯的，从而解决苏鲁克合同纠纷还需要解读其他相关的民事习惯。而这一系列民事习惯是与其产生的文化背景、经济结构、经营管理构造方式紧密联系在一起的。因此，只有把苏鲁克民事习惯放在其产生的文化和经济背景下才可以全盘地解读，否则别无其他良法。

少数民族民事习惯（包括其他习惯法）作为"民族"的传统知识对解决"民族"的传统问题发挥的作用是显而易见的。在理论或者制度安排（民族区域自治制度）上，少数民族民事习惯（包括其他习惯法）被官方所认可的大门是敞开的。但是，实际情况与此相反，少数民族民事习惯不是很难得到官方的认可就是"利用"完毕弃之。本文所描述的苏鲁克民事习惯就是一个典型个案。作为实用性②知识体系，不仅是在民间体现，官方也对其实用性发挥到了极致。被人们认为最容易能够被民法所吸收的民事习惯③的命运与其他刑事、行政习惯相比，其处境好不

---

① 戴双喜：《法律视野中的苏鲁克民事习惯》，载《蒙古学集刊》（教育部人文社会科学电子集刊），2006年第2期。

② 梁治平：《清代习惯法：社会与国家》，第128页，中国政法大学出版社，1996年。

③ 杜宇：《重拾一种被放逐的知识传统》，第16页，北京大学出版社，2005年。作者认为："与近代民法相比，现代民法更为重视习惯法。"如果承认我们当下的民事法律制度是"现代"的，那么实际情况并没有这样乐观，民事习惯在民法中的"位置"安排在我国存在较大的争议：一方面民事法律制度的个别原则与习惯法的地位不相对称，例如，物权法定原则；另一方面有学者认为民法基本原则已经提供了充足的张力支持，没有必要把民事习惯作为法源，见徐国栋：《民法基本原则解释》，第124—130页，中国政法大学出版社，1992年。

到哪里去。形成这一格局的原因很多，但笔者认为，其中重要的也是关键的因素在于争取给民事习惯找到"合法位置"的理论著作，还不能提供系统的现代民事习惯个案作为其理论的支撑点。从而本文的真正目的只能是展示性、描述性的，仅仅是少数民族传统习惯法事实的阐释，展现个案中反映出来的诸多问题。纠缠于争取民事习惯"合法位置"的"宏大叙事"的建构性论战不是本文的目的，至少不是直接目的。

（二）主要内容

本书主要由4部分内容构成：第一部分是在地方传统知识框架内，即以蒙古族传统游牧文化、经济结构为背景，运用法学和人类学方法描述蒙古族苏鲁克民事习惯，从语言学、社会学、法学、史学视角详细阐释苏鲁克民事习惯在传统游牧社会中的存在形态、性质、历史演进以及所发挥的作用。第二部分，运用法人类学的方法重点阐述传统蒙古游牧文化中的财产法律制度在其法律渊源、公示性和救济实践等表达方法上的个性特点，论述少数民族民事习惯的地方性以及作为地方性法律知识传统，解决地方传统问题的方法、途径和形态。尤其运用法人类学的方法对苏鲁克用益权变动的公示方法的独特性加以重点论述。第三部分是运用比较法学方法对苏鲁克制度进行系统的现代民法理论的解读，解决对苏鲁克民事习惯定性不正确的问题。第四部分论述苏鲁克民事习惯在转型时期的变化动向，以及对转型时期出现的各类问题加以分析和研究，提出解决问题的可能进路。

（三）创新与不足之处

1. 论著的创新之处

第一，初次以法学视角，运用民法理论系统阐述了苏鲁克民事习惯的性质和特征，以便给苏鲁克合同实践提供理论支持。

第二，所用的调查资料是笔者最新调查、搜集和分析的统计数字和司法机关审结的卷宗材料。在以往研究材料的基础上追求材料的新颖性，避免社会学视角研究资料的"老化"问题。

第三，在研究方法上，采用法人类学、社会学的个案调查方法为基础，对案例分析和归纳中提炼出理论。为民事习惯在国家民事法律制度中的"位置"安排等热点问题的研究提供系统的个案素材，以便对此问题的继续深入讨论创建一个可行性思路。

第四，阐释了少数民族习惯法作为地方传统知识，调整地方传统问题的形式、进路、经验、方法。对民事习惯的流变经验以及转型时期传统法律知识解决传统问题中出现的新的现象做了归纳和分析，并以个案论证了解决问题的可能选择进路。

2. 论著的不足之处

本书的不足之处在于研究资料的搜集方面还需要一些第一手的史料资料，由于各种原因搜集并不全面，会影响历史问题的分析研究。本人缺乏系统的人类学训练，对写作方法以及论著的质量产生消极影响是不可避免的。

(四) 范畴

1. 民事习惯与习惯法

民事习惯是民法学领域大家再熟悉不过的概念了。查阅和解读相关资料就会发现，在理论探讨中对其不同表述和理解让我们感到吃惊。当前涉及民事习惯领域的著作中，围绕民事习惯是事实还是法、习惯还是习惯法，民事习惯要素等问题，对民事习惯所作的概念或者定义至少有 10 多种，而且大多数情况下与习惯法、习惯混在一起，以至不得不运用一定笔墨来梳理和解读这一传统概念。例如，有人认为习惯是指"多数人对同一事项，经过长时间，反复而为同一行为"①。它具有"民事性或私人性、民族性、广泛性和稳定性、地域性、规范性"等6个特征。②还有人认为，民事习惯是"未经国家法律所承认的行为规范"③。还有学者从国家法律相对应的角度提出"习惯（民事习惯——笔者注）是独立于国家制定法之外，发生于某种社会权威和社会组织，具有一定的强制力的行为规范"④。还有学者从规范调整视角认为"一种民事习惯之所以能称之为习惯，是因为其本身具有规范的调整效力，故也可称为习惯法"⑤。还有学者从规则秩序的角度论述了民事习惯，提出"习惯是社会生活中自发形成的秩序，习惯是社会规则的一种不成文的表现形式"⑥。又有人认为"习惯这一术语可以在两个层面上使用：一为事实层面上的习惯，即指一种习惯的事实，就同一事项反复为同一行为之也，在这一层面上，习惯基本上与惯例等同；另一为习惯法，即在事实习惯的基础上还必须具备一般人的确信心为其处理基础，或者具有法的意思。"⑦还有学者从国家认可视角认为习惯是"经国家认可

---

① 转引自李建华、许中缘：《论民事习惯与我国民法典》，载《河南省管理干部学院学报》，2004年第2期。

② 李建华、许中缘：《论民事习惯与我国民法典》，载《河南省管理干部学院学报》，2004年第2期。

③ 程宗璋：《试论我国合同法中的"交易习惯"》，载《燕山大学学报》，2001年第1期。

④ 彭万林主编：《民法学》，第41页，中国政法大学出版社，1999年8月第2次修订版。

⑤ 李建华、许中缘：《论民事习惯与我国民法典》，载《河南省管理干部学院学报》，2004年第2期。

⑥ 李凤章、郝磊：《民法典法典化与习惯缺失之忧》，载《法制与社会发展》，2005年第1期。

⑦ 王玫黎：《论民法的法律渊源：习惯和条约》，载《西南民族大学学报》（人文社科版），2006年第5期。

的习惯,包括立法认可和司法认可"①。还有学者认为习惯从词义上理解就是"人们长时间重复实践而巩固下来的并变成需要的行为方式"②。又有学者从法律本身所依赖的,保障其实施的力量分析,认为法律存在三个级次:"一是有尚不稳定和较为脆弱的社会物质力量(如"中人")保障实施的不成文习惯法(即狭义的"习惯法"),此为初级形态的法律;二是由较稳定和较为坚固的社会物质力量(如'家族'、'行会'等)来保障实施的成文习惯法(或习惯汇编),此为中级形态的法律;三是由高度稳定、坚固的社会物质力量——'国家'来保障实施的国家法,此为高级形态的法律。"并提出三个层级的法律形态相互之间存在某种互动关系。③但学者并没有对这三个层次的法律形态之间的关系提出进一步具体的分析和归纳。还有学者从法史视角,对近代民法法典化中的民事习惯的命运进行研究得出结论:"民事习惯是一种法律事实,它反映民众固有的交往方式,无论立法者对它好恶如何,都应当在一定限度上遵从它。"④ 强调民事习惯对民事立法中的重要性。近代民法典制定过程中对民事习惯的研究和总结活动推进了民国时期民法典制定以及司法实践。有学者对民国民事判解要旨汇编中的民事习惯要素进行分析研究得出习惯法有广义和狭义之分的结论。"广义习惯法包括判例、有适法效力的民事习惯、条理等;狭义习惯法为符合大理院刊定的'习

---

① 陈伯礼:《论民事习惯在我国民法典中的角色定位》,载《学术论坛》,2005年第4期。

② 赵万一:《论民法的伦理性价值》,载《法商研究》,2003年第6期。

③ 胡旭晟:《20世纪前期中国之民商事习惯调查及其意义》,载《湘潭大学学报》(哲学社会科学版),1999年第2期。

④ 张生:《中国近代民法法典化研究——1901至1949》,第107页,中国政法大学出版社2004年。

惯法成立要件'① 的民事习惯"② 等。

诚如民法问题和民法学问题需要区分一样,③ 民事习惯在民事立法、司法和民法学中的价值判断标准是不同的。民法和民法学意义上的民事习惯不能混用。

法学学者论及习惯法,通常是根据不同学术背景如国家制定法与习惯法的对应关系、法的规范性以及效力等诸多视角为出发点的。国家法律与习惯法对应关系理论中的习惯法是特定区域之内,与国家制定法相对应的,依赖某种社会权威实施的规则体系,属于广义上的习惯法概念。例如,高其才教授认为所谓的习惯法是"与国家制定法相对应的,它出自各种社会组织、社会权威,规范一定社会组织、一定社会区域的全体成员的行为,为他们所遵守"④。并从社会组织、婚姻、家庭、继承、生产分配、宗教、所有权、债权、刑事、调解处理审理等角度做了分类。⑤ 梁治平先生认为:"习惯法乃是这样一套地方性规范,它是在乡民长期的社会生活与劳作过程中逐渐形成;它被用来分配乡民之间的权利、义务,调整和解决了他们之间的利益冲突,并且主要在一套关系网中被予以实施。就其性质而言,习惯法乃是不同于

---

① 大理院民国二年"上字第3号判决"被著为判例,其判例要旨阐述了"习惯法成立要件":1. 有内部要素,即人人有确信以为法之心;2. 有外部要素,即于一定期间内,就同一事项反复为同一之行为;3. 系法令所未规定之事项;4. 无违背于公共秩序及利益。见张生:《中国近代民法法典化研究——1901至1949》,中国政法大学出版社,2004年。

② 张生:《中国近代民法法典化研究——1901至1949》,第31页,中国政法大学出版社,2004年。

③ 王轶:《民法价值判断问题的实体性论证规则——以中国民法学的学术实践为背景》,载《中国社会科学》,2004年第6期。

④ 高其才:《中国少数民族习惯法研究》,第8页,清华大学出版社,2003年。

⑤ 学者对此有专门的分门别类的论述。见高其才:《中国少数民族习惯法研究》,清华大学出版社,2003年。

国家法的另一重知识传统。"① 国家法律与习惯法对应理论中的习惯法，涵盖了民事、刑事以及公共事务管理方面的习惯法，属于广义上的习惯法概念。

民法学视域中的习惯法是广义习惯法中的重要组成部分，可以说是主要部分。毕竟"学者们论及习惯法，辄简单视之为今人所谓民法的对应物。这是因为，习惯法所调整的事物，诸如婚姻、析产、继承、买卖、租佃、抵押、借贷等，也是现代民法中的重要部分"②。但民事习惯法肯定不是习惯法的全部。广义意义上讨论民事习惯时，民事习惯只要符合"法"的特征即可把它认定为习惯法。对法的不同理解和阐释当然会形成不同的"民事习惯"概念，这均属正常。但在民事立法、司法实践中，民事习惯法的判断标准必须是一元化的。民法典中被表述或民事审判中被援用的民事习惯的判断标准只能是唯一的，也就是民事立法及司法实践中的民事习惯定义是特定的。上述民事习惯的不同定义就源自没有明确区分民事立法、司法实践与民法学领域的"民事习惯"而产生的。

近代中国，民事立法中最初表述民事习惯与习惯法的是《大清民律草案》。《大清民律草案》第 1 条规定："民事，本律所未规定者，依习惯法；无习惯者，依条理。"在《大清民律草案》中"民事习惯"与"习惯法"两个词同时出现在一个条文中。这种表述方式必然会给研究民事习惯带来混乱。依后来学者的解释，《大清民律草案》中的"习惯法"与"民事习惯"是不同的概念。《大清民律草案》中的"习惯法"有特定含义，与普通的

---

① 梁治平：《清代习惯法：社会与国家》，导言，中国政法大学出版社，1996年。

② 梁治平：《清代习惯法：社会与国家》，第 37 页，中国政法大学出版社，1996 年。

民事习惯不同，并不是说立法者直接承认民事习惯具有法律效力。[①] 民国初年大理院 1913 年"上字第 3 号"判决理由中陈述的习惯法必须具备 4 个要件：①要有内部要素，即人人确信以为法之心；②有外部要素，即于一定期间内，就同一事项反复为同一行为；③系法令所未规定之事项；④无背于公共秩序及利益。[②]《大清民律草案》立法者采纳民事习惯的途径有两个：一是"对于难以强行划一的民事问题，通过总则第一条引用习惯法来判断；二是将'我国大端之习惯'采纳为法律条文"[③]。至于是否实现了这样的预期目标[④]暂且不谈，但在《大清民律草案》中的确对"普通的民事习惯"和"习惯法"区别对待是不争的事实。在《大清民律草案》中，习惯法（民事习惯法）是法律渊源之一，民事习惯是一种事实状态，若要适用，法院依"习惯法" 4 个要件甄别确定。

民国《大理院涉及民事习惯之判解要旨》在 1915 年"上字第 122 号"民事判决书中解释法律渊源"援用之次序"中确认："法律无明文者从习惯，无习惯者从条理；故苟有明文足资根据，则习惯及通常条理自不得援用。"大理院民事判解要旨针对民事习惯的解释与《大清民律草案》相比较而言，有所不同。《大清民律草案》中的"习惯法"一词统统被改为"习惯"，并对习惯的援用做了更严格的限制。把"习惯法"改为"习惯"，可能更

[①] 张生：《中国近代民法法典化研究——1901 至 1949》，第 104 页，中国政法大学出版社，2004 年。

[②] 转引自张生：《中国近代民法法典化研究——1901 至 1949》，第 104 页，中国政法大学出版社，2004 年。

[③] 转引自张生：《中国近代民法法典化研究——1901 至 1949》，第 104 页，中国政法大学出版社，2004 年。

[④] 学者认为，《大清民律草案》对民事习惯的立法成果根本就没有当时立法者所标榜的那样达到了预期目标。张生：《中国近代民法法典化研究——1901 至 1949》，第 101—108 页，中国政法大学出版社，2004 年。

便于司法机关援用民事习惯法,在理论上达成共识。通过1913年"上字第3号"判决对习惯法的构成要件做出了限定性解释。① 这一解释是理解民法总则"习惯"(民事习惯——笔者注)的最权威性的标准,也是确定民法总则"民事习惯"的性质的主要根据。从此意义上而言,民法总则部分的"民事习惯"是符合4个要件的"习惯法",不是一般的事实意义上的民事习惯。故大理院民事判解要旨中的"习惯"是习惯法意义上的法。

民国十八年(1929)颁行的《中华民国民法》中民事习惯的表述又发生了一定的变化。《中华民国民法》第1条规定:"民法所未规定者,依习惯;无习惯或虽有习惯而法官认为不良者,依法理。"② 并在第2条中规定:"凡任意条文所规定之事项,如当事人另有契约,或能证明另有契约,或能证明另有习惯者,得不依条文而依契约或习惯,但法官认为不良之习惯不适用之。"③ 1929年《中华民国民法》中民事习惯一律被表述为"习惯",继承了大理院民事判解要旨的做法。但对民法典的"习惯"通过判决作解释时,确认"习惯法之成立,须以多年惯行之事实及普通一般人之确信为基础。"并规定,在特定情况下习惯法效力优先于制定法。④ 民国二十六年"渝上字第948号"判例中确认:"依民法第一条前款之规定,习惯固仅就法律所未规定之事项有补充之效力,唯法律于其有规定之事项明定另有习惯

---

① 学者认为,大理院民事判例要旨其性质应定性为司法解释。笔者也赞同此观点。见张生:《中国近代民法法典化研究——1901至1949》,第135—137页,中国政法大学出版社,2004年。

② 转引自刘广安:《传统习惯对清末民事立法的影响》,载《比较法研究》,1996年第1期。

③ 转引自刘广安:《传统习惯对清末民事立法的影响》,载《比较法研究》,1996年第1期。

④ 转引自刘广安:《传统习惯对清末民事立法的影响》,载《比较法研究》,1996年第1期。

时，不适用其规定者，此项习惯即因法律之特别规定，而有优先之效力。"① 结合上述两个司法判决可以总结出，在《中华民国民法典》总则中部分的"民事习惯"是符合习惯法认定标准的"民事习惯"，直接可以作为法源适用。

当时，《中华民国民法典》起草者之一史尚宽对《中华民国民法》第 1 条中的"习惯"作解释时谈到：其一，"习惯谓有法的效力之习惯，与单纯之事实习惯有别；"其二，习惯成立要件有二，"第一须有习惯之事实，即就同一事项反复为同一行为之也。第二须有为法之意思（opinione - cessitates 或 opinio juuris sive necessitates），即一般以其习惯有法的效果而守之之谓也。"② 1982 年修订的，当前在台湾实施的民法典第 1 条规定："民事，法律所未规定者，依习惯；无习惯者，依法理。"③ 在第 2 条中对民事习惯的适用做了必要的限制，即"民事所适用之习惯，以不背于公共秩序或善良风俗者为限"④ 台湾学者认为："所谓的习惯法（民事习惯——笔者注），其形成在台湾地区，实际上认为应当满足下列要件：（1）有事实上之惯行；（2）对该惯行，其生活（交易）圈内的人对之有法的确信；（3）惯行之内容不违背公序良俗。"⑤ 针对民事习惯，文字表述上，1982 年修订的民法典与 1929 年的民法典并无实质上的差异。至此，可以说，民法典中表述的所谓的"民事习惯"就是习惯法。这种理解方

---

① 转引自刘广安：《传统习惯对清末民事立法的影响》，载《比较法研究》，1996 年第 1 期。

② 史尚宽：《民法总论》，第 81 页，中国政法大学出版社，2000 年版。

③ 转引自刘广安：《传统习惯对清末民事立法的影响》，载《比较法研究》，1996 年第 1 期。

④ 转引自刘广安：《传统习惯对清末民事立法的影响》，载《比较法研究》，1996 年第 1 期。

⑤ 黄茂荣：《法学方法与现代民法》，第 6—7 页，中国政法大学出版社，2001 年。

法可以避免出现民事习惯与习惯法二者之间的混乱适用。法典中的"民事习惯"或"习惯"一词一贯是习惯法意义上适用的。因此涉及民事立法、司法实践的情况下，所谓的"民事习惯"与习惯法是等同的概念，习惯上把这一习惯法称之为"民事习惯"。①

中华人民共和国成立之后，废除了国民政府《六法全书》，受计划经济影响，民事立法长期没有得到重视，虽然在20世纪50年代和20世纪60年代两次着手进行民法典的制定，但各种主、客观的原因均被搁浅。② 1986年《民法通则》也没有规定民事习惯的"位置"。在大陆，民事习惯长期被民法学理论研究所忽略，被民事司法实践所排斥。这一民法"断代"的历史使内地学者很容易把民法意义上的民事习惯与民法学（法理学）意义上的民事习惯混在一起。民事习惯在新中国民事立法中的缺失以及司法实践的排斥，导致民事立法、司法实践中的民事习惯的定义不能统一。理论领域出现诸多视角的概念也属正常现象，但这一现象让我们清醒地认识到，在研究民事习惯方面，我们的方法论和价值判断标准存在一定的问题。1999年3月第九届全国人民代表大会通过实施的《中华人民共和国合同法》第62条第2款中规定，合同"当事人应当遵循诚实信用原则，根据合同的性质、目的和交易习惯履行通知、协助、保密等义务"。2007年3月16日第十届全国人民代表大会第五次会议通过的《中华人民共和国物权法》第85条中规定："法律、法规对处理相邻关系有规定的，依照其规定；法律、法规没有规定的，可以按照当地

---

① 在本文中"民事习惯"一词与习惯法等同使用，即民法意义上的民事习惯。为了避免表述形式的混乱，涉及民法的习惯法，统称为民事习惯。

② 何苗：《试论当代民事立法中民间民事习惯的缺失》，载《宁夏社会科学》，2005年7月。

习惯。"至此，我国民事立法在有限范围内承认了民事习惯具有法源地位。伴随民法典起草运动的开展，学术界开始关注民事习惯在民事立法中的"位置安排"问题。民事习惯虽然已进入民法学家的视野，但对其深入的讨论还没有展开，民事习惯在司法实践中的诸多理论问题还没有解决。

2. 近代民法中的民事习惯

所谓近代民法，指经过 17 世纪、18 世纪的发展，于 19 世纪欧洲各国编纂民法典而获得定型化的一整套民法概念、原则、制度、理论和思想体系，① 在范围上，以德、法、瑞、奥、日本及旧中国民法等大陆国家的民法典为主线，发展起来的民法理论和思想体系。近代民法典始于欧洲国家，集大成者为 1804 年《法国民法典》和 1896 年《德国民法典》。通过对 1804 年《法国民法典》的窥视就会发现，近代欧陆民法典中，民事习惯从形式而言迅速走向衰落。《法国民法典》和《德国民法典》在总则中均没有明确规定民事习惯的法源地位。"《法国民法典》即有否认民事习惯效力的倾向。"② "《德国民法典》对民事习惯的效力未作一般性规定，仅在第 157 条和第 242 条（交易习惯——笔者注）规定，解释契约和履行契约应顾及交易上之习惯。"③ 但《法国民法典》和《德国民法典》在制定之前做了大量的民事习惯调查，把传统的民事习惯吸入了民法典中。法国和德国民法典中，没有明确规定民事习惯的法源地位的特殊情况与当时大量吸收民事习惯有一定的内在联系，这是后来研究大陆法系民法典时往往被忽略的一个重要因素。中国近代民法立法过程中借鉴了法

---

① 梁慧星：《从近代民法到现代民法——20 世纪民法回顾》，载《民商法论丛》（第七卷），法律出版社，1997 年。

② 史尚宽：《民法总论》，第 6 页，中国政法大学出版社，2000 年版。

③ 谢鸿飞：《论民事习惯在近现代民法中的地位》，载《法学》，1998 年第 3 期。

国和德国民法典的立法经验。在清末"仿法国、德国、日本编订民法典的先例，当时修订法律馆计划以民事调查作为编订民律草案的事先预备，在民事调查的基础上再进行民律的编订工作。"①以《法国民法典》为例，"立法者在编纂时极其注意成文法与习惯法'理智和平衡的调和'，并在其家庭法和继承法中广泛吸纳了民事习惯，尤其是巴黎的地方习惯"②。《德国民法典》的编订受到当时历史法学派领军人物萨维尼的强烈抵制。萨氏面对激进的法典编纂派，坚决主张法律是民族精神的体现，法律的根基在于法与道德的共同母体——习惯，③并以"内在的静止作用力"优于"立法者的任意"而阻挠法典化运动。④历史法学派对极度理性主义的抵制使得《德国民法典》中民事习惯被大量吸纳。例如，"《德国民法典》所规定的用益物权类型除了借鉴罗马法的规则以外，也反映了德国民法制定时为各地一直沿用的习惯"⑤。但作为近代民法典集大成者的代表，上述两个民法典没有把习惯法列为法源地位也是事实。后来学者总结其原因时，通常归结为三个方面：一是极端理性主义的信仰使编纂者们狂热地追求法典体例；二是追求法制统一；三是对国家能力的迷信。⑥

---

① 张生：《中国近代民法法典化研究——1901至1949》，第77页，中国政法大学出版社，2004年。

② 转引自谢鸿飞：《论民事习惯在近现代民法中的地位》，载《法学》，1998年第3期。

③ 胡旭晟：《20世纪前中国之民商事习惯调查及其意义》，载《湘潭大学学报》（哲学社会科学版），1999年第2期。

④ ［德］罗尔夫·克尼佩尔著，朱岩译：《法律与历史——论〈德国民法典〉的形成与变迁》，第21页，法律出版社，2003年。

⑤ 王利明：《物权法论》，第410—411页，中国政法大学出版社，2003年7月修订版。

⑥ 谢鸿飞：《论民事习惯在近现代民法中的地位》，载《法学》，1998年第3期。

但到了 19 世纪，历史法学派逐渐上升，排除了成文法万能的半个多世纪的迷恋情结。在法典的适用过程中僵化的法典体系的局限性也逐渐显露出来，至使法、德两国法官开始造法，实际上冲破了唯成文法法源格局。以《德国民法典》为例，虽然没有正式规定习惯法具有法源地位，但民事习惯"仍然在很大范围内形成和发展，它通过法律实践，尤其是最高法院的长期判例而产生作用。"① 例如，担保所有权就是《德国民法典》中未作规定的根据习惯而认可的新型物权。德国法的所有权担保，是为了克服质权的缺陷而产生的。由于质权必须转移占有，因此会给一些虽有物品但转移占有会损害经济效用的人造成难题。由于动产所有权比质权权益更容易取得，因此以动产所有权作为债权的担保，就成为当事人的一种选择。所有权保留这种担保形式的唯一要求，是签订一项诸如寄存或借贷等那种可以使受让人取得间接占有的协议，而创设这种担保权益的人仍可使用有关的财物。这种担保所有权的作用于质权完全一样，但不要求给予债权人任何直接占有。曾经有人反对这一制度，认为以这种方法利用所有权，构成了对不放弃占有，即不得设立质权这一原则的规避。但是法院很快打消了这种顾虑，担保所有权已得到人们完全地接受。所有权保留所使用的规则，一部分来自法律关于质权的规定；还有一部分来自担保所有权据以转移的契约。《德国民法典》中未对这种契约做出规定，但法院现在已完全确立了它的内容。担保所有权远比其取代的旧质权灵活，其出现已突破了严格的物权法定原则。② 这种格局使得民事习惯又开始回归民事司法中，最终对现代民法中的民事习惯的法源地位的定位产生了推动作用。民事

---

① 卡尔·拉伦兹：《德国民法通论》，第 14—16 页，法律出版社，2003 年。
② 王志海：《物权法定原则初探》，东方法眼网站，网址：http://www.dffy.com

习惯在民法典中的法源地位被认可，同时也对法官造法创造了制度上的条件。对法官造法功能也反映到当时《德国民法典》起草过程的争论中。概念法学禁止司法活动"造法"（Rechtsschopfung）。认为法典完美无缺，任何具体案件均可在法律之内寻得正确答案。而自由法论者却认为这纯属美梦，法律不可能尽善尽美，其意义晦涩者有之，有待法官阐释；条文漏洞者有之，有待法官补充；情况变更者有之，有待法官为渐进的解释（不改变法律文字，渐改其意义）等。凡此种种，法官莫不需要凭借其智慧，而为利益衡量或价值判断，此非"造法"而又是什么？[1] 1907年开始实施的《瑞士民法典》，率先承认了民事习惯的法源地位。

在近代中国，《清末民律草案》在编订之时做了大量的民事习惯调查，并试图使本国民事习惯与发达国家民法的先进经验和制度相融合。清末修订《大清民律草案》之际，参与议定法律的大臣均主张应将民事习惯采纳为成文法，以保障民法典适应社会需要。[2] 清末的民商事习惯调查始于光绪三十三年（1907），[3] 历时4年左右。但由于政局不稳、时间短促、经费不足等各种原因，《大清民律草案》编纂完成之时，民事习惯调查工作还没有结束。"不可能将大量的民事习惯采纳为草案的条文。"[4] 学者认为《大清民律草案》中并没有吸收多少中国固有民事习惯，而

---

[1] 陈华彬：《19、20世纪德国民法学说史》，论文天下网站，网址：http://lunwentianxia.com

[2] 张生：《中国近代民法法典化研究——1901至1949》，第89页，中国政法大学出版社，2004年。

[3] 胡旭晟：《20世纪前中国之民商事习惯调查及其意义》，载《湘潭大学学报》（哲学社会科学版），1999年第2期。

[4] 张生：《中国近代民法法典化研究——1901至1949》，第89页，中国政法大学出版社，2004年。

是"由外国民法（主要是德国、日本、瑞士民法）与中国传统礼法拼合而成"[1]。在具体条文中，"习惯法"与"习惯"出现在总则第1条中，亲属、继承两编中被认为吸收中国传统伦理和习惯较多。[2]《大清民律草案》由于客观上或主观上的各种原因，其对本国民事习惯的具体吸收上存在较多的问题，未能体现本国国情，与社会实际相脱节。对此当时就有诸多批评，其中最主要的就是认为对本国的习惯或惯例未能给予足够重视。[3] 没有容纳本国民事习惯的《大清民律草案》，遭到当时法学家们的猛烈抨击，最终变成了废案。[4] 清末大规模的民事习惯调查活动没有达到预期的目的和效果，所立之法典也没有实现把本国民事习惯与世界发达国家先进的民事制度相融合的宏愿。但清末民事立法的体例对后来中国现代民法中的民事习惯的定位产生了巨大影响，这是不可否认的事实。对于清末立法的上述批评，从一个侧面反映出民国时期的一种立法要求和立法理念，而这种要求和理念不仅对后来的国家立法产生了实实在在的影响，并直接引发了北洋政府司法部发起的民商事习惯调查运动。[5]《大清民律草案》中有关民事习惯总则部分中的民事习惯法源地位的传统，被后续的

---

[1] 张生：《中国近代民法法典化研究——1901至1949》，第108页，中国政法大学出版社，2004年。

[2] 对此，后来的学者也认为并没有吸收多少传统习惯法，而是因袭外国法律的规定或中国立法制度的认可。在总则部分的有关惯法的一般性规定也是因袭外国民法的产物。见张生：《中国近代民法法典化研究——1901至1949》，第103—108页，中国政法大学出版社，2004年。

[3] 胡旭晟：《20世纪前中国之民商事习惯调查及其意义》，载《湘潭大学学报》（哲学社会科学版），1999年第2期。

[4] 张生：《中国近代民法法典化研究——1901至1949》，第108页，中国政法大学出版社，2004年。

[5] 胡旭晟：《20世纪前中国之民商事习惯调查及其意义》，载《湘潭大学学报》（哲学社会科学版），1999年第2期。

民事立法所继承和发展。民国初年通过大理院司法判决，对民事审判实践中的民事习惯（民事习惯法）的构成要件做出了限定，对民事立法、司法中的习惯法定位产生了深远的影响。

清末民事习惯调查是中国近现代法制历程中上演的可歌可泣的一幕。

3. 现代民法中的民事习惯

民法中初次规定民事习惯法源地位的是《瑞士民法典》，1897年制定。1907年12月实施的《瑞士民法典》第1条第2款规定："本法未规定者，审判官依习惯，无习惯者自居于立法者地位所应行制定之法规判断之"。[①] 瑞士民法的做法被其他国家纷纷效仿，例如，《土耳其民法》、《泰国民法典》、《意大利民法典》、《荷兰民法典》、《中华民国民法典》等。民事习惯从近代民法典中被排斥的厄运中解脱出来，大有回归之态势。学者对其历史背景做分析时指出：极端理性主义的动摇、成文法局限性被人们所体认，绝对法制统一的动摇以及积极全能国家观念被抛弃是主要的原因。[②] 现代民法，民事习惯获得法源地位的情况在各国均有所不同，例如，瑞士主要是考虑到本国联邦体制的客观情况，尊重各州固有法律为主要出发点；日本民法虽然在民法典中没有直接规定民事习惯的法源地位，但在制定民法典的过程中做了大量的民事习惯调查，对其亲族法和继承法采用本国习惯，随后制定的《日本商法典》中对民事习惯的法源地位做出了

[①] 对此条还有其他的译法，例如《瑞士民法典》殷生根译、艾棠校，法律出版社，1987年。对此条的译法为"如本法无相应规定时，法官应依据惯例；如无惯例时，依据自己作为立法人所提出的规则裁判"。

[②] 谢鸿飞：《论民事习惯在近现代民法中的地位》，载《法学》，1998年第3期。

确认。①

　　现代民法中虽然承认民事习惯的法源地位，但受高高在上的成文法法源地位的影响，一般通过司法或学理解释，严格控制习惯法的援用。例如，《泰国民法典》第1条规定："民事所适用之习惯，以不违背于公共秩序或善良风俗为限"。② 在日本，习惯被吸纳为法源必须经过"一定的国家机关对其作为法进行确认，或具有法的确信，并具有强制力的情况下被认可为习惯法"。③《日本民法典》第98条规定："有与法令中无关公共秩序的规定相异的习惯，如果可以认定法律行为当事人有一该习惯的意思时，则从习惯"。④ 从而对民事习惯的援用上进行了严格的限制。在德国，在审判实践中严格区分学理意义的民事习惯和被法院援用的民事习惯。前者被认为是社会通行的单纯的事实；习惯法是国家承认的习惯，属法律范畴。在具体诉讼中，对事实意义的民事习惯当事人有举证的义务；对习惯法而言，法院有依职权适用的义务。⑤ 对民事习惯加以限制的最突出的表现就是各国民法典对民法法源次序的规定。在现代民法中，民事习惯的援用以成文法或判例没有规定为前提。基本上民事习惯的法源地位处于成文法、判例和学理之间。从而民事习惯被经常援用的可能性变得微乎其微，大部分国家民法认为民事习惯是一种补充的

---

　① 于语和、何苗：《试论当代民事立法中民间民事习惯的缺失》，载《宁夏社会科学》，2005年第3期。

　② 韩冰：《近代中国民法法源及其适用原则简论》，载《法学论坛》，2005年第5期。

　③ [日] 末川博编：《新订法学词典》（日文），第133页，日本评论新社，昭和三十一年十一月十日第1版。

　④ 转引自程宗璋：《试论我国合同法中的"交易习惯"》，载《燕山大学学报》（哲学社会科学版），2001年第2期。

　⑤ 转引自程宗璋：《试论我国合同法中的"交易习惯"》，载《燕山大学学报》（哲学社会科学版），2001年第2期。

法源。

中国现代民法中正式确认民事习惯法源地位的是1929年《中华民国民法典》。《中华民国民法典》第1条规定："民法所未规定者，依习惯；无习惯或虽有习惯而法官认为不良者，依法理"。第2条中还规定："凡任意条文所规定之事项，如当事人另有契约，或能证明另有契约，或能证明另有习惯者，得不依条文而依契约或习惯，但法官认为不良之习惯不适用之"。[1] 1929年《中华民国民法典》制定之前也作了中国历史上空前浩大的民事习惯调查。"民国时期重开民商事习惯调查运动是在1918年（民国七年）初，而其发轫则在1917年冬。"[2] 此次民商事习惯调查自民国七年（1918）全面铺开以后在1921年进入高潮，此后渐渐归于沉寂，[3] 到1926年开始陆续出版《民商事习惯调查录》。[4] 学者谈到清末和民国两次大规模民商事习惯调查对民国民法典产生的影响时认为："民国民法典的条文绝大部分继受于外国法，只有很少一部分条文来自本国法（包括民初大理院判例、民事习惯、民国初期的制定法）"。[5] 其主要是"因为自清末以来，法律家关于习惯的基本观点就是：民事习惯多为地方性习

---

[1] 转引自刘广安：《传统习惯对清末民事立法的影响》，载《比较法研究》，1996年第1期。

[2] 胡旭晟：《20世纪前中国之民商事习惯调查及其意义》，载《湘潭大学学报》（哲学社会科学版），1999年第2期。

[3] 胡旭晟：《20世纪前中国之民商事习惯调查及其意义》，载《湘潭大学学报》（哲学社会科学版），1999年第2期。

[4] 胡旭晟：《20世纪前中国之民商事习惯调查及其意义》，载《湘潭大学学报》（哲学社会科学版），1999年第2期。

[5] 张生：《中国近代民法法典化研究——1901至1949》，第218页，中国政法大学出版社，2004年。

惯，且不良习惯居多"。① 民国民法对民事习惯的吸纳也是通过两种渠道，即：一是在民法条文中直接规定调查所得的民事习惯，认可其法律效力，成为民法典的组成部分；二是在总则法例中确认民事习惯的法源地位，使民事习惯间接成为民法法源。对《民国民法典》第 1 条和第 2 条中有关民事习惯的规定进行梳理和分析就会发现，民事习惯的地位很高，在特定情况下可以冲破制定法，成为制定法之上的法源。

但好景不长，1932 年，国民政府最高法院在民事"上字第2131 号"民事判决书中对民法总则第一条，以及《民事习惯调查录》所记载的民事习惯的地位做出了限定性的判决。该判决认为："按习惯法之成立，以习惯事实为基础。习惯事实之调查，依诉讼法则与审查争执事件同其程序，应据当事人依法提出之证据或法院调查之结果而为认定。又按当事人应就其所主张之利己事实尽举证之责，若所举证据不足为利己主张之证明，则相对人即无举出反证之必要。……又查民商事习惯调查录所载之福清县习惯，仅据该县邓承审员个人之报告，只足以供参考，其所报告之习惯有无法之效力，自应另为审认"。② 在该判决书中的"按习惯法之成立"的意思非常明确，即继承民国初期《大理院民事判决要旨》中的有关民法总则第一条民事习惯的解释，民法总则第一条的"习惯"不是普通意义上的民事习惯，是要具备 4 个构成要件的习惯法意义上的民事习惯。不符合上述条件的民事习惯以诉讼中的事实对待，法院在审判中必须加以审查，与诉讼中的其他事实同等对待，对此主张者具有举证之义务。针对《民商

---

① 张生：《中国近代民法法典化研究——1901 至 1949》，第 218 页，中国政法大学出版社，2004 年。

② 转引自张生：《中国近代民法法典化研究——1901 至 1949》，第 221 页，中国政法大学出版社，2004 年。

事习惯调查录》所记载的民事习惯以"事实"对待之,不承认具有直接的法源效力,仅供法院参考之。

《民国民法》中的民事习惯的命运与上述国家现代民法中的民事习惯的命运有惊人的相似。从而可以看出,民国立法者和司法者对民事习惯的态度是一致的:从内涵和程序上严格限制习惯的适用。① 台湾地区现行民法典修订之际,② 对总则部分的民事习惯做了必要的修改。其第 1 条中规定:"民事,法律所未规定者,依习惯;无习惯者,以法理"。在第 2 条中又规定:"民事所适用之习惯,以不背于公共秩序或善良风俗者为限"。从民法典文本分析可以得出以下结论:其一,在适用法律渊源上,习惯法要让位于制定法,制定法无规定的情况下适用民事习惯,民事习惯是一种补充的法律资源;③ 其二,法院所援用的民事习惯不得违背"公共秩序或善良风俗"。后来的台湾学者根据该法的实施地域限制、所适用对象之角度对此做了必要的学理性说明。认为所谓的"习惯法,其形成在台湾地区实际上认为应当满足下列要件:(1) 有事实上之惯行;(2) 对该惯行,其生活(交易)圈内的人对之有法律的确信;(3) 惯行之内容不违背公序良俗。其中事实上惯行之存在为一种'事实','法的确信'是该惯行流行之生活(交易)圈中人之主观上的态度,'不违背公序良俗'则为从台湾地区社会生活的角度对于惯行之'实质'内容

---

① 张生:《中国近代民法法典化研究——1901 至 1949》,第 222 页,中国政法大学出版社,2004 年。

② 台湾地区实施的民法典在 1982 年做了修订。

③ 民国二十六年"渝上字第 948 号"判例中,对民事习惯确认的依据和效力等级做出了解释。该判例中写道:"依民法第一条前款之规定,习惯固仅就法律所未规定之事项有补充之效力。唯法律于其有规定之事项明定另有习惯时,不适用其规定者,此项习惯即因法律之特别规定,而有优先之效力。"见刘广安:《传统习惯对清末民事立法的影响》,载《比较法研究》,1996 年第 1 期。

的监控"。① 在台湾地区,民法所规定的民事习惯,从民事司法的界定和学理的解释上而得到一般性概念的认同。台湾学者认为事实意义上的民事习惯一经满足习惯法的构成要件,则转变为法源之一,在法律体系中,其阶位与制定法相同。②

中华人民共和国成立后,国民政府的《六法全书》被废止。20世纪50年代和20世纪60年代出现过两次制定民法典的动议,但由于各种运动、人治思想、经济基础之不适应而被停止。20世纪80年代末制定《民法通则》时,由于市场经济制度还刚刚开始,也没有人主张对民事习惯进行调查,因此如何使民事立法更多地体现国家民众之风俗习惯等问题,未被纳入议事日程。致使民事习惯长期徘徊于民事立法和司法实践,民法学家也没有倾注必要的精力研究民事习惯的理论和实践问题。民事习惯进入民法学家视野是在20世纪末制定民法典的呼声日益提高,以及法社会学和法人类学领域广义意义的习惯法的研究迅速兴起而开始的。《中华人民共和国合同法》和《中华人民共和国物权法》对民事习惯法律渊源地位的局部认可,还需要理论的研究和实践的总结。新中国中央民事立法虽然缺乏对民事习惯的足够重视,但民族区域自治制度以及城乡二元结构在体制上给民事习惯法的存续和发展提供了一定的空间。新中国成立初期和改革开放时期,少数民族习惯法的调节职能重新被点燃,民事习惯得以继续发展。例如,本文谈到的蒙古族游牧经济中的苏鲁克民事习惯,在内蒙古自治区成立③初期一直到合作化运动之前,被成功地运用

---

① 黄茂荣:《法学方法与现代民法》,第6—7页,中国政法大学出版社,2001年。
② 黄茂荣:《法学方法与现代民法》,第6—7页,中国政法大学出版社,2001年。
③ 内蒙古自治区于1947年5月1日在内蒙古兴安盟乌兰浩特市成立。乌兰浩特当时被称为王爷庙。

于牧区的体制改革,并向其他少数民族牧区推广。伴随政治导向的"左"化以及牧区公有化步伐的推进,民事习惯被错误地视为旧社会遗留的剥削制度而遭废弃。改革开放之后,苏鲁克习惯法重新在内蒙古广大牧区被援用,成为解决牧区牲畜用益问题的重要习惯法。但民间民事习惯的调查、整理以及学理性分析严重滞后,"理论缺乏实践根基"[①]是通病。正如学者在总结近代国家法律和民间民事习惯"断裂"原因时指出的那样:民事习惯,一是表现为知识传统,是缺乏一种关于习惯法的说明性学理;二是表现于社会方面,是缺少一个从事于这种探究和说明工作的群体。[②]当前急需做的工作就是对现存的民事习惯进行有计划地调查整理,民法学家倾注必要的精力研究和分析具体民事习惯在民间和司法中的样态、性质、功能等。只有对民法理论上的民事习惯的研究、解读以及对司法实践中的民事习惯的实证研究,才可以得出更科学、合理而统一的民事习惯概念。学者们也注意到,中国民法典制定过程中缺乏对民事习惯的关注。关于民法典立法的各种讨论,更多的是关于中国法与欧美法之间的关系的争论。由此令人感到有两个问题需要引起学界的重视:一是中国民法典的习惯基础是什么?二是民法典立法中的习惯法问题在民法学界基本上没有得到讨论。[③]

"虽然众所周知,定义一无用处,但假如我们足够谨慎去下定义,定义本身会提供一个有用的思维方向,或者是将思维再定向,这样,扩展性地发挥这些定义可能是一个发展和控制新颖的

[①] 陈伯礼、许秀姿:《论民事习惯在我国民法典中的角色定位》,载《学术论坛》,2005年第4期。

[②] 梁治平:《清代习惯法:社会与国家》,第140页,中国政法大学出版社,1996年。

[③] 渠涛:《中国民法典立法中的比较法问题》,亿法论文法律社区网,网址:http://www.e-law.cn

探索路线的有效方法。"① 因而为了能够给民事习惯研究带来更多的思考空间，本论著也给民事习惯下一个定义：民事习惯是在民间长期生活生产中逐渐形成而具有法律确信的，调整平等主体之间人身关系和财产关系，不违背公序良俗而被法院援用，并作为审理案件依据的习惯法。

"民间长期生活生产中逐渐形成"的特质是民事习惯区别于国家颁行的民事法律制度的重要特点，也是反复被践行而形成法律确信的历史依据。"调整平等主体之间人身关系和财产关系"是民事习惯不同于其他习惯法的重要特质；"不违背公序良俗"是民事习惯反映到司法实践，被司法机关认可为法源的重要前提条件；"被法院援用，并作为审理案件依据"是民事习惯获得与国家法律同等效力的重要途径之一。

这一定义主要是从规范法学意义上下的一种定义。作为一项称之为"法"的民事习惯应当具备完整意义的法的结构要素，调整权利和义务关系，并被人们以"法"确信来遵守。这一定义并不排斥民事习惯作为民间性的规则体系对国家法律之外事实上存在的平等主体之间人身关系和财产关系的调整。毕竟是少数民事习惯与相关事实相连而诉至法院时才可能成为司法机关审断案件的依据。民事习惯的这一定义，仅仅是个人对民事习惯的一种理解，希望更多的人关注民事习惯范畴问题。

（五）路径选择与研究方法

1. 路径选择

自20世纪80年代开始，少数民族习惯法研究逐渐进入法学家的视野。发展至今，受不同理论影响，其研究路径呈多元趋

---

① ［美］克利福德·格尔茨著，韩莉译：《文化的解释》，第110—111页，译林出版社，1999年。

势,归纳起来主要是由以下几个方面展开的:

其一,现代化与传统的关系作为研究路径。现代化是一个不可阻挡的强势话语,现代化是进步的、发展的、具有普适性的。随后兴起的后现代主义文化理念"以史无前例的世界人口的全球大循环(via mass transit),信息量的爆炸性大融汇(via computers&telecommunications)以及各种想象和思想(via mass media)通过现代科技的大量传播和趋同"[①]为主要特点,迅速向世界传播开来。似乎"人们在打磨掉自己不同的地方,向着'全球村'的思路看齐"。[②]而代表传统文化之一的习惯法(包括少数民族习惯法)的地域性、实用性、地方性、民族性和层级性特点与现代化这一强势话语不能对称,成为不入流的代名词。在现代法学家看来,很多少数民族习惯法是原始的、传统的、落后的,是与现代法律精神格格不入的。[③]现代化的分析框架内解读习惯法的方法,事先预设了习惯法是地域性的、落后的、层级性的、不先进的,"因此,往往作为传统之延续的'习惯'(包括习惯法——笔者注)很自然会在某种程度上——或者在直觉上让人们感到——是不利于社会的全面现代化的。"[④]这种提前预设的研究思路必然使"许多当代中国的立法者和法学家都趋向于认为:中国社会中的传统习惯往往可能是陋习,因此是需要改造的;或者是认为习惯是固定不变的,因此传统的习惯不可能自动

[①] [美]克利福德·吉尔兹著,王海龙、张家瑄译:《地方性知识》,第41页,中央编译出版社,2004年9月第2版。

[②] [美]克利福德·吉尔兹著,王海龙、张家瑄译:《地方性知识》,第41页,中央编译出版社,2004年9月第2版。

[③] 罗洪洋:《贵州少数民族习惯法对现代法和"法治"的启示》,载《贵州民族研究》,2000年第2期。

[④] 苏力:《当代中国法律中的习惯》,载《法学评论》,2001年第3期。

发生变化，适应当代社会生活的要求"①，从而在法学理论研究领域产生了对习惯法持消极否定的观点。但20世纪80年代对习惯法事实的研究带来了重要的一个命题，即习惯法是存在的，并且对乡土社会的规制发挥着重要作用，现代化不能无视习惯法的客观存在。受到人类学地方性知识理论（人类学家格尔兹认为"法律与民族志，如同驾船、园艺、政治及作诗一般，都是跟所在地方性知识相关联的工作。"并且进一步提出："法律是地方性知识，而不是与地方性无关的原则，并且法律对社会生活来说是建设性的，而不是反映性，或者无论如何不只是反应性的"理论，对法治的现代化、全球化等观点提出了深刻的批判。见克利福德·吉尔兹著：《地方性知识》，王海龙、张家瑄译，中央编译出版社，2004年9月第2版）的影响，理论领域对习惯法采取扬弃的观点逐步上升，积极寻找扬弃的标准。更多的人在思考习惯法与现代化的契合点，如何让习惯法融入现代化，让少数民族习惯法现代化成为研究习惯法的重要路径之一。学者们为此倾注了大量的精力，不断地从不同视角寻找习惯法与现代法制的契合点。有学者从习惯法本身的流变提出了制定法与行动中的法律吸收习惯法的可能性（苏力认为：民间的习惯并不总是陋习，也并不是固定不变的……习惯总是在流变的，实际是生动的。行动中的法律未必没有给习惯留下空间。继而提出了制定法和司法中吸收习惯法的可能性。见苏力的《当代中国法律中的习惯》一文。载《法学评论》，2001年第3期）；还有学者从传统与现代的辩证关系，尤其是现代与传统的继承性为基础，提出习惯法向现代型转变的进路。"传统与现代不是相互对立的，而是一脉相承的人文历史发展的过程，从少数民族传统习惯法文化的内容、特点出发，不断导入新的现代型的法文化，可以为少数民族地区

---

① 苏力：《当代中国法律中的习惯》，载《法学评论》，2001年第3期。

社会的现代化提供一种精神动力，提供一种人文理性指引。"[1] 这种观点的主要立足点是以"少数民族法律文化相对于现代型的法文化落后"为出发点，主张对少数民族习惯法加以现代化的改造。具体改造方法上，国家制定法对"社会生活中通行的民族习惯法加以概括、确认或者转化；而民族习惯法应以国家制定法为指导和依归"。[2] 还有人以藏族习惯法为例，依据市民社会的建构为理论基础，对少数民族习惯法向现代化转型途径进行了论证："从市民社会视域中分析，藏族习惯法转型的根本途径是发展藏区经济，推动藏区社会的转型；发展文化教育事业，弘扬、重建藏族道德；挖掘习惯法资源，完善藏族自治立法"。[3] 持这一观点的学者认为"按照马克思市民社会理论，市民社会与政治国家并列存在是现代国家的基本特征"，"市民社会中除了国家控制之外，还存在社会、经济和伦理秩序"。[4] 市民社会中除国家控制秩序外还存在对应的社会秩序，其中习惯法是最主要的秩序资源，从而"对于习惯法的研究，不仅是一种为法理学研究奠定更为坚定基础的事情，更为重要的是，通过习惯法意义的论述，才可以真正为市民社会奠定坚实的制度基础"。[5] 但问题是少数民族地区向现代型市场经济制度的转变还需要一定的时间，现代型市场经济制度在推进少数民族习惯法向何种方向流变上并

---

[1] 廖文升：《中国少数民族习惯法与现代化》，载《重庆交通学院学报》（社科版），2004年第12期。

[2] 廖文升：《中国少数民族习惯法与现代化》，载《重庆交通学院学报》（社科版），2004年第12期。

[3] 吕志祥：《藏族习惯法：传统与转型》，第195页，民族出版社，2007年。持相同观点的著作还有李可：《习惯法——一个正在发生的制度性事实》，中南大学出版社，2005年。

[4] 吕志祥：《藏族习惯法：传统与转型》，第180页，民族出版社，2007年。

[5] 李可：《习惯法——一个正在发生的制度性事实》，第7页，中南大学出版社，2005年。

不明确。市民社会理论分析框架对少数民族习惯法存在和发展提供了理论基础,但面对少数民族习惯法如何向现代化转型这一重要的命题时,显得捉襟见肘,空洞而极度"宏观"的指导性原则充斥其中。

总之,现代化语境中审视习惯法的地位、作用以及发展规律的做法极大地丰富了中国法学研究的内容,拓宽了立法、司法等法制实践研究视野。现代化语境中研究习惯法一定程度上让人们认识到,习惯法是不断演绎的,法学家们更需要把视野集中于"流变"中的习惯法,关注具体习惯法的变迁与法治之关系。传统向现代化的"进步"是整个人类的铁律,唯一有意义的工作便是对全球性的"现代"进行认知和"翻译"。[①] "现代法治——习惯法"的研究路径正是对中国当前多元法文化的"现代"视角的解读。法治现代化追求的是一种形式理性的秩序,它迷信于形式化法律的"极度确定性、统一性与可预测性"。[②] 传统习惯法的不确定性(至少当前还不能拿出更有说服力的"确定性"的具体个案)、地方性、民族性、层级性等先天性的缺陷,使其处于被边缘化的状态,尤其是少数民族习惯法与民族地区的"落后"必然联系在一起,提到少数民族习惯法就意味着落后,不入流。以现代化框架作为分析工具的学者大多主张对习惯法进行"现代化"的改造。对此有些学者进行了批判,认为这种研究路径是"在对西方现代化理论或现代法制、法治发展的结果不加质疑、不予反思和不加批判的情形下便将西方现代法制、法治发展

[①] 邓正来:《中国法学向何处去——建构中国法律理想图景时代的论纲》,第74页,商务印书馆,2006年。

[②] 杜宇:《重拾一种被放逐的知识传统》,第46页,北京大学出版社,2005年。

的各种结果视作中国法律、法治发展的当然前提"。① 研究习惯法的学者本身对中国少数民族习惯法的"固有性"有夸大其词之嫌疑,没有从发展、历史的视角对习惯法个案进行实证研究。虽然有些学者提出了习惯法的"流变"性特质,② 但没有提供更多的实证经验。习惯法是不断变化的,尤其"现代性"步伐的推进会不断促使习惯法本身加以流变,适应社会的发展,否则习惯法就会被挤出其生存的时间、空间,成为一种遥远的"记忆"。而法学家的任务更多的是对"流变"中的习惯法进行现代法理的梳理和解读,作必要的法理指导。任何"新的法律不是凭空产生的,即使是对过去的法的有意识的否定,但也是对先前存在的制度和思想的再创造"。③ 这可能是作为法学家对中国法治发展做出"贡献"的重要途径之一。

其二,法律多元路径。法律多元主义在中国有两个重要的渊源:一是以文化多元主义为理论基础的法律文化多元论;二是以"国家与社会"分析框架内的法律二元化理论。

文化视角研究法律多元始于人类学(民族学)。"依人类学的理论来考察,'法律文化'的概念和将这一概念拓展为法律多元这一更为宽泛的概念。"④ 学者们根据中国"多元一体格局"推导出中国法律文化具有多元的特点,从中国多民族杂居、聚居、少数民族传统文化的多样性等实际情况出发,认为"中国也

---

① 邓正来:《中国法学向何处去——建构中国法律理想图景时代的论纲》,第78页,商务印书馆,2006年。作者是对整个中国法学研究范式的批判中提出的观点。中国习惯法研究也是离不开这一整体研究"范式",少数民族习惯法的"现代化——习惯法"研究路径也是以这一背景来展开的。

② 苏力:《当代中国法律中的习惯》,载《法学评论》,2001年第3期。

③ 高其才:《习惯法与少数民族习惯法》,载《云南大学学报》(法学版),2002年第3期。

④ 徐晓光:《中国多元法文化的历史与现实》,载《贵州民族学院学报》(哲学社会科学版),2002年第1期。

是一个法律多元的社会（作者认为，多民族国家，各民族聚居、杂居、散居的样态决定了我国社会是多元化的格局，调整多元化的社会关系，必然需要多元化的法律体系，使得多层次、多元化样态的民族法在统一的法律大格局下存在。……少数民族的习惯法及法文化传统的存在，更是中国文化多元和法律多元的重要基础和基本特征。"① 当前中国法文化的大传统是国家宣传的以国家法为基础的法律思想，其内容大量地借鉴了西方的法观念。在一些民族地区，地方性习惯法模式的特征非常明显，这种习惯法模式是属于小传统的地方性文化模式的有机组成部分。② 代表民间的小传统给大传统提供素材，是支撑大传统的主要力量，而大传统影响小传统的发展方向，指引小传统。还有学者认为"民间法（包括习惯法——笔者注）本质上是一种文化研究视角的产物，在文化研究的视角里，才会出现法律多元和民间法（习惯法在内——笔者注）"。③ 总之，文化的多元性是法文化多元性的基础，中国民族文化结构的多元化决定了在中国法律也是多元的。

文化多元视角研究习惯法的前提必须是一个社会或国家存在多元文化，而多元文化的存在势必产生文化的摩擦和碰撞。在法制层面以多元文化为基础的多元法制结构需要协调和整合。依此逻辑和现实情况，"当代中国的法治建设必然面临着国情与理想、固有与传来、本土化与国际化、地方性与普适性等因素的影响，

---

① 徐晓光：《中国多元法文化的历史与现实》，载《贵州民族学院学报》（哲学社会科学版），2002年第1期。

② 周相卿：《文化模式原理对民族习惯法研究的几点启示》，载《贵州民族学院学报》（哲学社会科学版），2004年第1期。

③ 张晓萍：《中国民间法研究学术报告（2006年）》，载《山东大学学报》，2007年第1期。

面临着深层次的文化价值的冲突、发展与代价的矛盾"。[①] 这种法律多元主义的研究思路必然诱导出多头法律规范的冲突问题。以人类学理论作为分析工具的文化多元主义，在法律研究方法上强调法律本身的价值与意义符号，认为习惯法（包括国家法律在内）是一种文化的体现，它不仅解决少数民族地区的秩序问题，还要传达意义。[②] "法律是地方性知识，而不是与地方性无关的原则，并且法律对社会生活来说是建设性的，而不是反映性，或者无论如何不只是反应性的。"[③] 因此，人类学立场上的法律文化多元主义者注重习惯法的独立性，认为习惯法具有独立存在的价值，有反对对习惯法进行改造的倾向。在中国，由于文化与制度的"断裂"使得以两种文化为背景的国家法律和习惯法在理论上是相互脱节的、断裂的。"至少从某种意义上说，习惯法与国家法这两种不同的知识传统之间缺少一种内在的和有机的联结。"[④] 从而当前学者们研究的主要精力集中于国家法律和习惯法二元结构法制的谐调。因此学者建议"要在法律实践中尽量避免、缩小、解决……文化冲突，民族习惯法研究可以提供理论上的指导。在立法上，警醒立法者注意对民族习惯法作批判性吸收，避免'超前立法'、'武断立法'，以增强国家法制的可行性，使之尽量贴近一方民情之需，减少法律运行的成本"。[⑤] 法学家的人文同情是可以理解的，但在现代化这一强势话语中"代

[①] 高其才：《习惯法与少数民族习惯法》，载《云南大学学报法学版》，2002年第3期。

[②] 主要是根据高其才教授的习惯法课程上讨论而整理出的。

[③] ［美］克利福德·吉尔兹著，王海龙、张家瑄译：《地方性知识》，第277页，中央编译出版社，2004年9月第2版。

[④] 梁治平：《清代习惯法：社会与国家》，第140页，中国政法大学出版社，1996年。

[⑤] 龙大轩：《民族习惯法研究之方法与价值》，载《思想战线》，2004年第2期。

表"现代的"法条主义"①"横行"于整个"法界",避免武断立法、避免"超前立法"的"良法美意"(这里的"良法美意"完全是词面意义的,与作者文章中隐含的意义不同)显得微弱而底气不足。

  "国家与社会"分析框架内推导出的"国家法律与习惯法"二分法是法社会学的一种研究方法。梁治平先生在《清代习惯法:社会与国家》一书中的导言部分直接交代本书是采用了"法社会学视角"②研究清代习惯法的。国家法律与习惯法二元理论是以"国家——社会"二元模式作为解读和分析习惯法工具的。相对国家而言,社会是"'市民的'、'经济的'和'私人的'特性"的,并且以此与国家对峙。③国家与社会的"分野"导致出现国家制定的法律,即国家法。社会与国家对峙过程中在国家之外产生自发秩序,即习惯法。④继而作者提出"事实上,国家法在任何社会里都不是唯一和全部的法律,无论其作用多么重要,它们只能是整个法律秩序的一部分,在国家法之外、之下,还有各种各样其他类型的法律,他们不但填补国家法遗留的空隙,甚至构成国家法的基础"。⑤国家法与习惯法二元分析方法对中国当前习惯法研究影响很大。尤其对国家法与习惯法关系实证研究提供了理论平台。既然存在二元结构的法制体系,当然就产生两种法制体系相互作用的问题:一方面,习惯法是民间的

---

  ① 邓正来:《中国法学向何处去——建构"中国法律理想图景时代的论纲"》,商务印书馆,2006年。
  ② 梁治平:《清代习惯法:社会与国家》,导言,中国政法大学出版社,1996年。
  ③ 梁治平:《清代习惯法:社会与国家》,第8页,中国政法大学出版社,1996年。
  ④ 梁治平:《清代习惯法:社会与国家》,第27页,中国政法大学出版社,1996年。
  ⑤ 梁治平:《清代习惯法:社会与国家》,第35页,中国政法大学出版社,1996年。

自发秩序,是在国家以外生长起来的制度;另一方面,它又是以这样那样的方式与国家法律发生联系,且广泛为官府认可和倚赖。[①] 论述到清代习惯法时,作者认为:习惯法与国家法二者之间存在"分工"与"配合"的关系。"分工"意味着国家对民间各种交易习惯在一定程度上的放任,以及它鼓励民间调处的政策。"配合"方面,二者在长期演进和互动过程中彼此渗透。[②] 这种"分工"和"配合"的关系对当前的习惯法研究提供了一个思路,即习惯法与国家法之间应当是互动的,尤其要求少数民族习惯法与国家制定法之间互动的呐喊声更加响亮。但提出互动关系的作者自身也认识到,国家法与习惯法的互动远没有按西方式的构筑西方市民社会基础的公共领域自发秩序方向发展和演变。国家法与习惯法虽然存在"分工"与"配合"的互动机制,但二者的"断裂"的性质也不容怀疑。作者认为,从某种意义上说,习惯法与国家法这两种不同的知识传统之间缺少一种内在的和有机的联结。[③] 形成这种"断裂"的主要原因归纳为两个方面:一是表现为知识传统,是缺乏一种关于习惯法的说明性学理;二是表现于社会方面,是缺少一个从事这种探究和说明工作的群体。[④] 作者对此提醒大家,也许这是我们需要的"注意之处"。[⑤] 如果作者是针对清代习惯法而言的,经过100多年,今

[①] 梁治平:《清代习惯法:社会与国家》,第27页,中国政法大学出版社,1996年。

[②] 梁治平:《清代习惯法:社会与国家》,第129页,中国政法大学出版社,1996年。

[③] 梁治平:《清代习惯法:社会与国家》,第140页,中国政法大学出版社,1996年。

[④] 梁治平:《清代习惯法:社会与国家》,第140页,中国政法大学出版社,1996年。

[⑤] 梁治平:《清代习惯法:社会与国家》,第140页,中国政法大学出版社,1996年。

天的习惯法依然不知如何与国家法律互动或今天的国家法不想与习惯法互动。作者敏锐地观察到的两个方面的障碍依然没有解决。"说明性学理""也许正在发生"但还没茁壮成长起来。"从事探究和说明工作的群体"还没有孕育。根据国家法与习惯法"分工"理论，有学者提出了民间法（包括习惯法——笔者注）与国家法作用的领域与范围：属于最基本、最主要的社会关系，必须要由国家法运用强制性规范予以确定和调整；属于具有强烈的"地方性知识"和民间色彩的社会关系，可以依靠民间法，依靠地方性知识来处理，特别是当这类社会关系还没有诉诸国家机关，没有纳入司法的控制机制时；属于国家法与民间法都可以涉及的社会关系，既可以由国家法来确定和调整，也可以由民间法来调整。① 暂且搁置这一国家法与习惯法"分工"是否合理和科学不说，只有分工没有配合显然是不符合习惯法与国家法的互动。二者在如何"配合"问题上还不能拿出具有说服力的个案，更没有形成一种指导性的建构型理论体系。虽有把问题简单化之嫌疑，但其中最主要的原因恐怕还是不成熟的"说明性学理"无法提供有效的理论支持，"探究和说明工作的群体"的组织工作还没有更有效地展开。

多元法文化研究思潮是 20 世纪 80 年代首先从习惯法入手的。人类学法律多元理论分析工具对中国法学研究产生的影响是深刻的，"法人类学对法学的贡献在于它提供了一种全新的研究视野和迥然不同于传统法学的研究方法。法人类学的突出特点在于，人类学对法学的介入，大大拓展了传统法学的研究领域，扩大了法的内涵"。② 其研究习惯法的基本路径为"文化多元——

---

① 田成有：《乡土社会中的国家法与民间法》，载《开放时代》，2001 年第 9 期。
② 陶钟灵：《"送法津城"：中国法律现代化的价值取向——"2003 年中国民族法文化与现代法治精神研讨会"观点综述》，载《贵州财经学院学报》，2004 年第 4 期。

法律多元——习惯法"。这种多元分析方法，尤其有关习惯法（包括民间法）的论述也招致不同的意见。例如有些学者怀疑甚至否定"习惯法"概念。"事实上，我们仔细分析，国家法之外存在的只能是各种规范，而不是各种法。"① 还有学者认为"'多元的法并存'等观点在理论上是错误的，在实践中是有害的，是与马克思主义关于法的基本原理相矛盾，并与贯彻'依法治国'的治国方略相冲突的，这个理论误区必须澄清"。② 这种担忧也可以理解：一方面，毕竟中国社会深受法律虚无主义之害，其记忆还犹新；另一方面，从无法到多头法律的"冒出"使得人们恐惧"处处有法"变异为"处处无法"。但法律多元研究路径对中国法学研究所作的贡献无法否定。

其三，市民社会与习惯法路径。市民社会理论对习惯法研究产生影响是近几年的事情。20世纪90年代以来，市民社会理论研究被引入中国，逐渐成为政治学、哲学、社会学、法学等领域中的一种新兴理论话语，深化了对中国现代化进程、改革和社会发展、民主与法制等的研究。③ 主张通过市民社会理论重构中国法制的学者认为："市民社会的私人领域、志愿社团、公共领域、社会运动等结构要素和个人主义、多元主义、民主参与、法治原则等价值取向关照了国家与社会的互动关系、治理与善治、大众文化、私人生活世界和多元价值诉求的社会公共领域，反映了全

---

① 田成有：《"习惯法"是法吗?》，载《云南法学》，2000年第3期。作者在后来的研究中从法社会学、法人类学的角度认可乡土社会中存在民间法。作者在其所著《乡土社会中的民间法》（法律出版社，2005年）一书封面交代："本书对国家法与民间法在乡土社会中的地位与功能、运作与实践、发展与走向，从历史的、社会的、文化的、个案的角度进行审慎地分析。"

② 孙国华：《"习惯法"与法的概念的泛化》，载《皖西学院学报》，2003年第6期。

③ 马长山：《中国法制进路的根本面向与社会根基——对市民社会理论法治观质疑的简要回应》，载《法律科学》（西北政法学院学报），2003年第6期。

球化时代国家与社会、权利与权力、公共领域与私人领域、普遍利益与特殊利益、经济与文化关系等多元复杂的新变化"。① 从市民社会理论的主要价值取向分析,它是以全球化、现代化为背景探讨中国法制发展方向的理论体系。其主要法治精神在于通过"第三领域",即市民社会自治来推动权利与权力的协调,市民社会的自生秩序来克服国家专断法律,寻求国家与社会谐调发展。"其实质乃是对市民社会与国家、权利与权力新型互动关系的一种理论回应。"② 为了达到上述价值目标,兼顾市民社会的本土化、国家与市民社会非同质性,市民社会理论者主张在中国培育和构建市民社会。"当下中国'小政府',大社会'的改革和市场经济的发展……中出现了国家与社会的分离,市民社会已初现端倪。"③ 根据中国社会推动民主法制的社会动力之不足,提出通过民间社会组织能力建设来培育民主法制根基——市民社会,推动法制秩序的建立。④

市民社会理论适用于习惯法研究的主要依据,可能是市民社会理论中的法律多元创制渠道模式以及民间组织的自治性特质引申的自生自发秩序的建立。⑤ 市民社会理论视角研究习惯法预设了两个前提条件:一是习惯法是传统的,不是现代的;二是习惯法是自生自发秩序,是理性的体现。根据上述两个预设,通过市民社会理论解读习惯法的学者主张对习惯法进行"扬弃",取舍

---

①②③ 马长山:《中国法制进路的根本面向与社会根基——对市民社会理论法治观质疑的简要回应》,载《法律科学》(西北政法学院学报),2003年第6期。

④ 马长山:《民间社会组织能力建设与法治秩序》,载《法学论坛》,2006年第1期。

⑤ 主张运用市民社会理论重塑少数民族习惯法的学者对此并没有深入展开论述,继而我本人的理解可能不全面。见吕志祥:《藏族习惯法:传统与转型》,第6章,民族出版社,2007年。

以"现代法治原则"为标准。① 运用市民社会理论研究习惯法的学者认为：习惯法是民间自生自发秩序，符合市民社会自生秩序的理性原则。在这一点上市民社会理论区别于把习惯法视为"哈耶克式"的自生自发秩序，即自由秩序。② 习惯法是不是一种理性的自生自发秩序，有待于进一步的研究和论证。关键在于习惯法，尤其少数民族习惯法——自生自发秩序并非是市民社会的产物。少数民族以及中国乡土社会经济发展水平，即市场经济发展程度、传统民间组织的功能、权利意识等都不可能孕育出现代型市民社会自生自发秩序。对此学者们主张从经济、文化教育事业、道德、习惯法、加强完善民族立法等途径变革少数民族地区，培育市民社会结构性因素，让习惯法与现代法治之间找到相应的契合点。最终把落脚点放在通过市民社会的培育使少数民族习惯法向现代法治转变。③ 这种主张显然是要求中国市民社会重塑与少数民族地区的法治转型同步进行。这是整个中国社会面临的问题。学者们并没有关注市民社会建立过程中少数民族习惯法的积极因素。在少数民族地区建构市民社会的进程中习惯法能否提供一定或必要的制度资源支持？少数民族地区市民社会的培育中习惯法能否"流变"成为市民社会自生自发秩序的重要渊源？毕竟少数民族习惯法与市民社会自生自发秩序之间有一个形式上的共同点，即都是自生自发秩序。等到少数民族地区培育出了现代型市民社会，我们可能"找不到"向现代型法治转变的"习

---

① 吕志祥：《藏族习惯法：传统与转型》，第5章，民族出版社，2007年。
② 市民社会理论中的自生自发秩序是市民社会中形成的理性秩序，而哈耶克主张的自生自发秩序，尤其内部规则中的未阐明规则（被哈耶克认为法律的东西）更是非理性的。见邓正来：《哈耶克法律哲学的研究》，第40—41页，法律出版社，2002年。有学者对此也有所论述，见李可：《习惯法——一个正在发生的制度性事实》，第328—330页，中南大学出版社，2005年。
③ 见吕志祥：《藏族习惯法：传统与转型》，第6章，民族出版社，2007年。

惯法"了，也没有必要去为了"寻找"而寻找这样的习惯法了。

　　市民社会理论运用于民间法（习惯法）研究还刚刚起步，需要探讨的理论和实践问题还很多，以孙中山先生的名言来共勉——"革命尚未成功，同志仍须努力"。

　　如果对上述三个研究路径做一个大的概括，显然是以现代化与本土化两个重大背景展开的。法律多元主义主要立足于地方性知识框架之内解读习惯法；法律二元主义、现代与传统和市民社会理论主要是以现代化为参照对习惯法进行法理的审视。如果有范式选择的话，大概都不能离开"现代化"这一范式。在研究路径选择上除了上述几个进路之外还有其他的路径，对习惯法研究的每一个路径都离不开多元理论的解读，这里不一一加以阐释，并且各种进路和路径相互重叠交叉进行的，并不是绝对的。

　　其四，本文研究路径选择。如果必须对本文的研究进路或路径作一个交代的话，那只能说是以法律多元理论作为最基本的分析工具。采用法律多元理论是一个无奈之举，如果不提前预设这个国家的法律是多元的，那就首先要用大量的笔墨来论述本文中重点论述的少数民族民事习惯是"法"，并且是国家法律之外的"民间"的"法"，以此来证明国家法律是多元的。幸好，国内外法学专家对法律多元从不同理论视角做了充分的研究和著述，只能奉行"拿来主义"了。本文在法律多元框架之内以民事法律制度的现代化、多元化、本土化为交错背景来展开论述。首先，如果习惯法是自生自发秩序，每一个具体的，尤其符合现代民事制度规则的民事习惯都有产生、发展的历史背景和演进的过程。因此本文对文中的民事习惯——苏鲁克民事习惯的历史演进要作系统的法律史的梳理。这种历史梳理的过程本身就是一个"法"的流变过程的缩影。不同的历史阶段苏鲁克民事习惯的形式、内容和作用一方面给我们展示习惯法的"变"与"不变"的生动而鲜活的"稳定"性经验；另一方面又给我们展示一个民事习惯是如何从"封建制"甚至是奴隶制的民事制度正在向"现代化"转变的,这种历史经验给主张少数民族习惯法向现代化转变者提供一个可供研究的个案。在这一点上,历史唯物主义的方法论是必须的。其次,作为少数民族民事习惯,一种地方性的知识体系,它离不开所产生和发展的文化、经济、财产意识等人文文化和经济背景。从而有必要对苏鲁克民事习惯的文化背景做一个相对全面的介绍和分析。在此意义上研究的方法又是法人类学的。再次,作为一种传统——苏鲁克民事习惯偶尔会进入经济学家的视野,偶尔也会被社会学家所关注,但由于"法条主义"或注释法学家们的"傲慢与偏见"而长期被法学理论所忽略。从而本文中对苏鲁克民事习惯进行现代民法解读是非常必要的。在这一部分的论述中本文的理论方法又是法学实证主义的,是以现代与传统的交错为背景的。最后,作为内蒙古牧区重要的民事习惯,司法机关不能无视它的存在。(内蒙古自治区牧区基层法院审理的案件中,此类纠纷逐年在增多,甚至占了有的基层法院审理的一审民事案件的40%。)因此,本文中必须交代司法机关对苏鲁克民事习惯的态度、国家现行民事法律制度与"传统"民事习惯在基层司法中是如何互动的,"传统"的民事习惯在国家民事法律制度中到底应该处于何种"位置"。本文这一部分通过司法调查的案例为支撑点,从而在这里运用法学最古老的案例分析方法,从个案到理论总结的思路上进行分析和解读。

总之,本文的研究路径是以法律多元理论为最基本框架,以多元理论作为研究方法,在现代、多元、本土为交错背景中展开的。

2. 研究方法

采用人类学、社会学的个案调查方法为基础,从案例分析和归纳提炼理论的思路展开分析和研究。具体是:

首先,运用法人类学的调查方法,主要采用以实地调查为主的调查方法（访谈和调查相结合）。主要在内蒙古的东乌珠穆沁旗、新巴尔虎左旗等牧区调查苏鲁克用益权的实践情况。田野调查方法是人类学领域最普遍适用的研究方法。作为一项民事习惯，在中国当前的法律体制中从制度层面而言，它是被国家法律所不认可的"编外"的规则体系。因此，想了解当前少数民族地区，乃至汉族地区民事习惯的情况，必须做必要的田野调查。苏鲁克民事习惯不是孤立存在的规则体系，它是与内蒙古地区的自然环境、文化、经济特征密切相关的。游牧经济虽然基本上已经成为一种"传说"，但以它为土壤，产生和发展起来的部分规则体系在现代社会中出现变异，作了适当自我调适，正在迎合时代的变迁，向前流变。当前苏鲁克民事习惯的存续形态、社会功能和发展方向需要新的田野调查方可弄清，也是展开论述内容所必需的工作。为此，笔者在牧区收集了数量可观的苏鲁克民事合同，走访了基层法律服务机构工作人员、政府部门工作人员和普通牧民，了解了苏鲁克民事习惯在民间的存续状态。

其次，司法调查方法。调查的内容包括：在内蒙古牧区基层司法机关搜集涉及苏鲁克用益物权的司法判例，观摩苏鲁克用益物权纠纷开庭审理，与基层司法机关审判人员和当事人做访谈，了解当事人以及司法机关对苏鲁克用益物权的看法以及审理结果的意见。苏鲁克民事习惯在民间是以合同形式调整民事主体之间的畜群用益关系的规则体系。作为一种合同，主体双方或者第三人的侵权而诉至法院时，苏鲁克民事习惯被反映到国家法律层面，出现国家法律与民事习惯之间相互关系的调和问题。当前的苏鲁克民事习惯是国家法律中未作规定的合同种类，也就说，苏鲁克民事合同在民间和司法中受到二元结构的法律规范的规制。苏鲁克合同的成立以及履行并不是依据国家合同法或相关的法律规定，而是依据千百年来所遵循下来的苏鲁克民事习惯，但起诉到国家司法机关时（当事人起诉到法院），司法机关审查的依据转变为国家民事法律制度。虽然司法机关以国家法律进行审查，但完全无视其成立的民事习惯是不可能的。因而反映到司法机关的苏鲁克民事习惯的地位是耐人寻味的，这是考察民事习惯与国家法律关系的重要平台。这一系列考察的前提工作就是做必要的司法调查，搜集相关的案例、翻阅司法机关的案件卷宗、访问基层司法工作人员、与法律服务工作者进行访谈、对相关案件进行追踪研究。

　　最后，文献资料研究方法。对游牧民族的经济、文化、民俗以及其他学者有关少数民族民事习惯研究成果和调查资料进行分析和利用。苏鲁克民事习惯的法学研究几乎可以说是空白的，但在史学家、社会学家以及人类学家的相关著作中，留下了大量的有关苏鲁克制度的相关资料，尤其日本学者在20世纪30年代对内蒙古东部地区畜牧业的调查中留下了当时苏鲁克契约的详细记录。文化人类学家、社会学家近几年也开始关注苏鲁克民事习惯，有了不同视角的研究成果和调查资料。这些调查资料作为第一手资料，对苏鲁克民事习惯发展、演变以及法律定性的研究是不可或缺的。史学家提供了内蒙古自治区建立初期的苏鲁克制度改造记录和档案资料。需要强调的是，有一批蒙古文的材料可能是语言的关系，长期被人们所忽略，这些研究成果和材料是蒙古族学者从本民族立场、角度收集和研究的民俗、文化方面的成果，对苏鲁克民事习惯的解读具有重要的学术价值。

一、蒙古游牧法文化及其财产法律表达

(一) 蒙古族法文化及其形态

1. 蒙古族法文化及其存续、传承形态

"文化的各个不同阶段,可以认为是发展或进化的不同阶段,而其中的每一阶段都是前一阶段的产物,并对将来的历史进程起着相当大的作用。"① 草原民族在广阔的中国北方草原创造了灿烂的游牧文化。游牧文化是北方草原上兴起的不同民族在不同的历史阶段不断继承、发展而形成的一种独特的文化体系。当今,随着对现代化问题的反思和工业文明的检讨,社会学和人类学视域中,游牧文化成为一个学术探讨的热点问题。研究和审视游牧文化离不开农耕文化和其他文化,并且往往以农耕文化、其他文化作为参照系铺展开来。游牧文化的内涵、特质、表达和传承方式与其他文化相比较有很大的差异性。② 游牧文化是"从事游牧生产、逐水草而居的人们,包括游牧部落、游牧民族和游牧族群共同创造的文化。它的显著特征就在于游牧生产和游牧生活方

---

① [英]爱德华·泰勒著,连树声译:《原始文化》,第1页,广西师范大学出版社,2005年。

② 吴团英:《略论草原文化研究的几个问题》,载《鄂尔多斯文化》,2006年第2期。文章中认为草原文化与游牧文化是不同的概念,需要区分。游牧文化是建立在游牧生产方式上的文化,草原文化则是"地域文化与民族文化的统一"。但不否认游牧生产方式上建立的游牧文化是草原文化的主导文化。

式——游牧人的观念、信仰、风俗、习惯以及他们的社会结构、政治制度、价值体系等"。① 游牧经济是游牧文化的基础,也是游牧文化形成和发展的原动力。② 游牧文化是以游牧生产方式为基础形成和发展的文化体系。

蒙古族法文化是根植于中国北方草原游牧民族、以蒙古族为主体的"游牧、狩猎"土壤中生长起来的、形成自己特点的文化机制。③ 生存方式的不同造就了不同的文化形态。文化形态的不同又决定了物质文化和非物质文化在其文化中的比重。对游牧文化而言,其经济的游动性、自然性和开放性特点以及传承和表达的特殊性,决定了游牧文化中更注重非物质文化。人类学家认为:文化表示的是从历史上留下来的存在于符号中的意义模式,是以符号形式表达的前后相袭的概念系统,借此人们交流、保存和发展对生命的知识和态度。④ 游牧民族对通过"物化"的形式表达和传承文化极不适应,游牧文化中"非物化"形态的文化高度发达。因此,在游牧文化中"非物化"符号形式传承相关生存知识极为丰富。游牧文化的这一"非物化"形式存在和发展的特点深深地影响了游牧社会中的法律制度的传承和发展形态。纵观北方游牧民族的法文化就会发现,游牧社会法文化的表达以习惯和判例作为主要形式,传承上以口耳相传,判例的指引等内化为主要手段。

《蒙古秘史》中记载的有关蒙古历史上第一部成文法典——《大札撒》的诞生经历,就是典型的草原法文化传承方式的真实

---

① 吴团英:《草原文化与游牧文化》,载《光明日报》,2006 年 07 月 24 日。
② 吴·阿克泰、萨日娜:《游牧经济与蒙古族文化——历史评述现象分析》(蒙古文),第 92 页,内蒙古人民出版社,1997 年。
③ 吴海航:《元代法文化研究》,第 9 页,北京师范大学出版社,2000 年。
④ [美] 克利福德·格尔茨著,韩莉译:《文化的解释》,第 110—第 111 页,译林出版社,1999 年。

写照。成吉思汗在蒙古帝国建立之时,下令建立断事官制度,制定系统的成文法典。《蒙古秘史》二百〇三节记载:"把普通百姓分家财的事、科断了的事,书写成青册文书并造册,直到子子孙孙,失吉忽秃忽①与我商量、拟议的用白纸青文所造青册不许更改,更改者要受处罚"。②《蒙古秘史》记载的这一段内容给我们提供了以下几个方面的信息:一是《大札撒》法典的主要内容包括了一个社会所需的基本的三大法律体系:即刑事、民事和行政三部分;二是《大札撒》的形式主要是由习惯法、判例、政令三部分构成;三是《大札撒》是不断地渐进补充而形成的;③四是《大札撒》中具有了基本的司法程序。蒙古帝国第一部成文法是以草原民族的习惯法(尤其民事部分)和判例为主要形式的。后世的学者对此一针见血地指出:"研究蒙古的法律制度绝不要单纯探索所谓形式意义上的构成要件的判例,以及某种立法程序所制定的成文法规,真正规范蒙古社会,约束蒙古人真正生活的蒙古社会法,要考虑到上述事实,才能够真正弄明白上列各种有形的法规在蒙古社会中的真正地位"。④游牧民族的"非物化"的法文化传承方式,也是游牧民族重要的"法典"没有流传至今的主要原因之一。

农耕文化的农业经济的稳定性需求,使得文化表达与传承方面更注意"物化"形态。在中国,中原传统法文化历史进程中比比皆是的大部头法典就是这种情况的真实写照。蒙古族是创造游牧文明的先驱者之一,也是至今为止不断发展游牧文明的主要

---

① 人名,是蒙古帝国首任断事官。
② 转引自奇格:《古代蒙古法制史》,第33页,辽宁民族出版社,1999年。
③ 学者认为,《成吉思汗大札撒》颁布于1206年,后来经过1210年、1218年两次大忽里勒台(盟会大会)的增补,到1225年定型,1227年完成。见奇格:《古代蒙古法制史》,第4页,辽宁民族出版社,1999年。
④ 《蒙古史研究参考资料》,第24集。

民族。在法文化的表达和传承上,蒙古民族是游牧文化的集大成者。游牧文化的文化表达侧重点以及内化的方式,在传统游牧文明的法制实践中产生了深远的影响。调整财产关系的民事法律制度,在游牧社会中主要是以民事习惯和民事判例两种渊源形式展开的,在实践方面更注重内心的法律信仰和尊重,在成文立法上民事法律制度从没有占据过重要位置,司法上重视习惯和判例的作用。历史上,随着蒙古社会的发展,这些判例和习惯法也在不断地流变,不适应社会发展的习惯法经过官方的改造而继续发挥作用,或自身发生变化以适应社会的发展,完全不能适应蒙古社会发展所需的习惯法则退出历史舞台。当然,这一过程中新的习惯法也会不断产生。例如,在北元时期占有重要地位的《卫拉特法典》第五条记载:"(喀尔喀、卫拉特双方)如杀掠、抢劫寺庙喇嘛所属爱马克,罚铠甲百领,驼百峰,马千匹,按伊克黑卜处理。"[①]这里的"伊克黑卜"在蒙古语中,词面上而言,是按原有惯例之意思,法律术语中应当是原有习惯法之意。蒙古人在未完全接受佛教之前,信仰的是原始宗教,在法典中依习惯法进行处罚的规定说明,佛教传入卫拉特蒙古地区恐怕比学者们断定的时间可能还要早。因为一个习惯法的形成需要一定的时间,这一时间达到足以使一个习惯被民众所内化的程度时,才可能形成真正意义上的习惯法。这种习惯法在蒙古人接受佛教之后形成的,它是一个新的习惯法。

  蒙古族法律传统在内蒙古一直延续到新中国成立初期,即便是今天,蒙古族传统习惯法在广阔的牧区仍然继续发挥着重要的作用。正如"发展和退化、丧失、复生、变种等是复杂的文化之

[①] 奇格:《古代蒙古法制史》,第117页,辽宁民族出版社,1999年。

一、蒙古游牧法文化及其财产法律表达

网中的联结线"①一样,蒙古族传统法律文化受政治体制、经济制度以及社会意识形态等多种复杂因素决定,有的已经被改造,有的已经退出历史舞台,还有的在中华人民共和国建立政权之后的一段时间退出历史舞台,但改革开放之后又复生。内蒙古自治区成立之后,适应社会发展的习惯法继续在广阔的内蒙古草原上在其特定"位置"起到规范、调节作用。有学者总结蒙古族法制史进程时讲道:"古代蒙古族的法律制度,源远流长,它如同草原上的清澈小溪涓涓而来,一直没有中断"。②蒙古族法文化传统的延续形态反映了文化之网联结线路,反映了政治制度之更替、变迁不一定能完全淘汰过去的习惯,它会在特定条件下重新被利用、变种或者复生。

蒙古族习惯法传统制度资源得以发展有几个前提:

一是民族区域自治制度是国家重要的制度保障。在民族区域自治制度框架之内,内蒙古自治区利用地方制度资源解决了牧区社会主义改革、家庭联产承包制等社会改革中遇到的相关法律问题。利用的地方制度资源则主要来自蒙古族固有习惯法。民族区域自治制度允许少数民族保留和发展本民族的风俗习惯。《民族区域自治法》第10条规定:"民族自治地方的自治机关保障本地方各民族都有使用和发展自己的语言文字的自由,都有保持或者改革自己的风俗习惯的自由"。民族区域自治制度还允许少数民族自治地方通过自治立法行使民族区域自治权。③这是少数民族习惯法得以保留和发展的重要制度前提。

二是在内蒙古自治区牧区,蒙古人传统的生产、生活方式虽

---

① [英]爱德华·泰勒著,连树声译:《原始文化》,第12页,广西师范大学出版社,2005年。
② 奇格:《古代蒙古法制史》,第13页,辽宁民族出版社,1999年。
③ 但遗憾的是,当前民族自治地方所制定的自治条例、单行条例中对少数民族习惯法的创制性应用及少,应当加强这一方面的研究。

然有了很大的改变，但历史上积淀下来的民俗基础还会存续很长的时间，这些民俗随着生产、生活方式的改变而会不断地流变或者产生新的民俗，这是蒙古族习惯法发展的又一动力。

三是历史上形成的蒙古族习惯法的传承途径和形态，即内化的习惯法和判例的指引作用等法律信仰的形态还会持续下去，不会轻易地被改变。

"只要社会生产样式不变，生存方式的构架不变，文化形态的经纬网络也就不会变，人的心理内涵也就不会有质的变化。"① 蒙古人对其习惯法的信仰、遵守不亚于其自身的宗教信仰。游牧文化对其自身法文化内化的过程是漫长的，也是持续的。"那些最普通的广大民众或称芸芸众生，他们并不总是关心一种思想或一种文化已经发展到怎样的一个历史阶段，他们不得不经常在实践着自己早已习惯和适应了的法的传统。"② 正如文化是"包括全部的知识、信仰、艺术、道德、法律、风俗以及作为社会成员的人所掌握和接受的任何其他的才能和习惯的复合体"③ 一样，必须深度窥视游牧民族的法文化表达方法，才可以充分了解其个性以及发展变迁的经验。蒙古族独特的法文化的内容、存续状态和传承形态是与其依赖的生产方式密不可分的。

2. 游牧经济的游动性与蒙古族法文化传承

游牧文化的内涵、特质的阐述显然需要其他文化作为参照系。游牧经济的移动性是游牧文化崇尚自由的重要因素。游牧文化与农耕文化相比较，其建立和发展的基础是游牧生产方式。所谓的游牧生产方式就是在高寒、干燥的内陆高原自然环境中"逐

---

① 孟驰北：《草原文化与人类历史》（上），第3页，国际文化出版公司，1999年。
② 吴海航：《元代法文化研究》，第5页，北京师范大学出版社，2000年。
③ [英] 爱德华·泰勒著，连树声译：《原始文化》，第1页，广西师范大学出版社，2005年。

水草畜牧",其衣食住行都依赖在他们所放牧的家畜之上的一种生活、生产方式。这里阐述的"逐水草畜牧"不是漫无边际的放牧,而是在特定领域的牧场上进行自由放牧,四季进行轮牧。据《史记》记载,古代匈奴"逐水草迁徙,毋城郭常处耕田之业,然亦各有分地"。① 匈奴开始已经有了"分封制"并在"分地"之内进行自由游牧。在古代蒙古帝国时期,千户制度严禁各藩属离开自己的千户。成吉思汗《大札撒》规定:"要严守十户、百户、千户和万户之规定,不得随意改变"。② 在清朝时期,蒙古人被盟旗制度所控制,不得相互横向往来,只能在旗之内进行自由放牧。"'旗'变成了一个游牧领地,成为基本封建单位。各个旗内的内部和外缘,设立了硬性的界限。移牧和迁徙变成了古老的传说。"③ 清末开始大量的移民侵入,进行开垦,广袤的蒙古高原放牧之地逐年减少,盟旗制度造成的禁锢长期得不到释放,无边的"逐水草迁徙放牧"更不可能实现了。内蒙古自治区成立初期,实行了"草场共有,自由放牧"制度。④ 新中国成立之后,实行草场公有制,推行合作化运动,建立完整的旗(县)、苏木(乡)行政建制体系。在游牧社会发展的各个阶段,我们都可以找到当时法律制度对"逐水草迁徙"限制的规定。"逐水草放牧"是一个相对概念,只能把它理解为"一定领域的游牧移动"。

游牧移动是指从一个驻牧点到另一个驻牧点的移动,设备为勒勒车和蒙古包。学者认为有三种因素对移动的影响比较明显:

---

① 司马迁:《史记》,第811页,中州古籍出版社,1996年。
② 奇格:《古代蒙古法制史》,第41页,辽宁民族出版社,1999年。
③ 陈巴特尔:《试论蒙古民族传统文化的形成、变迁及其特点》,载《内蒙古大学学报》(人文社会科学版),2004年第5期。
④ 内蒙古自治区政协文史资料委员会编:《"三不两利"与"稳宽长"——回忆与思考》,第7页,内蒙古政协文史书店发行,2006年。

一是农业渗透程度。农业渗透程度较高的地区移动次数较少；二是畜群规模。畜群规模越大移动的频率越高、移动距离越远；三是冬营地的降雪量。冬营地降雪量高的移动也会频繁。① 移动的范围取决于所放牲畜的数量、草场的载畜程度以及行政区划界限。移动是蒙古族传统游牧经济的生产方式，也是生活方式。过去，以察哈尔地区为例，一个家族一年内移动地的间距，也就是游牧圈直径，至多不过 60 里；苏尼特旗和乌珠穆沁旗游牧圈直径达 120 里。② 今天的内蒙古牧区个别植被好的地方，小范围之内，到了夏季还会有短距离的移动。游牧文化是北方民族共同创造，并与其他文化不断地碰撞、融合而形成的富有个性的传统文化。游牧生产方式是在一定领域以"自由"放牧为基础的游牧经济模式。牧民历来都是根据其居住的草场植被、地势以及一年四季的变化"自由"迁徙放牧。在清朝"开垦施边"到军阀政府的开荒之前，内蒙古广袤的草原上，蒙古人在其一定的行政区划内根据草势和水源的情况，一年四季有大的 4 次移动迁徙，即在冬营地、夏营地、秋营地、春营地之间游牧。每一个季节，不同的营地上隔一段时间还会移动放牧，从而蒙古人的一生就在马背上跟着畜群，不断地游牧。历史上，内蒙古游牧文化正是在这一"自由"迁徙放牧基础上形成的物质和非物质文化形态的综合体。这种"自由"和"迁徙"的生产、生活方式，在文化特质上具有鲜明的特点。

移动性的经济形态对法文化的"物化"形态带来了诸多困难。《汉书·匈奴传》载："其法，拔刃尺者死，坐盗者没入其

---

① 王建革：《农牧生态与传统蒙古社会》，第 32—33 页，山东人民出版社，2006 年。

② 东亚研究所：《内蒙古の农牧业（中间报告）——内蒙古の一般调查の一部》，第 9—10 页，东亚研究所，昭和十六年（1941）。

家；有罪小者轧，大者死。狱久者不过十日，一国之囚不过数人"。① 为何强大的匈奴政权"狱久者不过十日，一国之囚不过数人"？显然，游动的经济生活无法建立稳固而长久的监禁建筑，监狱制度不发达。游动的经济形态对民事法律制度存续形态的制约比刑事制度更大。在北方游牧民族传统民事法律制度中，今天看来非常重要的不动产法律制度极不发达，与此相对应，动产法律制度比较完善。在动产方面，所有权、用益物权制度很早就产生，物权（动产）变动形式上均有相对比较完备的适合其经济形态的法律制度。（游牧社会中的动产法律制度中财产权的变更不仅要符合近代民法中的占有制度，而且还有特定的物权变更模式，这是近代民法中不多见的现象。这一问题在文章的第三部分有详细的论述。）在游牧社会中，土地所有权制度极不发达。史学领域和经济学领域对游牧社会的最根本的生产资料问题产生过激烈的争论。② 一种主张认为，在游牧社会中，土地依然是最主要的生产资料；另一种主张认为，在游牧社会中畜群是最主要的生产资料。③ 从法律层面而言，在游牧社会中土地法律制度的确没有动产制度一样发达，尤其物权制度的规定相对少见。罗马法和近代传统民法中不动产制度为标志的物权制度非常的完善，游牧社会中正好颠倒过来，动产制度的规则体系相对较发达。但这并不能说明游牧社会中土地不是最主要的生产资料，相反，蒙古历史上的扩张，以及完善地保护草场、严格的行政区划法律制度是游牧社会极其重视土地（天然草场）的另一重要的注解。

游牧社会中牲畜是仅次于土地的生产资料，游牧者的生活，

---

① 班固：《汉书·匈奴传》，第1122页，浙江古籍出版社，2000年。
② 额尔敦扎布、萨日娜：《蒙古族土地所有制特征研究》（蒙古文），第67—68页，辽宁民族出版社，2001年。
③ 额尔敦扎布、萨日娜：《蒙古族土地所有制特征研究》（蒙古文），第67—68页，辽宁民族出版社，2001年。

包括衣食住行，均直接建立在其上。游牧者赖以生存、发展的直接基础——畜群必须是移动的、游牧者所居住的建筑物（蒙古包）是可以移动的，快到马背上短距离迅速迁移，慢到整个家庭"赶着太阳悠荡在勒勒车上"迁移；小到一个家庭以及牲畜的移动，大到整个部落及其牲畜的大移动。游牧者的生活就像蓝天下的白云忽而飘到你的头顶，忽而又消失得无影无踪。与此相适应，游牧者的法律制度以适用、简便、彻底贯彻为最高原则。例如，蒙古人入主中原后所制定的法律与以往中原政权法律制度有很大的差异。"元代以蒙古族灭金、灭宋，统一中国，震撼欧亚，它的司法因种族的差异和宗教的不同，所以虽模仿此前各代编纂法典的一般形式，而在内容上却很大部分都是当时的现行律，元代确是为一事立一法，并不像《宋刑统》一字不动地抄袭在宋代并不完全施行的《唐律》。"①

游动的经济形态制约了法律制度以文字形态广泛传播的途径。所制定的法律是要通过极少数掌握文字的官员口头传达而被民众所牢记。这种制度知识的传播方法，很难使法律制度得以法典的形态继承和发展，从而追求法律制度的"简便而易行"。②"简便而易行"的法律制度显然是内容相对较少，程序上简练。社会生活是复杂的，国家通过"几条"法律制度不可能调整整个社会关系，因此，可以推定，游牧民族中与其生活息息相关的是历来继承和适用的习惯法发挥了重要的作用。因此，在历史上，虽然蒙古政权制定了诸多法典，但这些法典是治国的主要依据，民众的生活依然受制于固有的习惯法。后来的学者在评述《成吉思汗大札撒法典》时谈到："'札撒法典'实际上还起到了

---

① 杨鸿烈：《中国法律发达史》（下册），第681页，上海书店出版社，1990年。

② 《史记》中形容匈奴法律之语。

大蒙古帝国根本法的作用，为蒙古统治者制定国策、方针起着指导性的作用。在此意义上，'札撒'已不仅仅是具有普通法功能的条法，它在与那些并未收入《大札撒》的蒙古习惯法并立的过程中，它是成吉思汗大蒙古帝国最重要的规范性文件。"① 但这些习惯法是不断地流变、发展的，不是一成不变的"旧习俗"。习惯法的传承方式就是口耳相传的，在一代一代人中传递、遵循、改造、发展的。另外，"一事立一法"实质上是源自蒙古固有的判例制度。在蒙古历史上，统治阶层的重要刑事法律、行政秩序性的规范让民众知晓的最好办法就是实行判例制度。人们在追寻《成吉思汗大札撒法典》时应当更需要注意的是：《大札撒》的内容可能有大量的判例。蒙古政权通过判例来指引民众行为的个案在蒙古历史上存续了很长时间。例如清朝年间的喀尔喀蒙古②的《乌兰哈其尔图》法规就记录了"1820—1913 年共 93 年中审断的 487 类案例，作为审断将来发生的类似案件的参考依据"。③ 清朝道光年间，《阿拉善蒙古律例》中规定的内容基本上"一事立一法"，根据事件、案件的增多而对相关问题做出案例性的规定，并作为"永为定例以示遵行之"。④ 1770 年，喀尔喀蒙古《关于策旺疫畜传染疾病案》一则判例中记载：蒙古律令中虽然把有疫病之牲畜赶之他人畜群附近，致使他人畜群传染疾病造成牲畜死亡之事如何处罚没有明确规定，但策旺把牲畜传染疾病之事隐瞒，致使诺门罕畜群（苏鲁克）受到传染疾病袭击，其行为不当，图谢图汗为首与格博贵公、额尔德尼公、额尔德尼商卓特巴、大喇嘛等人商议决定，凡把有疫病之牲畜赶之他人畜

---

① 吴海航：《元代法文化研究》，第 5 页，北京师范大学出版社，2000 年。
② 今蒙古国。
③ 奇格：《古代蒙古法制史》，第 41 页，辽宁民族出版社，1999 年。
④ 奇格：《古代蒙古法制史》，第 194 页，辽宁民族出版社，1999 年。

群附近，致使他人畜群传染疾病者，损失多少赔偿多少，凡有此例，按此法执行。①

有学者总结古代蒙古发展形态时总结到："古代蒙古法、条例的规定是法，王公的谕令、批复令是法，记录在案的案例也是法，可以按例判决"。② 政权机构通过判例的形式使其民众知晓法律制度，以此判例和习惯法逐步被民众生活所内化，达到稳定社会秩序，人、自然、畜群之间的和谐。总之，游牧人的"衣食住行、婚丧嫁娶、宗教信仰、伦理道德以至工艺器皿、文化教育必须与其奔波迁徙的生活相适应"。③

3. 畜牧业传统知识与蒙古族法文化传承

游牧文化的核心在于游牧经济结构。游牧经济是围绕着畜群这一主要财产的经营、管理、交易、用益而展开的。蒙古人在漫长的游牧经济中创造了丰富的畜牧业知识。"蒙古族畜牧知识是包含游牧非物质文化和物质文化在内的特殊结构体系，也是蒙古人智慧的结晶。"④ 蒙古人的畜牧业知识中包含了生产技术、生产方法、节庆、典仪等内容，它是蒙古族文学、哲学、宗教、禁忌、法律制度等"非物化"文化产生的土壤。虽然蒙古族畜牧知识是在游牧经济实践中产生和发展的经验知识体系，但它具有深厚的文化内涵，对蒙古族习惯法的构成产生了重要的影响。法律是经济生活的总结之一，因而游牧畜牧业知识对蒙古人传统习惯法产生、发展不断提供了最原始的动力。学者对此给予了高度评价：畜牧知识是游牧生产的方式，也是游牧生产的过程，更是

---

① 奇格：《古代蒙古法制史》（蒙古文），第277页，辽宁民族出版社，2004年。
② 奇格：《古代蒙古法制史》，第218页，辽宁民族出版社，1999年。
③ 邢莉：《游牧中国》，第14—15页，新世界出版社，2006年。
④ 吴·阿克泰、萨日娜：《游牧经济与蒙古文化——历史评述现象分析》（蒙古文），第53页，内蒙古人民出版社，1997年。

一、蒙古游牧法文化及其财产法律表达　61

游牧生活的习俗，同时还是游牧生活的全部内容。①传统游牧生活中民众的衣、食、住、行全部依赖于畜群。畜群的管理、利用、经营要经过一系列的过程，这一经历逐渐形成独特的知识传统，并不断增加更多的文化内涵而转变为稳定性的民俗，成为游牧生活的主要法律源头。

蒙古族游牧经济中牲畜既是用于交换的商品又是经过人工驯养而形成的特殊的生产资料之一。②蒙古人在驯养五畜③的悠久历史中积累了丰富的畜牧业知识，创造了蒙古族独特的游牧文化。蒙古人所掌握的传统畜牧知识的领域非常广泛，归纳起来有以下几个方面：牲畜的驯养照料、水源和草场的使用、选择优秀的配种以及育羔技术、选择较高营养价值的草场、繁殖季节技术、畜群改良、畜产品加工、预测年景、兽医技术、牲畜识别技术、畜群群放技术，等等。以牲畜识别技术为例，蒙古人很早以前就熟练掌握了牲畜识别技术，有经验的牧民对上千只羊群中有一只走失也会很快发现。发达的游牧业中还形成了独特的做印记的技术。蒙古人根据牲畜的种类，对每一个牲畜都要做印记。蒙古人的游牧方式是群牧制，牲畜又是活物，既不易识别，又容易走失，也有不同家庭、部落的畜群混在一起的可能，因此，"给牲畜打印记就成为牧业传统的技艺之一"。④牲畜印记技艺不仅是简单的艺术，它具有丰富的文化内涵。甚至有学者认为"古代

---

① 吴·阿克泰、萨日娜：《游牧经济与蒙古文化——历史评述现象分析》（蒙古文），第53页，内蒙古人民出版社，1997年。
② 吴·阿克泰、萨日娜：《游牧经济与蒙古文化——历史评述现象分析》（蒙古文），第36页，内蒙古人民出版社，1997年。
③ 蒙古族游牧经济中的"五畜"是指"马、牛、羊、山羊、骆驼"。
④ 刑莉：《游牧中国——一种北方的生活态度》，第45页，新世纪出版社，2006年。

蒙古历史在于牲畜印记上"。① 牲畜印记是私有制产生之后转变为所有权的标志和区分牲畜的符号。② 在畜牧业中牲畜既是生产资料又是生活资料,并且是可动的活物。在所有权的变动以及他物权的设立制度上,它区别于传统动产物权和动产物权的变动方式。传统民法中动产物权的变动,尤其所有权的变动一般以交付为公示手段,不动产的变动则是以登记为公示方法。但在蒙古族传统游牧经济中牲畜物权的变动则是做印记为公示方法。③ 从而,蒙古族游牧经济中做印记的技术从简单的畜牧生产技术逐步演变为与所有权制度、牲畜用益制度、牲畜交易制度密切相关的重要法律制度。这一制度在后续的蒙古各类法典中均有一定的体现。例如,蒙古历史上的《阿拉坦汗法典》中规定:"毁改(牲畜)印记者,罚三九。"④ 传统的游牧经济中更改、毁损牲畜印记的行为是侵犯所有权以及他物权的侵权行为,对此甚至是以偷盗对待,受到严厉的刑事处罚。蒙古历史上制定的法典中涉及牲畜印记的规定颇多,并且大多数情况下把它视为不可更改的习惯法对待。《卫拉特法典》中规定:"跑失之牲畜,(收留者)三宿后通知大家可以骑用。不到期间而骑用,罚三岁母牛一头。若是已打印的牲畜,罚一九。若是剪鬃尾的罚一五。若是通告⑤大家后使用,无事"。⑥ 在这里严格区分走失打印之牲畜和非打印之牲畜使用后果。所谓的罚"一九"是指罚马2匹,牛2头,羊5

---

① 达·查干:《蒙古族传统烙印文化》(蒙古文),第1页,内蒙古人民出版社,2004年。
② 达·查干:《蒙古族传统烙印文化》(蒙古文),第31页,内蒙古人民出版社,2004年。
③ 此问题在论文的第四部分第四小问题中专门加以论述。
④ 奇格:《古代蒙古法制史》,第94页,辽宁民族出版社,1999年。
⑤ 类似于现代法律中的公告制度。
⑥ 奇格:《古代蒙古法制史》,第129页,辽宁民族出版社,1999年。

只。其处罚程度非常严厉。在蒙古国,私有制条件下牲畜印记缺少有效的秩序,实行公有制之后,对集体所有的牲畜以法律形式规定必须使用统一的印记。①

畜牧生产技术给民事法律制度的产生提供了丰厚的民俗基础。民俗是人们处理事务、解决问题的群体方式,在各个文化时期,各个文化阶段,人类皆受一大堆民俗支配,而这些民俗是从最早存在的种类那儿继承下来的。②今天人们在探讨游牧文化的危机时,不得不面对的一个重要课题就是如何保护游牧文化的源头,使其不至失去发展的原动力。游牧经济中的畜牧业知识体系一旦转化为文化内涵,形成稳定的民俗基础之后,它就会源源不断地给调整经济关系的最主要的法律制度——民事法律制度提供制度资源。"民法起源于或者说应该起源于民俗,民俗渐渐演化为民法,而民法具有国家强制力保障这一特征又别于民俗。"③从而,在牧业经济中依赖于畜牧知识的涉及生产、分配、交易、牲畜的用益等习俗有了法的"确信"之后,就会转变为民事习惯(民事习惯法)。

本文所谈到的苏鲁克民事习惯是产生于蒙古族畜牧经营管理方式中的习俗,后来经过漫长的不断充实和反复实践之后,形成传统游牧经济中的解决牲畜用益问题的重要民事习惯。"苏鲁克"一词在蒙古语中最原始的意思为"群",实际上是牧民放牧的一种牲畜结构状态。即蒙古人的游牧是群牧制,内蒙古草原上从未曾出现过放两三个牲畜的游牧。牲畜较少的可以把牲畜放在其他人的畜群之内。苏鲁克习惯法正是从这一传统的畜牧经营方

---

① 达·查干:《蒙古族传统烙印文化》(蒙古文),第31页,内蒙古人民出版社,2004年。
② 章礼强:《民俗与民法》,载《民俗研究》,2001年第1期。
③ 章礼强:《民俗与民法》,载《民俗研究》,2001年第1期。

式中发展而来的民事习惯。（该问题在本章第三小问题中专门加以详细论述。）例如，蒙古谚语中讲到"人畜共同成长"。这种"人格化"的牲畜意识深深地影响了蒙古人，在古代蒙古人的法典当中"尊重牲畜"、不得随意虐待牲畜、宰杀牲畜按蒙古人的习惯宰杀等规定都来源于蒙古人固有的畜牧生产知识。

蒙古族畜牧业生产知识中对畜群高度"人格化"习俗或也可以称之为习惯法，影响了蒙古族的析产继承制度。蒙古人的继承制度中贯穿着每个人享有的财产权利的思想。作为父母有义务让其子女拥有财产。内蒙古的牧区至今存在以往的继承习惯法。在蒙古人那里，每一个孩子"呱呱"坠地之日起，应该有权利拥有自己的财产。孩子出生之日，父母给其指定某个家畜开始，依习俗，不同年龄阶段可以获得不同程度的财产。例如，出生之时父母指定一个羊羔或其他小牲畜，以示来到世界的孩子已经拥有财产。满月之时再给他稍微大的一头或者两头牲畜，依此类推。[①] 一般孩子到成年之时已经拥有了属于自己的财产。成年婚娶后一次性的又分得一定财产，然后独立出去。现代意义的继承法所确认的继承权只有守候父母的子女才可以享有。（在近几年内蒙古的牧区基层法院受理的继承纠纷案中，陆续出现传统习惯法与现行继承法的冲突现象。法官在针对按传统习惯法已分得财产的子女主张继承父母财产之时往往从民法公平原则出发，已经分得财产的子女少分或者不分为原则进行处理。）蒙古人的这一民俗基础所建立的民事习惯体系也深受民俗本身传承方式的影响。"一般来说，每一个民族不论大小都有自己的、只属于它而为其他民族没有的本质上的特殊性，其特殊性一经该民族群众人

---

① 桑布拉敖日布：《游牧民族家产继承制度分析》，载《内蒙古社会科学》（蒙古文版），1998年第1期。

人相习、代代相传，就构成了一个民族的民俗。"① 民俗的"人人相习、代代相传"的特质对源自于民俗的民事习惯的传承和发展产生了重大影响。这些具有"法的确信"的民事习惯更多的是在民间通过不同时代的人所遵守、传承，偶尔政权的介入，规范而得以不断的发展。从而，调整蒙古人最基层民众生活、生产关系的民事法律制度，在流传至今的一系列法典中并没有占有重要的位置，占有重要位置也只是对以往的民事习惯的确认或一定的补充，这种补充或者确认并不是一种创制性的立法活动，仅仅是对以往民事习惯的局部调整。（例如，学者在总结蒙古历史上北元时期重要的法典，即《卫拉特法典》的特点时总结道：法典全面继承古代蒙古习惯法，尤其在保护草场、防止草原荒火、救助牲畜、保护妇女儿童、严禁抢劫偷盗、外甥拿舅家的东西不犯法等方面，反映了草原游牧经济的突出特点。见奇格：《古代蒙古法制史》，第156页，辽宁民族出版社，1999年。《卫拉特法典》民事部分的内容大部分是过去蒙古习惯法的确认，或者在处罚方式上的改造，并且在法典中依习惯法处理的规定颇多。）因此，畜牧业传统知识是影响蒙古法文化存续和传承形态的重要原动力，也是蒙古族传统民事习惯产生和发展的重要文化基础。

（二）蒙古族游牧文化与财产

1."umqi"及其范围

民法上的物是一个不断发展的概念。从罗马法开始直到近代，物权的客体主要是土地。由于土地在农业社会的重要性以及其具有显而易见性（Visibility）、固定性（Fixity）、安全性（Se-

---

① 章礼强：《民俗与民法》，《民俗研究》，2001年第1期。

curity），它一直成为物权的重要客体。① 民法上讲的物是指"除人之身体外，凡能为人力所支配，具有独立性，能满足人类社会生活需要的物体"。② 但经济社会发展阶段的不同，民法上的物也不同。从民事法律制度中的物的变迁可以看到某个民族或国家民众的财产意识以及经济传统。游牧经济的游动性以及蒙古人对土地和牲畜的不同态度，使得蒙古族传统民事制度中的"物"的外延与近代民法比较，其差异性甚大。

蒙古族传统法律制度中财产法律关系之客体——"物"，具有特定的含义。在蒙古语中"umqi"（物牧其）一词表达相关的意义。"umqi"一词在日常生活中作为财产的意思广泛使用，同时也作为重要的法律概念和术语在古代蒙古社会中普遍适用，当今内蒙古牧区民事习惯中依然作为重要的财产概念来对待。梳理和解读蒙古人的财产概念，有助于理解蒙古族传统法律当中的物权制度、债权制度和继承制度的形成，也有助于了解蒙古族传统财产习惯法体系不断被创制、改革、发展的历程。

"umqi"一词的辞源最早在《蒙古秘史》里能够寻觅到。在《蒙古秘史》中"umqi"一词出现了三次。《蒙古秘史》卷四记载古温兀阿、模哈里、不哈三人把儿子引荐给成吉思汗时讲到："让他们成为您门前之奴婢，如果他们违背诺言，割他们的脚后筋，让他们成为您门下之财奴，如果他们离开您门下，挖他们的肝脏弃之"。③ 其中"财奴"一词，蒙古文的原始记载为"俺出孛翰勒"，"俺出"被蒙古文注解为"emchu"，也就是今天的

---

① 王利明：《物权法论》，第27页，中国政法大学出版社，2003年7月修订版。
② 王利明：《物权法论》，第27页，中国政法大学出版社，2003年7月修订版。
③ 巴雅尔校译：《蒙古秘史》（蒙汉文对照中册），第439—440页，内蒙古人民出版社，1980年。

"umqi"。在这里把奴婢和"umqi"放在一起，表达古温兀阿、模哈里、不哈把儿子献给成吉思汗，成为他门下的奴隶和财产一样使唤，无条件服从可汗的领导。"umqi"一词在这里就是财产之意。在《蒙古秘史》中第二次出现"umqi"是在第十卷中。《蒙古秘史》第十卷中成吉思汗对其贴身侍卫评价时讲到："九十五千户内选拣的人，做我贴身的万护卫。久后我子孙将（为）这（些）护卫的想着，如我遗念一般，好生抬举，休教怀怨，福神般看着"。①《蒙古秘史》第十卷原文中的"选拣"（汉语记录的原文为"奄出连"，是"umqi"一词的动词形式，文字层面意义为从九十五千户中选拔，归我所有之万侍卫）一词汉语记录的原文为"奄出连"，是"umqi"一词的动词表达，带有归我所有之意。"umqi"一词第三次出现于《蒙古秘史》第十二卷。第十二卷中记载："成吉思汗既崩，鼠儿年，右手大王察阿歹、巴秃、翰惕赤斤同在内，拖雷等诸王驸马，并万户千户等，于客鲁连河阔迭兀阿喇勒地行，大聚会着依成吉思遗命，立翰歌歹做皇帝。将成吉思汗原宿卫护卫的一万人，并众百姓每，就分付了。"此处的"umqi"一词原蒙古语中的表述为"奄出土棉"是指成吉思汗所辖万侍卫。

《蒙古秘史》中的"umqi"一词，具有以下几个特征：一是三次出现都与成吉思汗贴身宿卫有关；二是财产表达内容并不明确；三是与继承有关。这里的贴身宿卫并不是一般意义上的奴隶，实质上成吉思汗的贴身宿卫在蒙古帝国中具有很高的地位，同时又是最忠于成吉思汗的战士。这些宿卫不是单独个人，而是整个家庭、草场、牲畜都属成吉思汗直接统辖。《蒙古秘史》中出现的"umqi"，从窝阔台汗继承成吉思汗万宿卫的实践分析，

---

① 巴雅尔校译：《蒙古秘史》（蒙汉文对照中册），第127页，内蒙古人民出版社，1980年。

不仅有经济的因素,也有政治身份的因素。"umqi"当时还存在浓厚的身份内容,即包括人、家庭、畜群、草场,这是蒙古人早期财产概念。在蒙古历史上经常看到分"umqi"现象。分"umqi"是可汗给臣民分给土地、奴仆、牲畜的行为。"umqi"的继承是原有土地、所辖臣民、畜群的全部继承。这种现象在古代法律的继承制度中经常可以见到。从法人类学而言,古代蒙古的"umqi"一词具有"概括继承"之含义。即"继承一种概括的权利。当一个人接受了另外一个人的法律外衣,在同一个时候一方面承担其全部义务,另一方面享有其全部权利时,就发生概括继承"。[1]

蒙古人灭南宋之后建立了大元帝国。大元的法律制度的设计基本以适应中原地区传统文化、自然条件、农耕经济为目的,在北方草原,蒙古人固有的法律制度并没有发生实质性的变化。元朝法制中虽有蒙古传统固有法制的影子,但大部分都是针对中原文化而颁行的。

蒙古人退回蒙古高原之后,《蒙古秘史》所记载的"umqi一词到北元时期〔北元时期是指 1368 年元朝被朱元璋领导的起义推翻后,元朝末代皇帝元顺帝妥欢帖睦尔率领着王族和所剩的军队撤退到了自己祖先曾经兴起的故地——蒙古高原,在中国完成了一次外来政权全身而退的"奇迹"。元朝的版图只算蒙古帝国的一部分,元朝的皇帝又是蒙古帝国的大汗,对于蒙古各大汗国和部落享有宗主权。元朝的灭亡,只是使蒙古帝国失去了中国的领土,而蒙古帝国依然存在。元惠宗妥欢贴睦尔退至上都(今内蒙古正蓝旗境内)。蒙古贵族在退回北方草原后继续保持着政权,这个政权史称"北元"。北元政权持续了 267 年,最后在 1635 年统一于清王朝〕发生了重大变化,其显著的特点是身份继承内容

---

[1] 〔英〕梅因:《古代法》,第 102—103 页,商务印书馆,1959 年。

一、蒙古游牧法文化及其财产法律表达

逐渐淡化,"分封制"的内容已不占有重要位置,"umqi"转变为纯粹的财产,原有身份内容逐渐淡出历史。北元时期蒙古人制定的法典中可以捕捉到其变化。例如,1640年制定的《卫拉特法典》规定:"父亲按习惯法给自己儿子(分——笔者注)财产。如父亲穷困,五只牲畜中要一只"。① 该条文中的"财产"一词在蒙古语的表达为"umqi"。对此条的"umqi"有学者解释为"分给子女的财物、牲畜等财产"。② 著名蒙古学家符拉基米尔佐夫对"umqi"一词解释为"人民世代相传的财物和牲畜叫做财产"。③《卫拉特法典》中"umqi"已经成为与继承、分家制度紧密相连的法律概念。

18世纪的《喀尔喀法典》第124条规定:"平时三旗内的哈布其古尔不论去哪里而被伤害,要自己负责,如果是一个单身人,带领之人负责监管,送回原籍处罚。如是单身人,要送交自己的塞特、诺颜并给财物,如不给(财物)赶撵丢弃之。如不给财物又不赶走,带领人要负责"。④ 蒙古语条文的表达中上述"财产"均称之为"umqi"。对"哈布其古尔"("哈布其古尔"一词学者解释为可能是"帮工"或"帮工阶层"。见奇格:《古代蒙古法制史》,第180页,辽宁民族出版社,1999年。这种解释可能存在问题,在论文第三部分第二小问题中对此专门加以论述)给予财物的规定可能是苏鲁克民事习惯在《喀尔喀法典》中的体现。在蒙古传统游牧社会中直接的最主要的财产就是牲畜,从而北元之后的法典中出现的"umqi"一词主要指的是牲

---

① 奇格:《古代蒙古法制史》,第124页,辽宁民族出版社,1999年。
② 宝音乌力吉、包格校注:《蒙古——卫拉特法典》,第82页,内蒙古人民出版社,2002年。
③ [苏]博·雅·符拉基米尔佐夫:《蒙古社会制度》,民族出版社,1981年版。
④ 奇格:《古代蒙古法制史》,第179页,辽宁民族出版社,1999年。

畜。因为把各种习俗和习惯法原封不动地施行和继承的人终究还是平民百姓。① 到18世纪时"umqi"已经完全失去了原有"分封制"的身份内容，成为游牧社会中以牲畜为主的财产概念。

古代蒙古社会早期传统民事法律制度中"物"的范围是很宽泛的，不仅包括人、草场、牲畜，还包括游牧经济所需的其他一切财物。发展至北元时期，人已经不能作为民事法律制度客体，草场一定范围内通过可汗的分封而还作为民事法律关系客体，法典中畜群及其经营管理有关的所有财物成为最主要的财产。这些财产包括：居住所需的帐包（蒙古包）、生活用品、车辆、畜牧生产所需的其他财产，甚至牛粪也属于蒙古人家庭财产的一部分。② 蒙古人把牛粪作为燃料使用，游牧民烧牲畜粪便，正如农业用粪便作为肥料一样，都是系统废料的利用，是一种自循环经济。③

这里需要特别强调的是，由于蒙古社会长期实行土地（草场）的国家所有制，传统民事制度中对其民事规范的内容极为简单。蒙古历史上近代大范围草场被开垦之结果，土地所有制上出现了国家集体所有制和私人所有制并存的局面。④ 内蒙古自治区的东部以及河套地区是最早开垦的地方，随着土地的开垦，农业地区的永佃权、地租、土地买卖等新的法律概念出现，打破了蒙古社会原有的土地单一物权体系。蒙古历史上，制度层面而言，

---

① 策·巴图：《〈蒙古——卫拉特法典〉与蒙古族传统的财产分配习俗》，载《新疆大学学报》（哲学·人文社会科学版），2005年第6期。

② 王建革：《农牧生态与传统蒙古社会》，第24页，山东人民出版社，2006年。

③ 王建革：《农牧生态与传统蒙古社会》，第24页，山东人民出版社，2006年。

④ 额尔敦扎布、萨日娜：《蒙古族土地所有制特征研究》（蒙古文），第28页，辽宁民族出版社，2001年。

普通民众对草场（土地）只享有使用权，没有所有权。这一传统影响了蒙古习惯法中有关土地（草场）制度的内容，对土地（草场）物权视角的规范在蒙古传统法律制度没有发展起来，但与草场使用权相关的保护性规定极为详细，并为历代蒙古统治者立法所高度重视。在民间，维护草场、使用草场、水源的分配等相邻关系习惯法极为丰富。

2．"umqi"取得方式民法理论分析

在近、现代民法中，物的取得实质上也可以说是物权的取得问题。近代民法中物权的取得分为两种形式：即原始取得和继受取得。原始取得是与所有人的权利无关，是全新物权的取得，如无主物先占、拾得遗失物、发现埋藏物、添附、时效取得、公用征收等。[①] 继受取得是指取得的物权依存于已有的物权，因此，前一物权上存在的权利、负担、瑕疵等继续存在于继受后的物权之上。继受取得又分为转移继受和设定继受。[②] 转移继受是保持同一性自前一所有人转移到后一所有人，是物权主体的变更；移转继受又分为"特定继受"和"概括继受"，二者的区别在于继受的范围不同。[③] 设定继受是指以既存物权人的权利为基础，设定、取得内容上受到限制的另一物权，如地上权、永佃权、抵押权的设定。蒙古历史上的民事法律制度中的财产（umqi）取得方式大致也是通过上述主要两种方式。

原始取得方式主要是对草场使用权的取得、遗失牲畜的取得、野生动物等无主财产的取得、作为燃料的牲畜粪便的取得。

---

① ［日］近江幸治著，王茵译，渠涛审校：《民法讲义Ⅱ物权法》，的1页，北京大学出版社，2006年。
② ［日］近江幸治著，王茵译，渠涛审校：《民法讲义Ⅱ物权法》，的1页，北京大学出版社，2006年。
③ ［日］近江幸治著，王茵译，渠涛审校：《民法讲义Ⅱ物权法》，的1页，北京大学出版社，2006年。

传统游牧经济中草场是可汗名义下的国家所有制,一般牧民无权取得草场的所有权。但游牧社会所需要的草场是非常广阔的,可汗的所有权也是形式的,实质上游牧人掌握一定范围草场的控制权和支配权。游牧人支配草场使用权的方式主要是在民事习惯中。《喀尔喀七旗法典》(《喀尔喀七旗法典》是喀尔喀七旗首领从16世纪末、17世纪初一直到1639年期间陆续联合制定的地方法规)在法律体系上把该法典视为清朝中央王朝管辖下的地方性立法对待,其中规定:明知已立木之草场而作为营地的赔三九。① 内蒙古的广大牧区在实行草场承包制之前,在公有草场上自由游牧,放牧之营地上用石块或牛粪堆小堆包之习惯,以示此地已有人控制,他人不得作为放牧之营地。用石块或牛粪堆积起来的小堆包是某个人控制此放牧营地的标志,任何人不会挪动。② 这种习惯法与上述《喀尔喀七旗法典》中规定的立木之草场如出一辙。这种习惯法很早以前延续下来,成为获得放牧之营地的主要方式。伴随草场家庭承包制的发展,这一习惯法已经失去了存在的基础,退出了历史舞台。

牲畜是活物,由于看管不严、自然灾害、受到狼等食肉动物的袭击而容易走失。如果走失的牲畜是有印记的,任何人不得据为己有。没有印记的走失牲畜经过通知相关部门后可以役使,过了一定日期还是无人认领,归该拾得人所有或使用。《卫拉特法典》第38条规定:"有关跑失之牲畜,(收留者)三宿后通知大家可以骑用。不到三日而骑用,罚三岁母牛一头。若是已打印的,罚一九。若是剪鬃尾的罚一五。若是通告大家后使用,无

---

① 奇格:《古代蒙古法制史》(蒙古文),第192页,辽宁民族出版社,2004年。

② 达·查干:《蒙古族传统烙印文化》(蒙古文),第30页,内蒙古人民出版社,2004年。

事"。① 《敦罗布喇什补则》② 第 47 条规定："抓到走失之牲畜，三宿内要从那里不许耽搁依法送交法庭"。③ 在游牧经济中，基本上每一个牲畜均有自身特点的印记，有印记的牲畜以私人所有财产对待，任何人不得非法占有。无印记的牲畜在游牧经济中是很少见的，从而法律对遗失的有印记与无印记的牲畜作出了不同的规定。

野生动物是内蒙古草原，尤其与林区相邻地带重要的自然资源。蒙古人自古有喜好狩猎的传统，从而野生动物的保护在《图们汗法典》、《阿拉坦汗法典》、《卫拉特法典》中均有规定。尤其狩猎的季节、狩猎之牲畜的种类、雌雄、大小等有严格的限制。例如，《成吉思汗大札撒》中规定："从冬初头场大雪始，到来春牧草泛青季节止，是蒙古人的围猎季节"。④ 在蒙古历史上，除皇家狩猎场之外，其他野生动物均以无主财产对待，任何人在法律允许的时间和范围之内都可以狩猎，并把所获之猎物据为己有，用于自身生活、生产。作为内蒙古广大牧区主要燃料，牲畜的粪便以无主财产对待，任何人都可以拾捡和储存。但被人储存拾捡的牲畜粪便以私有财产对待，他人不得随意使用。

继受取得物是获取财产的主要方式。蒙古族传统民事法律制度中通过继受取得的物包括土地（草场）、牲畜、居住所用之毡帐、生活用品、生产用品、金钱等。在近代之前，贵族的土地（草场）所有权或使用权主要靠分封或者继承而取得。蒙古历史上的分封制与任何其他地区的分封制一样，主要是获得广袤的用于游牧的土地。获得分封的贵族可以对所获之土地再往下进行划

---

① 奇格：《古代蒙古法制史》，第 129 页，辽宁民族出版社，1999 年。
② 《卫拉特法典》的重要组成部分之一。
③ 奇格：《古代蒙古法制史》，第 152 页，辽宁民族出版社，1999 年。
④ 奇格：《古代蒙古法制史》，第 39 页，辽宁民族出版社，1999 年。

分，直至普通民众。被分封的土地依法可以继承，但可汗认为不忠或其他原因可以收回。牲畜的取得除自身生产经营之外，主要靠继承、分家、交易、赠与、设定其他用益物权、无因管理、侵权赔偿等方式而取得。官方可以通过征收形式获得财产权。如喀尔喀蒙古1718年的《冬十月初一法规》中对乌拉驼马事项规定为："打印的范围，从三四峰骆驼中打一印，骆驼多者每五峰打一印，马匹每十匹打一印。打印的驼马不是三件大事的使者不给使用。使者和乌拉赤两人知道［不是三件大事的使者］而给抓骑，要以过去之法①惩处"。② 在继承关系中牲畜是最主要的客体，在家庭中依据法律规定父母有义务给成家子女分财产。卫拉特蒙古《旧察津毕其格》中规定："年轻人成长到可以独立生活的年龄时，父母根据其要求分给一部分畜群，让其独立生活，可以直接为王公服务"。③ 蒙古人的继承传统中守家的最小的儿子可以继承父母财产。还有一种畜群取得方式就是通过交易而获得，这非常普遍。但值得注意的是蒙古族传统民法中还可以因无因管理以及设定其他物权的方式获得牲畜。《蒙古——卫拉特法典》第119条规定："抓取离群之牲畜者，如牧养一年，留取其繁殖仔畜至一半。一年以后，由自己的公马、公牛、公驼［配种］所生殖仔畜全部归（留取牧养者——作者注）所有。（抓取牧养离群畜）二头，不能吃④留一头，十头以上吃留二头，九到十头以上吃留一头。"⑤《卫拉特法典》第118条中规定："跑到

---

① 指《喀尔喀法典》。
② 奇格：《古代蒙古法制史》，第183页，辽宁民族出版社，1999年。
③ 奇格：《古代蒙古法制史》（蒙古文），第197页，辽宁民族出版社，2004年。
④ 这里的"吃"并不是简单意义上的宰杀牲畜吃掉，而是归其所有的意思。
⑤ 奇格：《古代蒙古法制史》（蒙古文），第130页，辽宁民族出版社，1999年。

远方之畜，失主有证据证明而索要，失主要回好畜，收留者留下次畜"。① 这是无因管理而产生之债。当前广大牧区依然还在保留这一民事习惯。

蒙古畜牧经济发展到 15 世纪中期的北元时期，有了一次大的改革。北元达延汗在位期间，建立经济机构、改革畜牧业经营管理体制，经济的相对商品化以及政权的稳定带来了畜牧业的快速发展，社会财富激增。② 其中引人注目的一点就是允许社会各阶层实行"租放畜群制"。③ "租放畜群制"刺激了中下层牧民的生产积极性，畜牧业发展迅速。财产的取得从简单的交易、继承、侵权赔偿、赠与等形式进一步发展到通过游牧经济中最主要的财产——牲畜之上设立用益物权制度的方式获得，从而大大提高了牲畜的流通和用益。这一措施的主要内容是：有畜者给无畜或少畜者租放畜群，所生子畜双方按比例分成的制度，即苏鲁克民事习惯早期形态。畜牧业历史上政治的稳定、商品流通相对畅通、草场供应充足的前提下每次重视苏鲁克民事习惯的历史阶段均获得了畜牧业的大发展。④ 侵权赔偿在蒙古传统民事法律中非常普遍，尤其惩罚性赔偿是获得财产的又一方式。居住所用之毡帐、生活用品、生产用品等其他财物主要是交易、继承、赠与而取得。

蒙古族习惯法迎合了时代发展的需求，在本身的文化中创造了独特的财产法律制度。蒙古族习惯法中"umqi"获得方式的演变符合近代晚期物权法的发展方向。"现代各国物权法十分重视对物权的充分有效的利用，使财产最大限度地达到物尽其用的

---

① 奇格：《古代蒙古法制史》，第 130 页，辽宁民族出版社，1999 年。
② 吴·阿克泰、萨日娜：《游牧经济与蒙古文化——历史评述现象分析》（蒙古文），第 56 页，内蒙古人民出版社，1997 年。
③ 是指苏鲁克民事习惯。
④ 此问题在论文第三部分第二小问题中进一步论述。

状态，物尽其用的效益价值已经成为物权法的重要价值。"①

"umqi"概念随新中国的建立，推行社会主义改造而退出了国家法律视野。但国家法律被蒙古语翻译过来之时，传统的财产概念依然扩展使用，但其含义已经发生了深刻的变化。这种做法有利于国家法律在牧区的理解和适用。改革开放之后，国家推行了统一的财产法律制度，致使蒙古人的传统财产概念——"umqi"退缩到民间领域，依然在牧区被广泛应用，主要还是指牲畜等生活所需的财产，成为当今内蒙古牧区继承习惯法中保留的民间法律术语。国家推行的草场承包制度、土地法律制度等相关财产制度的建立，使得内蒙古牧区的财产概念发生了深刻的变化，草场承包经营权、承包经营权的继承、集体草场所有权等新的概念日趋改变着蒙古人固有的传统财产概念。与土地相关的权益日趋成为牧区牧民所重视的重要财产权利。牲畜用益物权则受苏鲁克民事习惯等传统习惯法以及《民法通则》、《合同法》等民事法律制度等国家和民间二元结构法制体系调整。传统的财产概念退守到民间的继承领域，但还在发挥调节作用，老一辈的蒙古人依然认为牲畜是最主要的财产。有学者对蒙古族聚居的内蒙古自治区、青海省、新疆维吾尔自治区、甘肃省等地区司法调查发现，"在当地因为继承财产而蒙古族牧民很少诉至法院。牧民夫妇离婚中也很少出现财产之争。对牲畜等财产的继承和分割牧民总是非常和睦地加以解决"。② 这其中传统的蒙古族财产意识、继承习俗等习惯法因素发挥着重要的作用。虽然传统"umqi"的外延已经发生了很大的变化，但其取得方式依然还在影响广大

---

① 王利明：《物权法论》，第73页，中国政法大学出版社，2003年7月修订版。

② 桑布拉敖日布：《游牧民族家产继承制度分析》，载《内蒙古社会科学》（蒙古文版），1998年第1期。

牧区民众的生活和生产。尤其通过继承、交易、用益等方式获得财产的传统方法还广泛存在。这一切应验了一句话："市场交易以习俗的组成要素为转移，受到习俗组成要素的影响，经济过程也反作用于习俗"。①

3. 畜群管理结构与财产法

游牧经济中的畜牧业经营方式与农耕地区的畜牧业经营方法有显著的区别。游牧经济中对牲畜以群为单位进行经营和管理。"以群放牧是蒙古畜牧文化的精髓之一，也是畜牧的基本方针。"② 蒙古游牧经济中看不到单独或者几个牲畜为单位的放牧现象。这是农耕地区畜牧业与蒙古高原上的游牧畜牧业的最根本区别之一。单独某个家庭的牲畜不足以形成"群"的情况下，把牲畜合并到他人的畜群，合作放牧。对野生动物驯化之后依然也是以群为单位饲养。蒙古族游牧经济中的"群"这一单位指至少几十只（头）以上的牲畜集合体，甚至是几百只（头）、几千只（头）。过去，一般牧民家庭拥有马群、牛群、羊群和驼群。一个牧群通常是由同种类的牲畜组成。但为了管理以及其他原因可以把不同种类的牲畜归到同一畜群。如山羊是好动的家畜，绵羊则相对温顺，为了提高畜群的活跃性、夜晚防止狼等食肉动物的袭击而需要绵羊群中混放适当数量的山羊。③ 牛、骆驼、马等大型动物一般不分年龄、性别自身形成单独的群体。蒙古族游牧经济中根据牲畜繁殖季节、接羔季节、挤奶的需要等原因形成分开原有畜群结构重新组合新的畜群的习惯。如春季为了

---

① ［德］埃克哈特·施里特著，秦海、杨煜东、张晓译，秦海校：《习俗与经济》，序言第1页，长春出版社，2005年。

② 参布拉敖日布：《蒙古族与畜牧经济文化》（蒙古文），第1页，内蒙古人民出版社，1999年。

③ 参布拉敖日布：《蒙古族与畜牧经济文化》（蒙古文），第2页，内蒙古人民出版社，1999年。

牛犊的成长和挤奶的需要，母牛所产之牛犊单独形成牛犊群。为了照顾还没有完全自立的小羊羔，也可以把羊羔单独作为一群进行放牧。到了牲畜交配季节雄性和雌性牲畜混群，等等。总之没有一个牲畜脱离畜群的"权利"，每一头牲畜必须归于某个畜群。离群之畜被称之为"走失之畜"，任何拾者均有义务归还给所有人或用益人，所有人或用益人再让其归到畜群。这是蒙古族畜牧经济中千百年来所遵循的铁律。

群牧制形成的主要原因有以下几个方面：

一是所养的五畜在被驯服之前就是群居的动物，被驯服之后，根据其习性，以群为单位管理比较科学。

二是蒙古高原丰饶的草地资源给大规模的畜群的生存、繁衍创造了自然上的便利条件。

三是游牧经济劳动成本的节约是重要因素。游牧是一个非常艰辛的劳动，一年四季不管是刮风下雨或者暴风雪，牧人的影子不会离开广阔的草原和他的畜群。单独几个牲畜的放牧使劳动的成本与收获不成正比。因此，牲畜较少的牧民一般与其他人合作放牧，把畜群合并在一起的情况很多。

四是便于牲畜的管理和饲养。有些牲畜单独管理是很困难的事情，如牛犊、羔羊、小马驹、驼羔等小牲畜如果单独放牧，几个牧马人都难以控制。① 游牧经验丰富的牧马人可以有效地控制几百匹马组成的马群。在群牧制中蒙古人又成功地创造了"以畜管畜"的管理办法。每一群牲畜中基本均有领头的某一牲畜。我童年的回忆中最深刻的事情之一是到了冬季，家中牛群基本不需要有人专门看管，早晨领头的红花母牛领着牛群走向草场，晚间太阳落山之时也会领着牛群返回冬营地。这是蒙古游牧经济中一

---

① 参布拉敖日布：《蒙古族与畜牧经济文化》（蒙古文），第2—4页，内蒙古人民出版社，1999年。

一、蒙古游牧法文化及其财产法律表达

人能管理几百只甚至几千只畜群的奥秘之一。

五是保护营地草质也是重要因素。由于牲畜的习性不同，分群放牧，利于芳草的繁茂生长，保护牧人赖以生存的牧场。① 牲畜种类以及大小不同，对草质的要求也不尽相同。牧民会根据牲畜种类的不同安排放牧的次序和时间，以便维护草场的生态平衡。"在牧场的使用上，迁移的次数和每次移动的距离，与气候土壤之间，有很多错综复杂的关系。潮湿的牧场不利于羊和骆驼的生长，石灰质的土壤对马有利，而含盐的土地适合骆驼。山羊和绵羊吃草时比其他牲畜咬得深，因此它们可以在牛马吃过的地方放牧，但是羊刚吃过的地方牛马却不能再吃。"②

在蒙古人的游牧历史上，有根据畜群的不同进行分门别类地以"群"为单位放牧的习俗，对蒙古人传统民事习惯中的财产法产生了很大的影响。蒙古人所饲养的五畜——马、牛、骆驼、羊、山羊在蒙古人传统生活中扮演的角色是不同的。马匹作为蒙古人最主要的牲畜之一，其历史上扮演的角色是大部分人所熟知的。马匹在蒙古族传统游牧生活中不仅是重要的交通工具，还是重要的战略物资之一，也是游牧所必需的生产工具。马对游牧社会的重要性是体现在"它能提高依草原为生的牲畜及依牲畜为生的社会间的联系的效率与特征"。③ 从而，蒙古人对马格外地宠爱，蒙古族也被称之为"马背民族"。蒙古人的日常生活中马群

---

① 邢莉：《游牧中国》，第42页，新世界出版社，2006年。
② [美]拉铁摩尔著，唐晓峰译：《中国的亚洲内陆边疆》，第48页，江苏人民出版社，2005年。
③ [美]拉铁摩尔著，唐晓峰译：《中国的亚洲内陆边疆》，第3页，江苏人民出版社，2005年。作者在乘马技术的发达给游牧社会的贡献时讲了五个步骤：（1）放弃过渡性文化而转变到完全草原文化；（2）完全依赖天然放牧的牲畜，没有储存的饲料或干草；（3）机动性的需要增加，以免滞留在不能继续使用的牧场上；（4）对管理马匹的较高技术的特殊需要；（5）结果掌握了熟练的骑术与对马群的管理。

中的去势公马用于乘骑，母马用于挤奶，制作闻名遐迩的马奶酒，马匹的畜皮用于日常生活。牛群一般由公牛、去势之犍牛、母牛、牛犊组成。公牛用于配种，犍牛是游牧生活中主要役使的牲畜，母牛用于挤奶，成为蒙古人饮食的主要组成部分。除此之外，牛肉是蒙古人传统肉类食物的主要来源之一。羊和山羊是内蒙古牧区最常见的家畜。羊主要用于饮食、羊皮可以制作衣物，羊毛是制作毡帐的主要材料，母山羊之奶可以挤用，肉可以吃。骆驼主要用于运输，驼绒可以制成衣物。总之，蒙古人传统游牧生活中五畜畜群是必不可少的。因此，有学者总结到：蒙古草原生活的技术是永远依赖马、牛、骆驼的综合运输功能，依赖作为基本财富准则的羊群。其成分的组成比例，则根据从西伯利亚森林到戈壁中心的各地环境的不同而有所区别。[1] 草原民族游牧经济的自给自足的程度比农耕经济更加强烈。就简单生活所需而言，一个家庭应当同时具备上述综合运输功能的马群、牛群（有的地方需要驼群）和生存、生活所需羊群等三种以上牲畜畜群结构，并且每一个畜群都必须要有内部的结构构造，即繁殖所需的种畜、母畜以及用于生活、生产的去势之公畜，以满足畜牧生产和牧民自身生活。但人们很早就懂得通过交易形式进行互补。例如缺少放牧所需马匹的牧民可以通过交易形式从其他牧民处获得所需，与此相反，马匹较多的牧民也可以通过交换获得饮食所需之羊。但需要注意的是，一定范围内的畜群结构基本上是平衡的，这是游牧社会内部经济构造所需。在中华人民共和国成立之前的苏鲁克契约的内容中，我们可以感受到其牲畜内部结构平衡的需求。以中华人民共和国成立之前的科尔沁左翼中旗白烈庙苏鲁克契约为例：

---

[1] ［美］拉铁摩尔著，唐晓峰译：《中国的亚洲内陆边疆》，第48页，江苏人民出版社，2005年。

1. 预托头数 10 头（牝 8、阉 2）至 30 头（牝 22、阉 8）为一群；

2. 受托者作为支付使用犍牛的费用按一头每年向预托者交纳七斗谷物计算；

3. 生产牛犊归预托者所有；

4. 牛奶、乳制品、牛粪归受托者；

5. 死牛的牛皮归预托者所有；

6. 生产牛犊中的牡牛受托者自由阉割，到 5 岁为止自由使用，5 岁以上有偿使用；

7. 由于受托者的不注意使牲畜被盗的由受托者赔偿，匪贼的抢劫属于不可抗力事件不予赔偿。①

文本中牝的作用有两个方面：一是受托者（接苏鲁克一方）扩大再生产，增加牲畜头数所需；二是解决生活所需，牝是获得乳制品的主要来源。预托（放苏鲁克一方）畜群中必须有一定数量的犍牛，犍牛的主要作用是役使，如套在勒勒车迁徙，用于拉运饮用水，等等。这种畜群内部结构和整体畜群结构是整个游牧社会生存、发展所需。在当今的内蒙古自治区牧区依然可以看到这样大致的畜群内部结构。伴随商品经济的发展，交易的不断增多，整体的畜群结构发生了很大的变化。如马的原有功能的退化而马群逐渐减少。骆驼的运输功能被更先进的其他运输工具所替代而很难寻觅到大型驼群。但牛群、羊群的畜群结构并没有发生很大的变化。

内蒙古游牧经济中的畜群结构与蒙古族传统财产法之间的联系是显而易见的。在分家和继承关系中，合理掌握游牧生活所需的畜群结构是重要的一个问题。父母给子女分配财产时，必须考

---

① ［日］大渡政能：《关于东部内蒙古地带家畜预托惯例》，第 183 页，载《满铁调查月报》（日文），第 11—21 页。

虑畜群内部结构、生产和生活所需的畜群整体结构。在畜群之上设定物权制度时，必须充分考虑畜群结构以便更好地发挥畜群的用途。由于马匹的重要地位，蒙古族传统法律中对马匹的交易进行严格限制，马匹基本属于限制流通物。马群之上设定用益物权的个案至今还没有发现，大型的马群一般由官方进行控制。在牛群、驼群、羊群之上设定用益物权较多，甚至对牛群、羊群等混合畜群上设定物权。因此经济学家总结为：不能把畜群全部视为生产资料。畜群具有双重性，即既是生产资料又是生活资料。把某一个牲畜作为繁殖的手段、畜产品加工手段或交通运输工具，也就是作为劳动工具时才转变为生产资料。如果直接用于生活所需时仅仅是生活资料而已。① 法律对生活资料和生产资料的不同规定是经济结构在上层建筑的最好反映。反过来法律通过规制性的方法促进这一结构的巩固、发展和完善。蒙古族传统游牧经济中产生的财产习惯法同样也会受到这一规律的制约。内蒙古牧区畜群结构的变迁经历以及调整这一财产关系的民事习惯之间的互动关系是非常典型的个案。

4. 特殊物权客体——畜群

民法学上对物权的客体——物可以以不同的标准进行分类。物权客体的分类在法律上也是不无意义的。② 物权客体最典型的分类是动产和不动产，其起源于罗马法。不动产主要指的是土地及其上的定着物。动产是不动产之外的其他财产。动产与不动产在取得规则、公示方式、设定之物权均有所区别。

游牧经济传统民事法律制度中不动产制度并不发达，而作为

---

① 额尔顿扎布、萨日娜：《蒙古族土地所有制特征研究》（蒙古文），第106页，辽宁民族出版社，2001年。

② 王利明：《物权法论》，第33页，中国政法大学出版社，2003年7月修订版。

生产资料又是生活资料的畜群方面的财产制度较为详细，而且自成体系。根据传统民法学物权客体分类理论，畜群显然属于动产范畴。但如果把畜群视为动产时，传统民法的部分规则不能适用。例如，从公示方法而言，不动产的转让以登记为要件，动产则以交付为要件。蒙古族传统民事法律制度中对畜群的转让、设定他物权时则按习惯法要求必须进行公示。① 畜群的买卖以及在其上设定他物权不同于传统民法所界定的动产。还有一点是，传统民法中动产一般不能够设定用益物权，只是在法律明确规定的情况下可以设立担保物权。② 与此相反，在游牧经济中，则对畜群甚至是单个牲畜也可以设定用益物权，并且这一制度一直保留至今，成为内蒙古牧区广泛存在的民事习惯，即苏鲁克民事习惯。因而把畜群归到传统民法中的不动产或动产都不合适。

原物和孳息的分类方法是传统民法学对物的分类方法之一，这一分类方法的部分理论在畜群和牲畜之上无法适用。如果把畜群或牲畜视为原物，所产之子畜、羊毛、羊绒、驼绒等孳息归到天然孳息还是法定孳息？天然孳息一般指未经人工劳动而在原物上产生的孳息。一般天然孳息没有分离之前，与原物密切结合在一起，应视为非独立物，不能单独成为物权的客体。③ 但整个畜群或牲畜所产之子畜经过人们的精心饲养、管理而所获得的劳动成果，如果把它视为全然的天然孳息的话，则显然无视为此而付出的劳动价值。例如，把怀胎的母羊卖给他人之时，对所怀的羊胎是否视为孳息？如果不是孳息，出卖人（并非所有人）的人工管理、饲养之价值如何处理？与此相反的是，在牲畜或畜群之

---

① 公示的方式在文章第四部分第四小问题中加以详细介绍。
② 王利明：《物权法论》，第35页，中国政法大学出版社，2003年7月修订版。
③ 王利明：《物权法论》，第39页，中国政法大学出版社，2003年7月修订版。

上产生的孳息在传统的游牧民族民事习惯中,可能把它视为一种法定孳息来对待。而这个"法"可能不是国家制定法,而是游牧生活中存在的民事习惯。例如,在上述内容中谈到的对走失之牲畜牧养一年之内所生之子畜(孳息)由非所有人,即归牧养人一半。天然孳息在没有与原物分离之前,只能由原物所有人所有,[①] 这是传统民法的通例,但在游牧经济中,这一规则不能完全适用。如在习惯上,苏鲁克民事习惯中放苏鲁克一方不能享有羊群的羊绒和羊毛,这些孳息归接受苏鲁克一方所有。

现代民法中对物权客体还有一种分类:即单一物与集合物。这种分类方法对游牧经济中的畜群的物权客体归类也带来了难题。传统民法中所谓的单一物是指在形态上能够单独地、个别存在的物。如果一物与他物结合时各自未丧失其经济上的独立性,即成为一个集合物。[②] 依民法理论分析,畜群是由单独的、有自身经济价值的、具体的牲畜组成,因此可以把它归到集合物。可是每一个单独的牲畜都是独立的、具有自身经济价值的动物,并归所有人所有或用益权人使用、收益,视畜群为集合物时有背于物权法一物一权主义原则之嫌疑。学者们已经注意到"随着市场经济的发展,进入交换领域中的物的种类越来越多,集合物也成为交换的客体。集合物之所以能作为物来交换,因为各个物集合在一起可以形成共同的交换价值"。[③] 因此,提出"如果观念上能够将集合物与其他物分开而使其形成物权客体,这与一物一权

[①] 王利明:《物权法论》,第39页,中国政法大学出版社,2003年7月修订版。

[②] 王利明:《物权法论》,第40页,中国政法大学出版社,2003年7月修订版。

[③] 王利明:《物权法论》,第40页,中国政法大学出版社,2003年7月修订版。

并不矛盾"。① 这一问题在20世纪末随着市场经济的发展而产生，并引起民法学者的关注。但在游牧经济民事习惯中对牲畜个体之物权还是畜群集合之物权，处理得非常协调一致，从来没人认为二者存在矛盾。诚如德国学者基尔克所讲"日耳曼法从很早时起就承认对单个物的分别支配，同时也承认对各个物集合而形成的对各个物的共同支配，这两种支配在日耳曼法中是同时存在，而且能够协调一致"。② 日耳曼法也是早期习惯法之集合，这里所讲的"很早时起"恐怕来源于习惯法的规则。在整个畜群之上设定用益物权之时，畜群整体成为物权之客体，是一种集合物。畜群所有人对构成畜群的单独牲畜并不直接行使支配权。从畜群中分离出某个具体的牲畜进行交易、设定用益物权之时具体分离出来的牲畜又转变为单一物，两者之间并不产生不协调一致。

综上所述，把畜群作为物权客体加以研究时，传统民法中的某些规则不能适用。究其原因主要有以下两个方面：

一是经济形态的差异性是决定性因素。农耕文化之上形成的传统民法注重不动产制度，动产规则相对比较宽松。游牧文化之上建立的传统民事习惯则更加注重与其生活密切相关的动产制度的规制，不动产制度相对较弱。这是由于两种经济形态中，土地和畜群二者扮演的角色定位不同而导致的。游牧经济中占有重要地位的动产——畜群（牲畜）的交易、设定物权的规则类似于传统民法中的不动产交易和用益制度，自身有相对较发达的民事规则体系。

---

① 王利明：《物权法论》，第40页，中国政法大学出版社，2003年7月修订版。

② 王利明：《物权法论》，第41页，中国政法大学出版社，2003年7月修订版。

二是经济形态决定的文化背景不同。农耕基础上产生的大陆民法体系中畜牧业的经营相对较弱。在中国历史上，北方游牧民族与中原农耕民族之间的经济制度具有很强的互补性，这是农耕民族的畜牧业不发达的有力证据。与此相反，土地是农耕民族赖以生存的最主要财产和赖以生存的基础。与此相对应，不动产制度高度发达。而北方游牧民族视畜群、牲畜是主要财产，畜群的管理、饲养、交易等制度比较发达，把畜群视为生存的根基之一。北方游牧民族从不把牲畜视为"物"，通过法律形式严禁对牲畜的虐待、残害，尤其是过去具有重要性的马匹，对其严格加以保护。如《成吉思汗大札撒》规定："禁打马匹之头面。战斗间隙，要放马于草地饱食，禁止骑乘"。① 又如《卫拉特法典》第85条规定："从泥淖中救出骆驼，要一头三岁母牛。救出马，要一只绵羊"。正如恩格斯所讲："游牧社会中牲畜占据了与人同等重要的地位"。② 要想了解中国传统民事法律制度文化，就从中国的土地制度入手，要想解读北方游牧民族的民事法律文化，就必须从畜群制度开始。相异的文化之上建立的财产意识影响了法律制度，以两种文化为背景，产生、发展起来的民事法律制度对财产的态度如此的迥异。

大陆法系集大成者，《法国民法典》和《德国民法典》中对牲畜及畜群之上设定用益权，把牲畜作为物权客体的传统来自于罗马法。民事法律制度中以法律形式试图把动物与"物"相区别的属德国民法。《德国民法典》中动物被视为单独的物权客体来对待。《德国民法典》第90条a规定："动物不是物。它们受特别法的保护。法律没有另行规定时，对动物适用有关为物所确

---

① 奇格：《古代蒙古法制史》，第39页，辽宁民族出版社，1999年。
② 《马克思恩格斯全集》，第2卷。第216页。

定的有效规则"。①《德国民法典》中把动物列为单独的民事权利客体是因为"动物是人们生存环境的最主要的必要组成部分,其地位不可以与其他的物相提并论"。②《德国民法典》物的分类原来没有物和动物的区分,是伴随环保运动和动物保护运动的发展而产生的规则。《德国民法典》所讲的动物包括野生动物和家养动物。牲畜以及畜群当然地包括在"动物"这一特殊客体之内。国家对野生动物一般以特别法形式进行保护,基本上不能成为物权之客体。家庭养殖动物在《德国民法典》中除了特别法的保护之外,《德国民法典》第903条在原来规定的所有权人的权利之后,又加上了"动物所有权人在行使其权利时必须注意关于动物保护的特别规定"一句很重要的补充。③《德国民法典》对动物的规定看似来源于环保运动,动物保护法将动物评价为"同等生灵"。④

《法国民法典》允许单独之牲畜以及畜群之上设定物权。《法国民法典》第615条规定:"如用益权仅仅是对某个牲畜设立,在该牲畜死亡的情况下,用益权人并无任何过错时,无须以另外的牲畜替代返还,也无须作价赔偿"。并在第616条中规定:"如设立用益权的牲畜畜群因发生事故或疾病全部受到损失,且用益权人于其中并无过错,用益权人仅向所有权人如数返还畜皮或者赔偿按返还之日估计的兽皮的价值"。⑤德国民法不把动物视为物的精神是环保运动的产物,但更主要的是动物不仅是可移动之物,而且还是活物,与民法上的其他物的确有不同之处。

---

① 转引自孙宪忠:《德国当代物权法》,第5页,法律出版社,1997年。
② 孙宪忠:《德国当代物权法》,第5页法律出版社,1997年。
③ 孙宪忠:《德国当代物权法》,第5页法律出版社,1997年。
④ [德]迪特尔·梅迪库斯著,邵建东译:《德国民法总论》,第877页,法律出版社,2000年。
⑤ 罗结珍译:《法国民法典》,第184—185页,中国法制出版社,1999年。

《法国民法典》的规定中也可以看到，畜群作为集合物成为物权之客体。在《法国民法典》中，专门有"牲畜租养"一制度，并把它作为租赁契约的一种，规定在民法典第八编第四章中。畜群在这里作为一种集合物，成为租赁合同的标的物。法国民法和德国民法虽然是以农耕社会为经济文化基础，但对畜牧制度之重视还是源自于其祖先的游牧文化。

"从8世纪到11世纪，正宗草原文化的携带者游牧民族不停地渗入欧洲，使已经固定在土地上的日耳曼人一次再次地唤起对旧文化的温习和回归，这就使日耳曼人受草原文化传统影响的年月特别长。"[1] 德国小部落制以及游牧文化的回归，是《德国民法典》中的民事习惯得以保留的主要动力。早期的"雅利安游牧民族和日耳曼游牧民族都是非常重视契约的，这对后来欧洲人法治传统有很大影响"。[2] 德国民法和法国民法中保留下来有关动物的规定，归功于两部民法典起草之前的大量的民事习惯的调查工作。两部法典虽然没有直接承认民事习惯的法源地位，但具体条款中吸收了诸多习惯法要素。

---

[1] 孟驰北：《草原文化与人类历史》（下册），第825页，国际文化出版公司，1999年。
[2] 孟驰北：《草原文化与人类历史》（下册），第617页，国际文化出版公司，1999年。

二、游牧文化中用益物权的传统表达方法

（一）范畴

1. 语言学中的"苏鲁克"

蒙古语"苏鲁克"一词在《华夷译语》（数目门）中解释为：出自《蒙古秘史》第二十七节，原汉语表达为"速鲁昆"意为群，群曰续鲁克。它是一个中性词。《蒙古秘史》续集第二卷中也出现过"苏鲁克"一词，汉语记述为"速鲁昆"。《蒙古秘史》续集第二卷中的苏鲁克一词初次直接表达为畜群。窝阔台汗对《成吉思汗大札撒》作补充立法时讲道：百姓羊群（在蒙古语中，此处的"羊群"直接表达为"苏鲁克"，指百姓的羊群苏鲁克）里，可每年只出一只二岁羯羊做汤羊。[①] 据《蒙古秘史》出现的苏鲁克一词词义分析，在13世纪蒙古语中，苏鲁克已经指畜群，也可以推定，当时蒙古人的游牧经济已经形成了不同种类的畜群。苏鲁克在13世纪之前已经成为表示一种数量单位的词。苏鲁克在蒙古语中并不能直接地表述某具体个人的畜群，在前面加定语之后才能表达具体某个畜群。前加的定语可以是人名，也可以是某种畜群，也可以是数字。如，××的羊群、驼群马群、一个畜群，等等。苏鲁克中已经包含了牲畜内部结构性的描述，即蒙古人所称之苏鲁克，一般指的是包括一定比例种畜、母畜、幼畜或者去势之牲畜的混合体，并且其规模一般到一

---

① 奇格：《古代蒙古法制史》，第47页，辽宁民族出版社，1999年。

定数量，至少是几十只（头）以上的牲畜集合体才可能被称之为一群牲畜。苏鲁克的畜群内部结构性含义一般情况下被忽略，因为它是隐含性的，不详细观察很难发觉，从而人们无法理解为何演变为一种法律术语。蒙古人很早就知道这种牲畜内部结构性需求是发展畜牧业、满足日常生活必不可少的。因此，以社会扶助和互助为目的，以苏鲁克为单位，在内部结构合理的畜群之上设定用益物权之时，才能够保障贫困者的生产、生活，否则互助的目的无法实现，也达不到物尽其用的目的。因内部结构合理的畜群之上设定用益物权而使苏鲁克从一般意义的数量单位演变为一项重要的法律概念，即指以畜群为单位，在其上设定用益物权的行为。

2. 社会学语境中的"苏鲁克"

苏鲁克不仅指简单的畜群，蒙古族游牧经济发展进程中畜群结构的互补性以及牲畜本身的繁殖性特点，决定了出现社会学意义上的互助意义的苏鲁克。苏鲁克在民俗学家、社会学家研究视域中成为游牧社会和谐发展的重要习惯法。

民俗学家认为：蒙古游牧社会中经常出现火灾、突如其来的自然灾害等使得某些牧户的家畜遭严重损失。在牧区，无家畜或家畜较少的牧户是无法生存的。苏鲁克民事习惯正是帮助贫困牧户或无畜的牧民渡过难关、走向富裕之路的重要方式。[①] 游牧社会中经济增长与牲畜繁育规律密切相联系。每一个牲畜要从幼畜生长为能够繁殖的成年牲畜大概需要 3~5 年的时间，大型牲畜成长到繁殖年龄所需要的时间更长一些。牲畜成长的这一周期性，决定了遭到自然灾害袭击而失去牲畜的牧户，在短时间内靠几只牲畜是无法快速恢复到灾前状态的。而苏鲁克民事习惯就是

---

① 参布拉敖日布：《蒙古族与畜牧经济文化》（蒙古文），第 105 页，内蒙古人民出版社，1999 年。

解决这一难题的重要措施。依据民俗学家的解释：苏鲁克民事习惯是指有较多牲畜的牧户给受到灾害袭击而致贫的牧户分一部分畜群，受灾致贫的牧户饲养该畜群，3年之后按数量把畜群返还给畜群所有人的习惯法。[①] 牧民根据受灾牧户的情况对苏鲁克合同的内容双方进行协商确定，必要的时候由基层官员、德高望重的长者参加。互助意义的苏鲁克合同的签订有自身应当遵循的习惯。一是放苏鲁克的时间双方可以协商，一般3～5年，有的也有1年的，要根据实际情况而定；二是所给饲养的畜群，年龄合理、结构平衡、抓膘程度相对较好，不能给放"乏畜"；三是所放之畜群完全被贫困户所控制，畜群所产之毛绒、所挤之奶、所产之幼畜等全部畜产利益归贫困户；四是贫困户根据协议对所接的畜群可以有一定的宰杀、出售之权利。3年或5年之后，贫困户根据双方签订的协议，按原数量、性别、大小、质量返还畜群，所有子畜全部归贫困户所有，可以在三五年时间之内摆脱贫困，生活、生产得到改善。放畜群的牧户虽然其畜群头数没有增长，但也没有损失，3～5年间也不用对所放之畜群投入必要的劳动力，双方皆大欢喜。遇到大范围的自然灾害时，政府倡导放苏鲁克，以此方法摆脱整个牧区的经济困境，甚至是两个苏木（乡）、旗（县）之间放苏鲁克。

内蒙古自治区牧区苏鲁克民事习惯作为一种扶贫措施依然在发挥作用。在基层，群众性自治组织嘎查（村）对集体所有的牲畜通过无偿"承包"放给无畜或少畜的牧民，以1年或3年为期限要求贫困户脱贫之后返还畜群的方法进行扶贫。但这些措施近几年也遭到经济学家的质疑。如对贫困户（人均年收入低于1500元，以羊等牲畜折算不到20头的家庭为贫困户）以苏鲁克

---

① 参布拉敖日布：《蒙古族与畜牧经济文化》（蒙古文），第105页，内蒙古人民出版社，1999年。

形式扶贫的办法对"人口多、牧场少、牲畜多的牧区，加剧了草畜之间的矛盾，而且短时间内不能摆脱贫困"。① 在总结其主要原因时，指出：牲畜自身成长周期太长而无法满足短期之内迅速摆脱贫困。还有学者从生态学的视角提出，一些牧区"放牧地植被的恶化及对农田依赖的加大，使得该地呈现系统的顶级阶段，即家畜信托（家畜信托实质上指的就是苏鲁克民事习惯，对此问题在本书第四部分第三小问题中专门评述）现象的兴起。而由此产生的结果则是对放牧地利用的进一步加强"。② 内蒙古自治区牧区草畜矛盾的确是尖锐的，其形成的原因是复杂的。苏鲁克民事习惯本身与这一问题没有直接关联，但在草畜矛盾加剧的情况下，苏鲁克合同的增多会导致草场供应紧张。尤其是苏鲁克所有人为了保证畜群的增长而在牧区放苏鲁克，牧民为了短时间内提高增加畜群头数而接管诸多苏鲁克，就会导致上述问题。好在近几年政府采取相应政策，限制单位草场牲畜载畜量而有所改观。在半农半牧区普遍实行圈养制度，保障牧业用地生态平衡。另外，苏鲁克民事习惯早已不是蒙古人固有的习惯法，内蒙古自治区只要能放牧的地区都可以见到其影子，不仅个人参与，以畜产品经营、加工的企业也通过苏鲁克民事习惯，保障畜产品原料的供应。

日本学者 20 世纪 80 年代根据在 30 年代所做的调查资料，试图从苏鲁克的多样性归纳出游牧社会构造的结构。日本学者对伪满时期内蒙古东部地区的家畜寄养（苏鲁克）管理的调查资料进行分析后，得出苏鲁克在结构上存在"分割型"、"分散

---

① 图雅：《涉及牧区未来的几个问题的思考》，载《内蒙古社会科学》（蒙古文版），2004 年第 4 期。
② 阿拉腾：《文化的变迁——一个嘎查的故事》，第 186 页，民族出版社，2006 年。

型"、"合并型"和"集合型"四种形态。① 作者进而从四种形态的结构想挖掘出游牧社会畜群管理方式与社会阶级构造之间的联系,并对以往武断的研究结论提出了批评。在俄国学者的研究视野中,苏鲁克制度被理解成为原本是氏族间互相援助形态的家畜借与,随着阶级分化的进行而转变为剥削手段。② 但作者认为:这就不能说明在富人把家畜借给穷人的情况下屡见不鲜的辅助穷人的性质……也不会改变富人从穷人的劳动中得到好处这样的社会结构。③ 对苏鲁克民事习惯在劳动就业、社会扶贫、环境生态、经济学领域的研究还没有更深入地展开,尤其内蒙古畜牧经济中所发挥的作用、功能、价值等问题需要进一步地调查研究。

3. 法学语境中的"苏鲁克"

从法律角度而言,苏鲁克是一种契约关系,是一种民事法律现象。从契约视角而言,苏鲁克所有人即畜群所有人依据法律或协议把畜群交给他人经营,经营者如同自己的畜群一样拥有占有、使用和收益的权利,畜群的所有权归苏鲁克所有人,约定期间届满或者其他法定理由,苏鲁克用益权人返还畜群。苏鲁克法律关系主体由苏鲁克所有人、苏鲁克用益人双方组成,其客体为畜群。

苏鲁克制度是历史传承下来的一项重要的习惯法意义上的民事习惯。

首先,苏鲁克关系的确立是在平等自愿的基础之上,并求双方互利为目的,即苏鲁克关系的确立以合意为前提,这是契约关

---

① [日]利光有纪著,晓克译:《蒙古的家畜寄养惯例》,第156页,《内蒙古近代史译丛》(第2辑),内蒙古人民出版社,1988年。

② [俄]库德里亚夫采夫著:《布里雅特蒙古民族史》(日文),蒙古研究所译,1943年。

③ [日]利光有纪著,晓克译:《蒙古的家畜寄养惯例》,第153页,《内蒙古近代史译丛》(第2辑),内蒙古人民出版社,1988年。

系所形成的最根本条件。苏鲁克双方会严格恪守协议内容，不会轻易违反协议，如果遇到不能履行协议的特殊情况时，通过第三者的调停而得到解决。① 在契约中双方一般会约定不可抗力或意外事件条款，避免出现纷争。如内蒙古东部的高力板地区边商和蒙古人之间签订的苏鲁克契约中约定：牲畜死亡时，苏鲁克所有人的损失，不需要赔偿，但需交回畜皮。② 这里出现的"牲畜死亡时不予赔偿"依现代合同规则，很难让人理解，有违公平原则之嫌疑。其实不然，在苏鲁克契约中"牲畜死亡"是有特定含义的，一般指疾病、自然灾害、盗贼、狼害等原因导致牲畜死亡。如苏鲁克用益人的经营不善、管理疏忽而产生的损失必须予以赔偿。这就是说，苏鲁克契约不是简单的民事事实习惯，它通过合同形式确定主体双方的权利和义务关系，双方权利和义务关系的具体内容依据习惯法来约定，如果哪一方违反合同的约定，按习惯法实体规则提交第三方调解或者裁决。内蒙古自治区建立初期，政府通过行政命令形式对苏鲁克合同内容做了必要的调整，并规定双方发生纠纷提交政府裁决。

其次，苏鲁克民事习惯是起源于蒙古族游牧经济的，它是调整游牧经济主要财产——畜群用益关系的民事习惯，也是一项发展和变迁中的习惯，它具有悠久的历史，已经过了近千年的时间。不管出自何种目的，蒙古人在畜群之上设定用益物权时，运用苏鲁克民事习惯。伴随商品经济的发展，苏鲁克民事习惯的标的有所变化，但其实质并没有发生变化。换句话讲，苏鲁克民事习惯是"就同一事项反复为同一行为"，符合民事习惯的连贯

---

① 参布拉敖日布：《蒙古族与畜牧经济文化》（蒙古文），第109页，内蒙古人民出版社，1999年。

② ［日］大渡政能：《关于东部内蒙古地带家畜预托惯例》，182页，《满铁调查月报》（日文），第11—21页。

二、游牧文化中用益物权的传统表达方法

性、稳定性、反复性特点。

再次，苏鲁克民事习惯是动产——畜群之上设定物权的民事行为，是在民法通则及物权法中均没有规定的民事习惯，从而符合近代民法中的"民事习惯是法律所没有规定之事项"（对此学术上存在较大争议，有人认为民事习惯是优先于制定法的法律传统，制定法与习惯法相冲突时习惯法优先，尤其在英美法系国家更是如此。大陆法系一般把民事习惯作为制定法的补充资源）的法源适用次序规则。内蒙古在近代才逐渐建立起现代司法体系，但审理案件的依据依然是民事习惯。1947年内蒙古自治政府成立之后组建了从自治区到旗（县）的完整的现代司法体系，但在法制不完备的情况下依然适用民事习惯，甚至在重大改革措施中也会从习惯法中寻找制度资源。

最后，在近代民法中对民事习惯的援用以不违背公序良俗为前提要件。换句话讲，公序良俗因素是民事习惯（事实）转化为民法上的习惯法的一道防线。苏鲁克民事习惯长期以来得到游牧社会的认可，并且促进了内蒙古牧区畜牧经济的发展，对蒙古人的游牧经济而言是不可或缺的重要制度。当前司法机关受理苏鲁克民事纠纷时首先认可其平等自愿基础之上的双方合意为前提的协议，其次还要强调，不违背法律禁止性规定。如内蒙古自治区东乌珠穆沁旗人民法院（2001）东民初字208号民事判决书中认定：本院认为，被告人巴达日呼嘎查（村）与原告人那×××之间签订的苏鲁克承包协议符合平等自愿互惠原则，并通过嘎查委员会议决定，考虑到雪灾，让原告保畜（原畜）的标准降低为80%，放弃了子畜提成，2001年双方在平等自愿的基础上作了决算，本院认定该苏鲁克承包协议合法有效。（笔者在内蒙古自治区东乌珠穆沁旗法院作民事习惯司法调查时所收集的判决书。为了保护个人的隐私，涉及具体个人的一律隐去姓名。）在该判决书中认定的"平等自愿"原则是民法通则和合同法所遵

循的基本原则,而"考虑到雪灾,让原告保畜(原畜)的标准降低为80%,放弃了子畜提成,2001年双方在平等自愿的基础上作了决算,本院认定该苏鲁克承包协议合法有效"的认定实质上是公序良俗原则的审查。因为不能所有平等自愿基础上建立的协议都具有法律效力,不得违背公序良俗原则。对此问题笔者走访了下达判决书的法官,他们认为:苏鲁克合同首先必须符合民法通则和合同法的规定,其次,不得损害公共利益为前提。"公共利益"是一个非常宽泛的概念,基层司法机关通常依据《合同法》第七条的规定,即"当事人订立、履行合同,应当遵守法律、行政法规,尊重社会公德,不得扰乱社会经济秩序,损害社会公共利益"的规定来审查合同是否违反"公共利益"。

苏鲁克合同作为一项当事人之间签订的协议,不违背法律规定的"公序良俗原则",从而受国家法律保护。但国家现行法律不能给苏鲁克合同的规制提供充足的法制资源,民事习惯又不能直接援用到法院的判决书,从而带来了诸多问题。笔者在内蒙古自治区牧区基层法院、律师事务所、法律援助中心做司法调查时,普遍认为苏鲁克合同的"法律规范"存在太多问题。例如法院在立案之时对苏鲁克合同的性质定性可谓五花八门:如"牲畜租赁纠纷"、"雇人放牧合同"、"牲畜保管合同纠纷"、"牲畜承包合同纠纷"、"牲畜借贷合同"等。(笔者在内蒙古呼伦贝尔市新巴尔虎左旗法院翻阅了从2001~2006年的法院立案簿,在立案簿上记载的上述纠纷与原判决书核对后发现,基本上全部属于苏鲁克合同,其性质的定性很混乱。)司法机关根据双方约定的合同内容作出判决,但合同没有约定的情况下以哪一类合同规则处理就变成了法官的"自由裁量权"。实际情况是,苏鲁克合同的形成需要连环的事实习惯,如接苏鲁克一方或者放苏鲁克一方向对方发出签订苏鲁克合同要约习惯、苏鲁克合同签订的特殊习惯、苏鲁克合同变更习惯、苏鲁克合同终止习惯、苏鲁克标的的习惯、苏鲁克公示习惯、苏鲁克孳息分配习惯、苏鲁克役使习惯，等等。这些事实习惯（有的是习惯法）结构，有的并不一定全部反映在合同文本中。这就需要审断案件的法官对游牧经济中的民事习惯必须熟悉。

过去苏鲁克合同很少发生法律纠纷，但近几年苏鲁克合同纠纷成为内蒙古自治区牧区基层法院受理案件的主要部分，仅次于债务、离婚之后的第三大纠纷案件。（笔者统计了内蒙古呼伦贝尔市新巴尔虎左旗法院从 2001~2006 年的法院立案簿中的苏鲁克合同纠纷，2001~2006 年逐年上升，2001 年已经上升到法院民事案件的 40%。）其中重要的原因在于：一是传统苏鲁克民事习惯中的很多环节与现行法律不一致，不符合国家法律的要求，现行法律不承认民事习惯的法律效力，牧民在签订苏鲁克合同时按牧民原有的传统民事习惯签订合同，视传统民事习惯为有效的规则，但法律不承认其效力；二是苏鲁克合同的主体日趋复杂化，多数苏鲁克合同在履行过程中不断地流变，传统的交易方式被打破，牧民之间的苏鲁克合同或集体经济组织与牧户之间的苏鲁克合同转变为非集体经济组织成员、社会组织、企业参与的合同，这些个人和组织往往利用熟悉现行法律制度而在合同内容上做手脚，牧民的合法权益得不到有效保护；三是司法机关的法官成长于国家法定主义理念的环境，在其头脑中充斥着法定主义思想，日渐不熟悉地方习俗和民事习惯或不敢贸然适用民事习惯，致使传统民事习惯被强大的国家法律所遮蔽。

苏鲁克民事习惯与游牧经济中的其他民事习惯相结合，形成自身特色的系统的民事习惯。因此有必要从法律角度澄清、分析和解读苏鲁克民事关系在社会生活中的运作方式和司法机关对其态度，是具有较高实践价值和理论价值的重要问题。

过去苏鲁克民事习惯受纯粹的习惯法的规制，当前作为一种民事习惯，受国家法律和习惯法的双重规范。而且双重规则的调整相互断裂,二者之间几乎没有衔接。在民间,习惯法我行我素,在审判实践中,国家法律说了算。而国家民事判决的指引作用是显现的,牧民熟知自己所千百年来遵循的民事习惯,遇到国家法律与习惯法冲突之时总认为自己"不懂法",牧民如何能解释"国家法与习惯法之断裂"?这些问题在文章第五部分中通过个案做更具体的说明。

历史上的苏鲁克民事习惯逐渐成为内蒙古地区畜牧经济中的一项重要的畜牧管理、经营制度,不同的历史阶段扮演了不同的角色,它是根植于游牧文化的一种特殊的民法现象。在游牧经济中牲畜既是生产资料又是生活资料,如何最大限度内发挥牲畜的利用价值是非常重要的一个问题,而苏鲁克民事习惯就是解决这一问题的重要制度。

(二) 苏鲁克民事习惯的历史追述

1. 苏鲁克民事习惯起源与早期功能

据历史文献记载:苏鲁克民事习惯的起源可以追溯到 13 世纪的蒙古社会。《多桑蒙古史》记载,《成吉思汗大札撒》中规定:"以信托资金经商累计三次亏本的,处死刑"。[①] 多桑所记述的这一条款在其他蒙古史著作中很少见到。信托在近代民法中指的是委托人将财产转移于受托人,受托人依信托文件所定,为受益人或特定目的而管理或处分信托财产的法律关系。[②] 信托制度产生于中世纪的英国,起源于 13 世纪英国的尤斯制,已有 800 多年的历史。后由大陆法系国家所接纳,成为"受人之托,代人理财"的重要制度。在信托关系中信托关系一经成立,受托人就

---

① [瑞典] 多桑著,冯承钧译:《多桑蒙古史》(上册),第 173 页,中华书局,2004 年。

② 周小明:《信托制度比较法研究》,第 3 页,法律出版社,1996 年。

取得了信托财产的所有权,有权以自己的名义管理和处分信托财产,但信托财产本身及其所生的任何利益不能由受托人而只能由受益人享受。①

13世纪蒙古帝国虽然是跨越欧亚大陆的大帝国,但是否已经有了在英国起源的,类似的信托制度值得怀疑。西方信托制度的起源时间与蒙古帝国的建立几乎是同一个时间。如蒙古贵族将自己的财物托付给"翰脱商人("翰脱商人"是指:转运官钱,散本求利之名也)",由其代理经营商业。"翰脱"实际上就是蒙古社会经营高利贷的一些官商,他们主要是由一些伊斯兰商人组成。②《黑鞑事略》中也记载了蒙古人的金融借贷业务。"鞑人只是'撒花',无一人理会的贾贩,自鞑主以下,只是以银于回回,令其自去贾贩以纳息,回回或转贷与人,或自多方贾贩,或诈称被劫,而责偿于州、县民户。"③ 多桑有关蒙古信托制度的记载可能是一种比喻。作为一项"代人理财"的信托制度,从产生时间而言,中世纪英国式的信托制度在蒙古社会中不可能这样迅速地传播。如果存在类似的信托制度,其主要渊源可能出自蒙古社会内部。

游牧经济的畜群结构是互补和相互平衡的,特定领域生活所需的羊群、牛群,战争和交通运输所需之马群和驼群之间存在一种平衡和互补的关系。在每种畜群内部也有自身的结构体系。这是游牧经济中畜牧业发展所必需的。这种结构性的需求对每一个牧人而言并不总是得到完全的满足。整体畜群结构的缺陷是可以通过交易等形式来补充,如放牧所需的马匹可以通过以羊换取。

---

① 周小明:《信托制度比较法研究》,第3页,法律出版社,1996年。
② 内蒙古典章法学与社会学研究所:《〈成吉思汗法典〉及原论》,第189页,商务印书馆,2007年。
③ 转引自内蒙古典章法学与社会学研究所:《〈成吉思汗法典〉及原论》,第190—191页,商务印书馆,2007年。

但畜群内部结构性需求不能完全以交易形式获得满足。如一户牧民某种畜种不具备形成单独畜群结构性要求之时，就有必要把牲畜归到他人畜群，进行合并放牧。这是因为，一方面畜群内部结构所需；另一方面劳动成本决定，必须这样处理。而被归入畜群一方不完全是无偿管理其牲畜，最好的办法就是牲畜所产之子畜或畜产利益作为回报而双方各自利益得到满足。如不了解蒙古游牧社会畜群之结构需求和群牧制这一特征，将无法解读很多问题。（如，日本学者利光有纪在一篇文章中，对有一家把两头牛在他人畜群中放苏鲁克的现象百思不得其解。另外，贫户给富户放苏鲁克的现象更值得注意。在20世纪30年代日本学者的调查资料中显示：新巴尔虎旗贫户给富户放牛2~4头的实例，索伦旗的贫户给富户放牛15~17头、羊17~20只、马4~7匹的例子。利光有纪认为这种情况的出现主要是为了解决劳动力不足的问题。见[日]利光有纪：《蒙古的家畜寄养惯例》，第143页，《内蒙古近代史译丛》，内蒙古人民出版社，1988年。）被归入一方对他人牲畜的管理以及受益就是这里讲的所谓"信托"。可以说游牧经济中的群牧制和畜群内部结构需求是苏鲁克制度产生的最原始的社会原因。

窝阔台大汗对《成吉思汗大札撒》补充立法中谈到："百姓羊群里，可每年只（支）出一只二岁羯羊做汤羊。每一百只羊里，可只（支）出一只羊，接济本部落之穷乏者"。[1] 后来的学者认为这是税收和扶助的法律制度。这种立法制度与社会学视角的苏鲁克制度的救济扶助功能完全吻合。窝阔台大汗颁布的社会扶助规定的具体程序已经无法考证，100只羊中支出的1只羊如何分给穷乏者，是官方组织收取后分摊之，还是户之间协助之，不详。到了15世纪的北元时期，这一扶助制度的轮廓才日渐清

---

[1] 奇格：《古代蒙古法制史》，第47页，辽宁民族出版社，1999年。

晰。《北虏风俗》记载:"诸畜皆其所重,然有穷夷来投,别夷来降,此部中人必给以牛羊牧之。至于孳生已广,其人已富,则还其所给,亦似知恤贫也"。①社会扶助制度的产生有其自然因素,对一个身无分文的人而言,在茫茫草原上生存是不可想象的,他必须依赖于游牧社会最根本生存之生活资料和生产资料,即畜群。窝阔台大汗所颁布的社会扶助之法令和史料的记载相互结合起来,才可以更清晰地了解这一社会扶助制度:其一,社会扶助的组织者为官方,即部落组织;其二,征集所需之牲畜是无偿的;其三,受用之人到了一定期间有返还原畜之义务;其四,贫乏者通过自己的劳动摆脱贫困。这是具有近代意义的社会扶助制度。社会提供社会扶助之资产,贫穷者通过自己的劳动脱离穷困。从《北虏风俗》记载的社会扶助内容分析,其法律关系完全符合苏鲁克制度。苏鲁克制度就是对他人畜群享有占有、使用、收益之权利,到了法定期间有返还原畜群之义务。从而可以讲,在13世纪蒙古社会中已经有了本文所分析的民事习惯——苏鲁克制度。13世纪的苏鲁克制度还是一个社会扶助为主要功能的法律制度,其中并不包含营利目的。多桑所谈到的"信托"法律制度应当源自于蒙古人的这一民事习惯,它不是西方意义的"信托"。游牧社会的社会扶助制度转变为以营利为目的时候就会成为类似信托制度。而且这一"信托"不仅可以在畜群之上设定,其他财产亦可。在游牧社会内部,诚实信用规则是非常重要的,苏鲁克民事习惯中双方严格遵守约定,双方发生分歧也会通过民间调停而妥善处理。但庞大的蒙古帝国是世界性的,商人的身份又是复杂的,难免会出现商业欺诈,因此蒙古人固有的诚实信用原则转变为立法价值标准,"过失屡次经营不善造成重大

---

① 转引自奇格:《古代蒙古法制史》,第81页,辽宁民族出版社,1999年。

财产损失，或以欺诈行为经商故意侵吞财产的行为"① 受到极刑处置。

  类似于蒙古族游牧经济中的苏鲁克制度在其他游牧民族的法律规定中也可以看到。如12世纪和13世纪形成的西夏《天盛律令》(《天盛改旧新定律令》简称《天盛律令》)卷十九《畜利限门》规定："四畜群之幼畜当依前所定计之，实数当注册，不足者当令偿之，所超数年年当予牧人"。② 这是《天盛律令》中有关官畜管理的规定。《天盛律令》中官畜的管理方式是官方畜牧管理机构根据牧人的经营能力可以给牧人一定数量的各种牲畜，对子畜按规定让其上交，所超之部分归牧人。《天盛律令》卷十九《畜利限门》中还详细规定了牧人向官府缴纳子畜的详细比例。如按照百大母骆驼一年限三十子，百大母马一年五十驹，百大母牛一年六十犊，百大母羖䍽一年六十只羔羊，百大母犛牛一年五十只犊的繁殖率，向官府缴纳幼畜。③ 这一规定类似于蒙古族游牧社会中的苏鲁克民事习惯。例如，一年一牧人领养了100只母羊，年终获得了90只羊羔，60只要上缴官府，剩余30只属于自己。另外，根据所领养的牲畜种类的不同，缴纳完其他畜产品之后，还可以享有官府牲畜身上产生的其他利益。从形式而言与现存的蒙古族"苏鲁克"制度很类似。《天盛律令》第十九卷《贫牧逃避无续门》中规定："诸牧人中之实无主贫儿持取畜而损失时，无力偿之，各牧主所属牧人户胜任，当明各无主贫儿，以告群牧司计之。总计畜类，骆驼、马、牛等自十五、二十以上，羖䍽羊自七十以上，当令胜任户之牧人领取，实为牧

---

  ① 内蒙古典章法学与社会学研究所：《〈成吉思汗法典〉及原论》，第189页，商务印书馆，2007年。
  ② 史金波、聂鸿音、白滨译：《天盛改旧新定律令》，第576页，法律出版社，2000年。
  ③ 杜建录：《西夏经济史》，第113页，中国社会科学出版社，2002年。

人中无主贫儿者,当予胜任户之牧人为牧助"。①西夏法典中的国家经营的牲畜管理制度虽然带有很强的行政管理色彩,但不影响其一种契约的性质。官方依据法律规定,把自己所有的牲畜交给牧人放牧,牧人依据法律的规定向官府交纳一定比例的牲畜,按法律规定的期间,牧人对官方牲畜所产生的利益有一定的占有权,法律规定的期间届满,牧人把官方牲畜交给官府。这种债权关系的产生更带有很强的身份色彩,缺乏双方平等、自愿为前提,官方有选择牧人的自由,牧人却没有选择领养的自由。蒙古族游牧经济中产生的苏鲁克制度是完全私法意义上的,苏鲁克制度的产生和发展虽有官方的推动和介入,但它并不是官方与牧人之间的契约,无公法意义上的法律关系,苏鲁克民事关系是调整牧人之间财产权属关系的规则体系。这是二者之间的根本区别所在。

苏鲁克制度的产生既有游牧社会本身畜牧经营方式的启发,也有所生存之自然条件的制约,同时又有官方立法的推动,是上述因素综合作用的产物。

苏鲁克民事习惯在早期只作为社会扶助制度而存在。苏鲁克制度作为近代意义的用益物权制度,用于营利为目的、促进畜牧业发展的是在北元时期。15世纪以后,北元政治上的纷争趋于缓和,漠南地区的统一对畜牧业的发展创造了良好的条件。尤其在达延汗统治时期,政治和经济方面做了一系列的社会改革。达延汗首先撤销了东六万户中所有元朝异姓功臣领主后裔的特权,改变了自成吉思汗实行分封以来同姓宗亲(即"黄金家族")和异姓功臣两种领主并立的局面,重新对所控制的土地进行分封。领主们十分关心自己的领地建设。"这些异姓功臣的后裔虽失去

---

① 史金波、聂鸿音、白滨译:《天盛改旧新定律令》,第599页,法律出版社,2000年。

原有的政治上的地位，但仍然比较富裕，但不能享受支配牧奴的权利，同时随着社会经济的发展，牧奴阶级内部也发生了一定的变化，形成了上等户、中等户和下等户三个阶层，其中的上等户与失去政治特权的异姓功臣的后裔逐渐形成了新的牧主阶层。其次，这一时期牧主把一部分牲畜贷给下等户放牧，推行赋予一定报酬的'苏鲁克'制度。"① 苏鲁克制度开始从原先简单的社会扶助制度转变为一项以用益为目的的民事习惯。在这样一个较短的时期内，蒙古畜牧业有了明显的发展，使各地领主积累了大量的财富，仅土默特部阿勒坦汗"控弦十余万，多蓄货贝"。② 蒙古军士出征，每人"恒备三马五马，多则八九马"。阿勒坦汗拥马40多万匹，驼牛羊以百万计，其他各部封建主同样拥有相当数量的牲畜。③ 牧主经济是在明朝漠南蒙古地区出现的进步因素，是蒙古社会政治斗争和经济发展的结果，它为苏鲁克民事习惯的发展开辟了广阔的前景。所谓的牧主经济，是在14世纪北元时期从领主经济中萌芽的，其主要特征在于牧奴对牧主的人身依附关系相对松散和间接，牧主一般拥有大量牲畜，把一部分牲畜贷放给无畜或少畜牧奴的形式对其进行人身限制的经济形态。④ 牧主经济形态是相对地主经济而言的，牧主经济与封建领主经济相比较，牧奴获得了一定的人身自由，并可以拥有自己的私有财产，而在封建领主经济制度中牧奴不能享有更多的人身自由。因此，牧主经济发挥了牧奴的生产积极性，对畜牧业发展起到了推动作用。而苏鲁克民事习惯正是满足了牧主对无畜或少畜

---

① 云慧群：《浅析清代漠南蒙古地区"苏鲁克"制》，载《经济·社会》，1988年第4期。
② 奇格：《古代蒙古法制史》，第81页，辽宁民族出版社，1999年。
③ 奇格：《古代蒙古法制史》，第81页，辽宁民族出版社，1999年。
④ 沈斌华：《内蒙古经济发展史札记》，第65页，内蒙古人民出版社，1983年。

的牧奴进行人身控制和剥削的需求。就阶级分析方法而言，苏鲁克制度的确是从原有的社会扶助功能分离出来、并逐步地转变为以追求利润为目的的用益制度。但过分地强调苏鲁克制度的剥削因素，会遮蔽该制度在蒙古传统游牧经济中的社会互助功能，况且并不是所有的苏鲁克制度都具有剥削性质。如《乌拉特中旗史料》中《乌拉特后旗中华人民共和国成立之前的"苏鲁克"制》一文的作者记载："我家在1949年给达连老姑子放40只怀胎白口母羔的'苏鲁克'，到第二年40只母羔全部对牙产子，子畜成活38只，到秋末膘肥时达连老姑子把40只母羊接走，38只羔羊和49年的秋毛和50年的春毛都留给了我们。"①

北元期间，蒙古族游牧经济的繁荣也取决于当政者对畜牧业立法的重视。例如《阿勒坦汗法典》中规定："毁改（牲畜）印记者，罚三九。经询问后阉割雄性牲畜生殖器者，不予处罚。未经询问者，罚五畜。给种马、公驼、雄黄牛、种绵羊和公山羊去势者，罚牲畜三九"。② 这一畜牧保护立法是漠南蒙古地区畜牧业蓬勃发展的又一重要因素。《喀尔喀七旗法典》规定："失放草原荒火者，罚一五。发现者，吃一五。荒火致死人命，以人命案惩处"。③ 在《卫拉特法典》中涉及牲畜条款多达7条。统治阶层还通过盗窃罪名严厉惩处扰乱畜牧经济秩序的行为。这些救助、保护牲畜以及维护私有财产的法律规定，稳定了漠南蒙古地区畜牧经济制度，促进了畜牧业的发展。因此，除了私法上的制度因素之外，通过刑法等方式维护经济秩序也是非常必要的。

清朝中后期，蒙古社会中苏鲁克民事习惯的应用相当普遍，"承牧的牧民按照协议定期向雇主缴纳一定数量的孳生畜，并交

---

① 任子秀主编：《乌拉特中旗史料》，第171—172页，1988年。
② 奇格：《古代蒙古法制史》，第94页，辽宁民族出版社，1999年。
③ 奇格：《古代蒙古法制史》，第107页，辽宁民族出版社，1999年。

纳部分肉食、奶食、黄油等，雇主允许放牧人实用畜群所产奶食，适量剪卖牲畜绒毛，完成协议，雇主将给放牧人一定的报酬"。① 从而在清朝年间，苏鲁克制度已经转变为以畜群用益为形式的两种目的发展：一是固有的社会扶助为目的设立苏鲁克民事习惯。例如，随着佛教在蒙古地区的广泛传播，寺庙积累了数量可观的牲畜，对此寺庙"根据佛门喇嘛教义'慈悲为佛道之根本'和'有施度无极'说施与他人以财务、体力和智慧等为他人造福成智而求及积累公德，乃至解脱的修行教条思想的指导下，庙仓把化缘来的牲畜施放与牧民'以资布施护济众生'"。② 二是以营利为目的广泛地放苏鲁克，刺激了畜牧业的发展。清朝统治者又把苏鲁克制度引入到官方的畜群管理体系。如清世祖（顺治帝）顺治四年（公元1601年），宾图郡王和土默特左翼前旗达尔汗贝勒把三陵周围牧场献给清朝，作为放苏鲁克的地方。把放苏鲁克地方称之为"suruk旗"，专门给清朝供应用于祭祀的畜肉和乳制品。③ 这一做法被蒙古王公所效仿，建立了诸多官方的苏鲁克。官方的苏鲁克实质上不是蒙古游牧意义上的苏鲁克，是一种雇佣放牧制度。清朝统一中国后，蒙古地区的封建割据状态被消除，社会相对稳定，为畜牧业的发展创造了良好的外部环境。清朝针对漠南和漠北蒙古地区制定的法律以及蒙古地方制定的法规还规定了一系列的保护和扶持畜牧业发展的措施，其中有的是直接沿用了蒙古习惯法。例如，《理藩院则例》中规定：保护牧场，任何人不得随意开垦。④《蒙古律例》和《喀尔喀法典》

---

① 阿岩、乌恩：《蒙古族经济发展史》，第222页，远方出版社，1999年。
② 任子秀主编：《乌拉特中旗史料》，第179页，1988年1月。
③ [日]大渡政能：《关于东部内蒙古地带家畜预托惯例》，178页，《满铁调查月报》（日文），第11—21页。
④ 转引自云慧群：《浅析清代漠南蒙古地区"苏鲁克"制》，载《经济·社会》，1988年第4期。

中有直接保护草场和畜牧业的规定。1709~1770年制定的《喀尔喀法典》中关于保护草场和畜牧业的规定大都沿用了蒙古固有的习惯法。从《喀尔喀法典》中也可以窥视到苏鲁克制度的影子。《喀尔喀法典》第123条、第124条规定了"哈布其古尔"的权利。该法典第120条规定:"平时哈布其古尔带着什么东西来,(返回时)带着什么东西走。其投靠者如给了什么东西,(返回时)要还回什么东西。在投靠者家期间,要把所繁殖的牲畜按原有牲畜数平分。哈布其古尔如说(分配不公),我应该得多少,(此时)要逼审投靠者的首领,如首领同意,按哈布其古尔的意见,要按哈布其古尔所说的给予,如不同意,要按前法以原牲畜之数平分"。① 第124条规定:"平时三旗内的哈布其古尔不论去哪里而被伤害,要自己负责。如是一个单身人,带领之人负责监管,送回原籍处罚。如是单身之人,要送交自己的塞特、诺颜并给财物,如不给(财物)赶撵丢弃之。如不给财物又不赶走,带领人要负责"。② 学者们分析"哈布其古尔"一词时不知所云。猜测是属"帮工"。但结合清朝对蒙古的立法以及蒙古传统习惯法就会发现,并不是帮工,而是被人带领到喀尔喀蒙古三旗之内的人或者三旗内被人带到某个旗之内之人。这一结论有以下几个理由:一是清朝在蒙古的统治(包括喀尔喀蒙古在内)实行严格的禁封制度。清朝法律规定:蒙古人必须在自己所属旗之内,不得横向联系,盟旗制度不允许蒙古人自由流动。因此,蒙古地区在不同旗之间人员流动是非法的。盟旗制度打乱了蒙古人固有的政治、军事组织,并严格限制了蒙古原有诸部之间的纵向和横向联系。清朝把整个蒙古划分为外藩蒙古和内属蒙古两部

---

① 奇格:《古代蒙古法制史》,第179页,辽宁民族出版社,1999年。
② 奇格:《古代蒙古法制史》,第179页,辽宁民族出版社,1999年。

分。外藩蒙古又有外札萨克蒙古和内札萨克蒙古之别。① 在这种前提下，本旗之内的人也不允许把外旗之人带到旗内。盟旗制度严格执行时期，清廷限制蒙古各旗之间的相互联系，实行严禁汉人移入蒙古、严禁蒙古人学汉语、严禁各旗旗民越界放牧等严厉的封禁制度。但完全封闭是无法做到的，喀尔喀蒙古又是外札萨克，相对而言，清朝的控制较松，因此本旗之人把外旗之人带到旗内的应该叫"哈布其古尔"。"哈布其古尔"大部分是逃亡者。二是蒙古人自古以来有通过放苏鲁克形式扶助贫困者的习惯，因此，按习惯，应当给"哈布其古尔"一定的财产，让他生存发展，甚至富裕起来。所以就会出现施与"哈布其古尔"财物的情况。三是，清朝法律规定在先，对流亡人员进行扶助时要谨慎，从而出现了给财物也尚可，不给财物也可，并遣送回去也可以。但带领之人负法律责任。清朝中央立法的规定影响了蒙古地方立法，作为大清王朝的组成部分，喀尔喀蒙古不能无视其规定，从而出现了以上模棱两可的规定。

从上述条款分析就会发现，蒙古游牧经济中的苏鲁克民事习惯不仅在漠南蒙古地区广泛存在，在漠北的喀尔喀蒙古地区也具有普遍性。18世纪的蒙古社会中苏鲁克制度基本上已经普及，并且还保留着原有扶助弱势人员的传统。漠南蒙古地区商品经济的发展也是苏鲁克制度快速普及的另外一个因素。清朝末期畜产品的利用和交换日益增多，大大刺激了畜牧业的发展。"18世纪至20世纪间，蒙古富有的上层人物所拥有的财产，比较典型的平均为3000～4000匹马，600～800只羊，600～800头牛，400～600峰骆驼。"这些拥有大量牲畜的富有阶层一方面把牲畜以放苏鲁克的形式放牧，满足自己增加牲畜头数的需求；另一方

---

① 内蒙古社会科学院历史所《蒙古族通史》编写组：《蒙古族通史》（中卷），第347页，民族出版社，2001年。

面，放牧者也需要放牧，以此维持和改善自己的生活。

2. 苏鲁克民事习惯发展与变迁

清朝末期的苏鲁克民事习惯已经发展成为许多种类：除富户放苏鲁克外，还有边商苏鲁克、喇嘛苏鲁克、庙仓苏鲁克、清朝皇室苏鲁克，等等。喇嘛苏鲁克和庙仓苏鲁克是指在清朝，黄教即藏传佛教传入蒙古地区后逐渐成为统治者对蒙古实行驯服的主要方式，并且统治者大力扶持其传播。清政府对黄教扶持的过程中给予喇嘛特权，大力兴建各种庙宇，这些庙宇通常拥有大量的牲畜。在佛教的"有施度无极"说的影响下，喇嘛或庙宇把牲畜施放于他人而产生了喇嘛或庙仓苏鲁克。如中华人民共和国成立之前内蒙古乌拉特后旗广泛存在庙宇放苏鲁克的现象。"畜主向放'苏鲁克'户要一定数量的供佛灯油（黄油），奶食和蒙古毡毛（各庙仓、牧主的也不一），也有的什么都不要（据说是大慈悲修行积德）。"① 以中华人民共和国成立之前的科尔沁左翼中旗庙仓苏鲁克为例，双方约定：苏鲁克用益人每年向苏鲁克所有人上交黄油5斤，奶皮2块；每年1个月期间在庙仓作杂活儿；生产之子畜全部归苏鲁克用益人；牲畜死亡的不赔偿，畜皮交给庙仓。② 清朝皇室苏鲁克，是指清朝为了祭祀或其他需要，同样也放苏鲁克，并且当时是最大的苏鲁克。今辽宁彰武县，在清代即是清王朝的苏鲁克旗。③ 在当时的苏鲁克中最为典型的是富牧苏鲁克和边商苏鲁克。富牧苏鲁克是拥有大量牲畜的蒙古牧主把牲畜放苏鲁克，通常情况来讲，双方约定，对畜群的孳息（一般

---

① 乌拉特中旗党委党史资料征集办公室、乌拉特中旗地方志编纂办公室：《乌拉特中旗史料》（第二辑），第171页，1988年。

② ［日］大渡政能：《关于东部蒙古地带家畜预托惯例》，第180—181页，《满铁调查月报》（日文），第11—21页。

③ 云慧群：《浅析清代漠南蒙古地区"苏鲁克"制》，载《经济·社会》，1988年第4期。

是子畜）按比例划分，牲畜的占有、使用权和收益权通常由接苏鲁克一方享有。边商苏鲁克主要是随着商品经济的导入，一些汉族商人到蒙古地区经商并逐渐定居，通过商业活动而获得的牲畜放苏鲁克，以求进一步的发展而产生。富牧苏鲁和边商苏鲁克是商品经济发展的产物，其主要目的在于通过畜群上设定用益物权的方式获取双方均满意的效益，达到物尽其用的目的。例如，内蒙古东部的高力板地区边商和蒙古人之间签订的合同的内容是：每群牛的头数为 5~200 头不等，牝牡、犍牛各为一定比例；生产牛犊归苏鲁克主，但工作成绩好的苏鲁克用益人，可得到部分子畜的所有权；牲畜死亡时，苏鲁克所有人的损失，不需要赔偿，但需交回畜皮，苏鲁克用益人自由役使犍牛；畜产物（奶制品、牛粪）皆归苏鲁克用益人。[①] 从苏鲁克合同文本分析，协议内容首先照顾到了畜群本身内部的结构需求，一般牝牛的比例较高，犍牛则能满足役使即可；其次是子畜的分成上依据习惯进行分成；其三，遵循了苏鲁克用益人无过失情况下不承担责任的习惯；其四是畜产品用益被认可。因此，除设立用益物权之目的不同之外，与传统的以社会扶助为目的的苏鲁克合同并无实质上的区别。

在漠南地区，苏鲁克合同所包含的内容主要是：苏鲁克中不同种类的牲畜比例、苏鲁克所产子畜的分成比例、苏鲁克的使用和收益权的分配或者归属问题、苏鲁克损失的责任承担问题、公示规则、责任免除的相关条款，例如在自然灾害的情况下如何承担责任等内容。某些苏鲁克主干脆在协议中明确规定：苏鲁克的子畜也归苏鲁克用益人所有。但这里必须注意一个问题，在漠南地区并不是所有的牧户和边商都是放苏鲁克的，他完全可以雇人

[①] ［日］大渡政能：《关于东部蒙古地带家畜预托惯例》，第182页，《满铁调查月报》（日文），第11—21页。

放牧，一定要把雇人放牧与苏鲁克制度区别开来。日本学者在对这一时期游牧经济的经营方式进行详细研究的基础上，划分了若干种类。利光有纪对满洲国国务院兴安局对东部蒙古地区各旗《实态调查统计篇》中的畜牧管理进行了分类，共有四种：即自营、寄养（苏鲁克）、雇佣牧人和为王公贵族尽义务。① 所谓的自营是指牧户对自己所有的牲畜自己直接放牧经营。雇佣牧人是指牧户对自己所有的牲畜部分或全部由雇人放牧，并对雇佣的牧人给予报酬的经营模式。对王公贵族尽义务是指牧户通过给王公贵族放牧的形式赋役。为了便于理解，把日本学者的统计情况摘录（部分）如下：

表1 关于家畜寄养的诸事例②

事例编号	调查地	苏鲁克名称的确认情况	寄养者	代养者	家畜种类、头数	备注
1	苏鲁克旗	+	清朝		牛100头、羊50只	
2	阿鲁科尔沁旗	+	富户	贫户	牛2~70头	
3	索伦旗	+	贫户	贫户	牛15~17头	
4	陈巴尔虎旗	−	亲戚、熟人	贫户	羊数只	雇人放牧
5	外蒙古		喇嘛庙		羊300~800只	性质不详
6	东阿巴嘎旗	−		王公		赋役事例
7	博王旗	+	富户	贫户	牛20×16头	

注：确认为苏鲁克的用"+"表示，不能确认的用"−"表示

---

① [日] 利光有纪著，晓克译：《蒙古的家畜寄养惯例》，第144页，《内蒙古近代史译丛》（第2辑），内蒙古人民出版社，1988年。

② [日] 利光有纪著，晓克译：《蒙古的家畜寄养惯例》，第144页，《内蒙古近代史译丛》（第2辑），内蒙古人民出版社，1988年。

从例表分析，内蒙古自治区成立之前，漠南地区畜牧业经营模式主要是以苏鲁克为主，兼有其他经营方式，并且持续时间比较长。另外，以漠北地区喀尔喀蒙古"哈布其古尔"的规定中看到的苏鲁克民事习惯为佐证，可以断定，清朝末年到民国初期，整个蒙古地区苏鲁克民事习惯被广泛地运用，成为经营畜群的最主要的方式。

这一时期的苏鲁克，学者们通常称之为"旧苏鲁克"，大部分学者认为是一种剥削制度，对其在历史上的作用加以否定。今天从经济学的角度分析，实质上苏鲁克民事习惯对当时畜牧业发展、促进商品经济在蒙古地区的导入都起到了积极的推动作用。从民法学角度讲，其意义更是划时代的。苏鲁克民事习惯以游牧经济为主要特点的游牧文化中创造了新的契约模式，改变了原有的、单一所有权物权体系。虽然今天人们还没有发现其重要的法律价值，但实质上苏鲁克这一契约形式创制了新的物权模式，丰富了蒙古族古代法文化，这对游牧经济发展，以及进一步创造物质财富意义重大，在蒙古族法制史上具有划时代的意义。

民国时期是蒙古族政治、经济和社会的转型时期之一。1902年清廷宣布蒙地开禁。随着"移民实边"政策的推行，大量汉族移民涌入内蒙古。汉族移民的大量移入使得内蒙古原有的人口结构发生变化，经济结构被改造。为了管理大量涌入的移民，清廷在蒙古盟旗中建立府、厅、州、县，蒙古原有的政治组织——盟旗制度受到冲击。"移民实边"政策导致内蒙古地区经济的单一性结构改造已十分显著，蒙古社会利用土地的方式发生了巨大的变化，而蒙古社会内部原有的土地关系和阶级关系，以及蒙古社会的政治结构也悄然发生了变化。清末内蒙古盟旗制度的衰落从客观上促进了民族之间的交流，内蒙古的蒙古民族，尤其蒙古上层王公贵族开阔了眼界。在内蒙古的东部地区和河套地区的丰饶的草场首先被开垦，出现了土地租佃、佃农、地租等新事物、新概念,并被蒙古王公和占有大量牲畜的牧主所熟悉。蒙古上层除出租、买卖土地之外,还发现,祖宗留下的苏鲁克制度与土地租佃制度一样,很适合通过牲畜赚钱、增值,而且没有必要付出劳动。盟旗制度的开禁和土地的开垦使大量的商人涌入内蒙古,逐渐成为拥有大量畜群的阶层。以内蒙古东部地区边商苏鲁克为例,其规模最大的苏鲁克已经达到万头牲畜。从日本学者在20世纪30年代所作的调查报告的内容中可以体会到当时边商苏鲁克制度的发展程度。

内蒙古东部边商苏鲁克概况[1]

屋号[2]	预托[3]地方	预托群数	预托头数概算	摘要
永发号	达尔汉旗	36	1500头	烙印字"天"
永发号	图什业图旗	25	1300头	同
永发号	札苏克特旗	13	600头	同
景泰号	达尔汉旗	12	700头	不详
连成号	达尔汉旗	25	1000头	不详
德发玉	达尔汉旗	5	300头	烙印字"玉"
广太号	图什业图旗	200	8000头	烙印字"太"
顺兴号	图什业图旗	400	10000头	不详
益顺号	图什业图旗	20	900头	不详
用聚广	图什业图旗	25	2000头	不详
万顺德	图什业图旗	20	1800头	不详
福泰号	图什业图旗	23	1900头	不详
德升永	图什业图旗	21	2000头	不详
通泰福	图什业图旗	25	2000头	不详

---

[1] [日]大渡政能:《关于东部蒙古地带家畜预托惯例》,第181页,《满铁调查月报》(日文),第11—21页。

[2] 屋号在日语中指商号。

[3] 日本社会学家视域中的苏鲁克制度有两种解释方法:一是认为一种畜群预托制度;二是认为一种家畜寄托制度,其实质就是一种家畜保管饲养的意思。

民国时期的苏鲁克制度最大的变化在于其近代资本主义因素的注入。富户苏鲁克和边商苏鲁克是资本因素注入的最典型的两种苏鲁克制度。苏鲁克制度原有社会扶助职能日趋淡化,加速了畜群进入交易的频率,逐渐成为一种畜牧业经营方式,变为一种获利的重要手段。在高额利润追求下,作为一种畜牧业经营方法,苏鲁克制度在民国时期加速了社会贫富差距,社会畜牧财富不断集中于富者手中,贫苦牧民只能维持自身生存。如,中华人民共和国成立之前的内蒙古自治区乌拉特中旗苏鲁克制度中,苏鲁克用益人"一只羊下两只羔子吃奶不足时,只给放牧人说不能把一只羊羔饿死,如果饿死一只就不给放牧人了。所以放牧人为得一只羊羔要费很大的力气灌奶子养大,如养不好或有灾病害时就什么也没有了"。[①] "极少数个别牧主雇佣牧民多年,只给牧民一匹马或一峰骆驼或数只羊,牧民生活很苦。"[②] 苏鲁克制度的财产用益功能蜕变成了牧主和边商获取高额利润的残酷手段。这也是后来苏鲁克制度本身遭到批判、否定的主要原因。在民国时期,苏鲁克制度的资本因素的注入主要受汉族地区地租、佃农制度的影响。民国时期牧民与牧主关系最尖锐的地区也是分布于最早开垦、边商涌入的地区。内蒙古东南部、西北河套地区等最早开禁实边地区以及军阀控制地区的苏鲁克制度剥削程度是残酷的,已经不是纯粹意义上的苏鲁克制度,混杂进了雇佣、承租等不同的因素,有了雇佣关系的倾向。如,内蒙古科尔沁左翼中旗白烈庙地区的苏鲁克合同约定:预托头数10头(牝8、羯2)至30(牝22、羯8)头为一群;受托者作为支付使用犍牛的费用按

[①] 中共乌拉特中旗委员会党史资料征集办公室、乌拉特中旗地方志编纂办公室:《乌拉特中旗史料》(第4辑),第68页,内新图出准字(1990)第145号。
[②] 中共乌拉特中旗委员会党史资料征集办公室、乌拉特中旗地方志编纂办公室:《乌拉特中旗史料》(第4辑),第68页,内新图出准字(1990)第145号。

二、游牧文化中用益物权的传统表达方法 115

一头每年向预托者交纳7斗谷物;生产牛犊归预托者所有;牛奶、乳制品、牛粪归受托者;死牛的牛皮归预托者所有;生产牛犊中的牡受托者自由阉割,到5岁为止自由使用,5岁以上有偿使用;由于受托者的不注意牲畜被盗的由受托者赔偿,匪贼的抢劫属于不可抗力事件不予赔偿。① 合同文本中可以察觉到,通过接苏鲁克,牧户只能得到生活所需的最基本的畜产品,子畜已经不归牧户,犍牛的役使转变为有偿,已经严重脱离其公平原则。犍牛的役使变为有偿的做法已经混进了租用的因素。因此,民国时期内蒙古南部地区的苏鲁克制度使牧户只能维持基本的生活,通过苏鲁克制度摆脱贫困,双方收益公平原则已经不能充分体现了。但没有开垦、边商涌入较少地区的锡林郭勒、乌兰察布、阿拉善、呼伦贝尔等地的苏鲁克制度还保留着原有的一些扶助特色,情况相对好一些,没有出现诸如开垦地区那样残酷的剥削。以锡林郭勒盟阿巴嘎旗为例,牧主及其所占有的牲畜比重不大,被牧主剥削的牧民的比例同样不大。"阿巴嘎旗北半部(今阿巴嘎旗东北部)1948年分斗中划分的阶级为例:牧主28户,占2.6%,占牲畜(以羊为单位,下同)比例为17.6%,户均969只;富牧27户,占2.5%,占有牲畜比例为9.9%,户均567只;中牧268户,占24.9%,占有牲畜比例为34%,户均216只;贫牧658户,占60.9%,占有牲畜比例为21.1%,户均50只。"②

3. 苏鲁克民事习惯早期调控功能的回归

民国时期蔓延开来的苏鲁克制度的剥削因素伴随内蒙古自治

---

① [日]大渡政能:《关于东部内蒙古地带家畜预托惯例》,183页,《满铁调查月报》(日文),第11—21页。
② 内蒙古自治区政协文史资料委员会:《"三不两利"与"稳宽长"回忆与思考》,第101页,内蒙古政协文史书店发行,2006年。

区的成立而遭到严厉的批判,并通过政府的干预,得到妥善纠正,苏鲁克又一次成为促进畜牧业繁荣稳定发展的重要制度。1947年5月1日,内蒙古自治区在王爷庙(现在的乌兰浩特市)成立。相对于1947年前的苏鲁克民事习惯而言,1947年之后的苏鲁克民事习惯又称之为新苏鲁克民事习惯。对这一时期的苏鲁克民事习惯,学术界研究得相对较少,其原因一方面是受传统研究思想的影响,从旧社会延续下来的制度,认为具有剥削性质,逐渐被人们所遗忘。另一方面,由于各种政治运动以及游牧经济体制的不断变动、改革使该制度不断以"新名词"代替,看不清其真面目。苏鲁克民事习惯是蒙古族游牧经济中产生和发展起来的调整游牧社会财产归属关系和用益关系的习惯法。虽然新政权建立,意识形态发生了变化,但对传统社会的改革中,蒙古族的精英们成功地对其进行了必要的改革,解决了内蒙古自治区的社会改造中的制度资源问题。作为游牧文化中的重要组成部分,苏鲁克制度的转变应验了文化的连续性准则。

1947年至"合作化运动"是苏鲁克制度早期调控职能的回归期。1947年内蒙古自治区人民政府成立,并宣告内蒙古实行民族区域自治制度,建立了统一的内蒙古自治政府。《内蒙古自治政府施政纲领》第10条规定:"保护蒙古民族土地总有权之完整。保护牧场,保护自治区域内其他民族之土地现有权利。对罪大恶极的蒙奸恶霸的土地财产予以没收,分给无地及少地的农民及贫民,合理解决蒙汉土地关系问题,实行减租增资与互助运动,改善人民经济生活"。[①] 内蒙古自治政府建立初期,根据解放区的土地改革的精神,结合内蒙古的实际情况,在牧区推行的

---

① 内蒙古自治区档案馆编:《中国第一个民族自治区诞生档案史料选编》,远方出版社,1997年。

土地政策主要是以"牧场公有，牧者有其草场"的制度。① 1947年10月10日，中共中央公布了《中国土地法大纲》，在解放区实行"废除封建性及半封建性剥削的土地制度，实行耕者有其田的土地制度"。内蒙古解放区也进行了土地改革（《中国土地法大纲》颁布之后，中国共产党对内蒙古采取了10项政策：1. 内蒙古境内土地为蒙古民族所共有；2. 废除内蒙古封建的土地占有制度；3. 废除一切封建阶级及寺院占有土地所有权；4. 废除封建阶级的一切特权；（政治特权、不负担公民义务、强迫征役、无偿劳动等。）5. 蒙古族人民信教自由，喇嘛不许有公民以外的特权；6. 废除奴隶制度，一切奴隶均宣告完全解放，永远脱离与奴隶主的一切关系，享有完全平等的公民权；7. 废除一切乡村中土改前的债务，但贫雇中农与商业买卖间的债务不在废除之例；8. 畜牧区内实行放牧自由，按照盟旗行政区划，该区内草原牧场一切牧民放牧自由；9. 农业区实行耕者有其田，原来一切封建地主占有土地收归公有，然后与乡村其他土地统一平均，按人口分配给全体人民。凡分得土地即归个人所有，并承认其自由经营与特定条件下出租的权利，但仍保留蒙古民族土地公有权；10. 一切乡村中的蒙汉及其他民族的土地公有权。土改后其他民族所有土地一律不纳蒙租，但对自治政府应与蒙古族人有同等公平负担及公民义务。（具体内容参见内蒙古自治区档案馆编：《中国第一个民族自治区诞生档案史料选编》，第112～第113页，远方出版社，1997年。）在内蒙古的牧区根据"耕者有其田"的政策，部分地方也提出了"牧者有其畜"的口号。在这种口号下，出现了对牧主进行批斗，对其牲畜进行瓜分的局面。牧主以及大量拥有牲畜的封建上层纷纷逃逸或者宰杀牲畜，给内

---

① 内蒙古自治区档案馆编：《中国第一个民族自治区诞生档案史料选编》，远方出版社，1997年。

蒙古牧区的生产力带来了极大的破坏。这种情况很快引起内蒙古自治政府的注意，从内蒙古牧区的政治、经济、文化等实际情况出发，乌兰夫为首的内蒙古自治政府在内蒙古牧区推行了不同于农区和其他解放区的特殊政策，并对上述"左"的做法提出了批评，"没有清楚地认识到牧区经济的特殊性、落后性与牧区群众觉悟性差，提出游牧区1948年也要消灭封建的方针，这是错误的，这助长了下面工作中'左'的倾向，至于有些游牧区实行平分牲畜的结果，乃至破坏了游牧区经济基础更是不对的"。[①]并根据牧区政治状况，尤其牧主的比例、经济的脆弱性、蒙古族游牧经济的特点，制定了整改措施，上报中共中央批准实施。其主要标志是1948年7月，在哈尔滨召开的内蒙古干部会议上所确立的牧区民主改革政策。具体内容是：实行废除封建特权，"牧场公有，放牧自由"和"不分、不斗、不划阶级"以及"牧工、牧主两利"的基本政策。[②] 改造"旧苏鲁克"制度为"新苏鲁克"制度，"牧场公有，放牧自由"是对牧区的土地实行公有，有牲畜的牧民放牧方面自由，废除封建土地特权。"不分、不斗、不划阶级"是对牧区不分牧主的牲畜、不批斗牧主、不划阶级成分。"牧工、牧主两利"是给牧民放养牲畜的牧工和牧主之间签订合理的分成合同，双方获利。"牧工、牧主两利"政策主要靠改造"旧苏鲁克"制度为"新苏鲁克"制度，经过牧民与牧主协商，订立分成合同，或牧民和牧主代表会议协商，规定出统一的分成标准，实现了牧民牧主两利，简称"三不两利"政策。"三不两利"政策是内蒙古党委和自治政府根据内蒙古自治区的实际情况对国家法律、政策成功进行变通执行的典范。在

---

① 内蒙古自治区档案馆编：《中国第一个民族自治区诞生档案史料选编》，第115页，远方出版社，1997年。

② 郝维民主编：《内蒙古自治区史》，第40页，内蒙古大学出版社，1996年。

二、游牧文化中用益物权的传统表达方法

变通执行国家法律和政策的过程中,灵活运用蒙古族固有民事习惯苏鲁克制度,解决了牧区的民主改革问题,保护了畜牧业的稳定发展。如对牧区有些牧主的苏鲁克(畜群)被夺走一事作了纠正。[在乌拉特前旗,旗政府作出规定:资方无权夺取,不准随意夺回牧群(已放给他人的苏鲁克);保障劳方有放牧自由;喇嘛召庙仓牧群一律不准夺回牧群,喇嘛私人牧群,亦不许可夺回牧群,保障了牧户的放牧权利。另一方面规定:牧户与牧主协商确定仔畜的分成比例,也消除了牧主担心畜群无偿被瓜分的顾虑,其畜群的所有权得到保障。见中共乌拉特中旗委员会党史资料征集办公室、乌拉特中旗地方志编纂办公室:《乌拉特中旗史料》(第4辑),第72页。]"三不两利"政策对民族自治地方如何结合本地方实际情况贯彻执行国家法律、政策提供了具体实践经验。在1953年中央民委的一次会议上"'不分、不斗、不划阶级'、'牧工、牧主两利'"政策经中央批准推广到全国。①

从近代始,第一次苏鲁克民事习惯得到官方的规制。内蒙古自治政府根据内蒙古牧区不同地方的特点,对苏鲁克民事习惯的内容作了灵活的调整。调整的内容主要是:

一是体现固有的平等协商原则。从新旧两个苏鲁克合同的内容看,新苏鲁克更加注重确立、变更和履行合同上的公平原则,这为中华人民共和国成立后废除封建特权、确立人身平等权等制度对协议的确立、变更和履行的公平原则创造了政治上的条件。《内蒙古自治政府施政纲领》第五条规定:"内蒙古自治区域内蒙、汉、回等各民族一律平等,建立各民族间的亲密合作、团结互助的新民族关系,消除一切民族间的隔阂与成见。各民族互相

---

① 内蒙古自治区政协文史资料委员会:《"三不两利"与"稳宽长"回忆与思考》,第171页,《内蒙古自治区文史资料》第59辑,内蒙古政协文史书店发行,2006年。

尊重风俗、习惯、历史、文化、宗教、信仰、语言、文字，各民族自由发扬本民族的优良历史文化与革命传统，自由发展本民族的经济生活，共同建设新内蒙古"。[1] 一方面新苏鲁克合同对牧民和牧主双方权利和义务的设定上体现了平等原则，虽然剥夺了牧主的封建特权，但在人身权方面与牧民享有平等权利，对其民事权利无政治上的限制。另一方面，牧民虽然获得了解放，但在经济上为了保持畜牧业的持续发展对牧主的财产也不能无偿地瓜分，政治上的解放不能说明在民事权利上享有特权。以乌拉特前旗苏鲁克合同为例，合同中约定条款中有两项内容体现了平等、自愿原则。合同中规定："牧民与牧主平等协商的基础上签订苏鲁克合同；苏鲁克所有人需要调动和调整分成比例时，必须与牧民协商，不许擅自调整"。[2] 内蒙古自治区成立之前的苏鲁克合同中没有双方平等协商签订苏鲁克合同的明确条款及直接规定合同的具体内容。例如，中华人民共和国成立之前的科尔沁左翼中旗白烈庙的苏鲁克合同中看不到平等、自愿的条款。[3] 过去一般由畜主决定出放的期限（一般为 1～3 年），并规定收益分配办法。包放的牧民无权提出收益分配意见。[4]

二是对分成内容作了一定幅度内的强制性规定，如乌拉特中旗政府强制规定了苏鲁克所有人与用益人之间对子畜的分成比例：

---

[1] 内蒙古自治区档案馆编：《中国第一个民族自治区诞生档案史料选编》，第 52 页，远方出版社，1997 年。

[2] 任子秀主编：《乌拉特中旗史料》（第 2 辑），第 171—第 172 页，1988 年 1 月。

[3] ［日］大渡政能：《关于东部内蒙古地带家畜预托惯例》，第 183 页，《满铁调查月报》（日文），第 11—21 页。

[4] 内蒙古自治区政协文史资料委员会：《"三不两利"与"稳宽长"回忆与思考》，第 178 页，《内蒙古自治区文史资料》第 59 辑，内蒙古政协文史书店发行，2006 年。

二、游牧文化中用益物权的传统表达方法

放苏鲁克制度必须工资标准
一、绵山羊[①]

级别	放牧数目/只	工资（以绵羊计/只）
一级	21~30	1
二级	31~50	2
三级	51~70	4
四级	71~100	8
五级	120~160	10
六级	170~200	13
七级	220~260	16
八级	270~300	19
九级	320~360	23
十级	370~400	27
十一级	400~500	32
备考	绵山羊（一律以只为单位，一律以大羊为单位）除了各种皮子外的羊产品一律为劳方。	

在这里虽然把牧户称之为"劳方"，子畜以工资形式计算，但其根本性质并没有发生变化，依旧是旧苏鲁克制度的援用，只是名称有所变化。

三是对双方发生的纠纷纳入到法律程序中加以解决。如解放初的内蒙古乌拉特前旗苏鲁克合同中规定："双方解决不了的纠纷交给嘎查（村）或政府解决"。[②] 新苏鲁克合同内容在被破坏的情况下，规定了救济途径，例如，通过政府解决或者第三者的调停而妥善处理。而笔者所掌握的中华人民共和国成立之前各种

[①] 中共乌拉特中旗委员会党史资料征集办公室、乌拉特中旗地方志编纂办公室：《乌拉特中旗史料》（第4辑），第72页。

[②] 任子秀主编：《乌拉特中旗史料》（第2辑），第171—172页，1988年1月。

苏鲁克契约中均没有规定合同内容发生纠纷后的救济途径问题。内蒙古自治区成立之前的苏鲁克契约纠纷的解决是否纳入官方的裁判机制,尚不得而知。已收集到的清朝时期、民国时期蒙古地区裁判案件档案材料和史料中均没有发现相关契约纠纷的审案记录。清朝时期,蒙古札萨克对一审刑事和民事案件有管辖权。札萨克审理案件时,根据刑事和民事规程办理,没有复审的审判权,如不服判决,允许向盟长、直到理藩院上诉。① 但实际上大部分案件,尤其是民事案件基本在蒙古管辖范围之内审结,极少数上诉到理藩院。清朝阿拉善蒙古律例中虽有一些涉及苏鲁克的刑事和民事案件的判例,但其内容并不是苏鲁克契约纠纷的处理,大部分是与官方苏鲁克有关。② 在民俗学家的田野调查中,对苏鲁克合同纠纷的民间调处有一定的记录。放苏鲁克的协商机制——"阿差(《阿差》一词指的是《阿差树枝》的意思,形状类似于《丫》的大树,在《丫》形大树下由苏鲁克用益权人和所有人在第三方参与下协商签订苏鲁克合同或者解决合同履行过程中发生的纠纷。这一民间调处方式延续至今)聚会"形式通过民间的调处而得到解决。改革开放之后,内蒙古自治区苏鲁克民事纠纷已被纳入司法机关受理案件的范围,民间调处失败后可以诉诸法院解决纠纷。当前,牧区苏鲁克合同发生纠纷之时当事人通常不愿诉诸司法途径解决,这一现象可能与中华人民共和国成立之前苏鲁克合同纠纷解决机制的缺失或者习惯法的裁判功能失效有渊源关系,但现在还没有明确的历史资料来佐证这个推断。

---

① [日]田山茂著,潘世宪译:《清代蒙古社会制度》,第211页,商务印书馆,1987年。
② 奇格:《古代蒙古法制史》之"阿拉善蒙古律例"部分,例如道光十七年(1837)五月十二日判决,辽宁民族出版社,1999年。

四是对不可抗力事件或意外事件的民事责任认定作了调整，使新苏鲁克合同的有关免责条款内容日趋完善。在中华人民共和国成立之前的苏鲁克契约中免责条款的内容极不统一，甚至无免责条款。内蒙古自治区建立之前的民国时期，苏鲁克契约中有关免责条款的约定包括狼灾、流行性疾病、雪灾或者其他自然灾害均视为一种不可抗力或意外事件，有的苏鲁克契约中对免责条款不做出详细约定。新苏鲁克契约的免责条款主要是不可抗力的自然灾害或意外事件，主要指的是不可避免或者无法抗拒的自然灾害才属于免除苏鲁克用益人的赔偿责任的法定情形，通常不能包括其他方面的因素。为了便于了解新旧苏鲁克民事习惯的差别和共同点，列一下两份新旧苏鲁克合同。例如，解放初的内蒙古乌拉特前旗苏鲁克合同和中华人民共和国成立之前的科尔沁左翼中旗白烈庙苏鲁克合同的内容分别是：乌拉特前旗苏鲁克合同的内容：1.牧民与牧主平等协商的基础上签订苏鲁克合同；2.苏鲁克所有人需要调动和调整分成比例时，必须与牧民协商，不许擅自调整；一般小畜子畜成活的75%属于牧主，成活子畜的25%属于牧户、大畜按头数计算分成，例如一年成活5头牛犊1头归牧户，畜产品和奶食归牧户；3.牧民不得擅自出卖或宰杀牲畜，出现死亡现象必须把皮张交给苏鲁克所有人，双方解决不了的纠纷交给嘎查（村）或政府解决；4.牧民经营不善，造成损失，由牧民承担赔偿责任，但由于如天灾、狼害等原因（不可抗力——作者注）除外；5.每年七八月，苏鲁克所有人统计牲畜并打印（这是牧区特有的公示方式——笔者注）。① 中华人民共和国成立之前的科尔沁左翼中旗白烈庙的苏鲁克合同：1.预托头数10头（牝8、阉2）至30头（牝22、阉8）为一群；2.受托者作为支付使用犍牛的费用按一头每年向预托者交纳7斗谷

---

① 见任子秀主编：《乌拉特中旗史料》（第2辑），171—172页，1988年。

物；3. 生产牛犊归预托者所有；4. 牛奶、乳制品、牛粪归受托者；5. 死牛的牛皮归预托者所有；6. 生产牛犊中的牡受托者自由阉割，到5岁为止自由使用，5岁以上有偿使用；7. 由于受托者的不注意牲畜被盗的受托者赔偿，匪贼的抢劫属于不可抗力事件不予赔偿。①

五是公示制度日趋完善。按政府规定，畜主对所放畜群的牲畜必须按规定时间——打印，做印记。如新中国成立初，内蒙古乌拉特前旗苏鲁克合同中规定："每年七八月，苏鲁克所有人统计牲畜并打印。"②（这是牧区特有的公示方式——笔者注。）

新苏鲁克民事制度避免了极"左"政策对牧业经济的破坏，允许牧主经济的存在是对牧业经济脆弱性的正确认识，保护了当时牧业生产，避免了牧主的财产被瓜分，又调动了广大牧民的生产积极性，一度带来了游牧经济的繁荣。以呼伦贝尔地区为例：1949年有羊803933只，牛129619头，分别比1945年增加1倍和28.6%。内蒙古兴安盟科尔沁右翼前旗乌兰毛都努图克1946年有牲畜24000头（只），1949年达到45090头（只），增加88%；1959年达到237622头（只）。13年增加近9倍。③稍晚些实行"三不两利"政策的地区运气不佳，整个畜牧经济的提升明显落后于最早推行"三不两利"政策的地区。经过分斗的昭盟（今赤峰市）牧业，1946年有畜143万头（只），到1948年减到93万头（只），减1/3。该盟克什克腾旗忠阿鲁努图克1947年冬改革前人均大畜5头，羊10只，到1949年人均下降为大畜

---

① ［日］大渡政能：《关于东部内蒙古地带家畜预托惯例》，第183页，《满铁调查月报》（日文），第11—21页。）
② 任子秀主编：《乌拉特中旗史料》（第2辑），第171—172页，1988年。
③ 内蒙古自治区政协文史资料委员会：《"三不两利"与"稳宽长"回忆与思考》，第99页，《内蒙古自治区文史资料》第59辑，内蒙古政协文史书店发行，2006年。

2.4头，羊2.6只。畜牧业生产力严重倒退，对牧区社会经济带来了严重的损害。① 当时的苏鲁克民事习惯，习惯上称之为新苏鲁克民事习惯。虽然政府通过政策对苏鲁克合同内容有一定的规范，但基本还是沿用了以往的习惯，苏鲁克民事习惯法律实质并没有发生根本性的变化。苏鲁克制度在内蒙古自治区成立初期，给牧区的社会主义改造政策提供了重要的制度资源，回归到它早期的调控职能，为社会公平的实现发挥了极其重要的作用。内蒙古自治政府结合内蒙古自治区牧区的特殊情况，利用本民族的传统制度资源对国家（当时新中国还没有成立）法律作出了变通规定，其经验的法学视角需要深入探讨。当时的苏鲁克民事习惯对后来的社会主义改造即"合作化运动"创造了丰厚的物质条件，没有建区初期的畜牧业的繁荣发展，社会主义改造是不可想象的。

4. 苏鲁克民事习惯的断裂与连续

"合作化运动"至十一届三中全会是苏鲁克民事习惯的断裂期。这一阶段是苏鲁克民事习惯遭到批判、否定和被消灭的时期。20世纪50年代后期开始，内蒙古自治区对牧区进行了社会主义改造。对牧民所拥有的牲畜一般以入社的方式进行了社会主义改造，对牧主采取赎买、公私合营等方式进行了改造，并允许依据牧区的特点牧民留有一定的自留畜。在内蒙古牧区，牧民的生活是不能离开畜群的。合作化之后，个人的畜群转变为集体畜群，牧民与农民一样，集体畜群的放牧、管理以分计算，按分红的形式获得报酬。但如果不给牧民日常生活所需的牲畜上的用益品，其生活是无法保障的。如牧民日常所用之奶制品、肉类的供

---

① 内蒙古自治区政协文史资料委员会：《"三不两利"与"稳宽长"回忆与思考》，第99页，《内蒙古自治区文史资料》第59辑，内蒙古政协文史书店发行，2006年。

应不能在集体制度中得到妥善解决，从而给牧民保留了一定数量的自留畜，用于日常生活所需。自留畜的形式也是苏鲁克民事习惯的一种变体。自留畜制度中牲畜所有人转变为集体经济组织，用益物权人转变为集体经济组织成员的牧民，只是对子畜的分配上、畜产品利用范围等方面，局部发生变化而已。这种好日子也没有持续多长时间，"大跃进"中全部被收回，后来这一措施无法实现，自留畜又返还给了牧民。由于"极左"的意识形态原因，没有人提及这就是"苏鲁克制度"的延续。50 年代的社会主义改造之后，苏鲁克民事习惯已经被消灭。紧接着"大跃进"和"文化大革命"运动的开展使牧区畜牧业经济遭到严重的破坏。在"左"的思潮下，被认为是一种剥削制度的苏鲁克民事习惯当时已经没有条件存续和发展。

  十一届三中全会至今是苏鲁克民事习惯得以恢复和继续发展时期。以十一届三中全会为契机，牧区与全国农村同样实行了经济体制改革。牧区的经济体制也经过了发展、完善的改革过程。1979 年 2 月 8 日，内蒙古自治区党委发出的《关于农村牧区若干政策问题的决定》中明确提出：在牧区实行"两定一奖"（定工、定产、超产奖励）；牧民可发展自留畜；开放牧区集市贸易；禁止开荒，保护牧场的政策。"两定一奖"政策只是把责任制落实到了队下面的组，而没有落实到个人，"实质上把'大锅饭'变成了'小锅饭'"。[①] 因此，在农村农区进行专业承包、联产计酬和"包产到户"等方法广泛推行之时，牧区也不断创新着新的责任制。如"'新苏鲁克'、队有户养、专业承包、计产计酬等"。[②] 1981 年 5 月，内蒙古自治区党委和政府召开了全区牧区经营管理座谈会，并充分肯定了以上的制度。会后，上述几种形

[①] 郝维民主编：《内蒙古自治区史》，第 397 页，内蒙古大学出版社，1996 年。
[②] 郝维民主编：《内蒙古自治区史》，第 398 页，内蒙古大学出版社，1996 年。

式的牧业生产责任制,特别是"新苏鲁克"制度很快在全区推广。"'新苏鲁克'责任制的基本做法是,坚持'三不变'(集体牲畜所有权不变,牲畜原本原值不变,出卖、宰杀权不变)、'四统一'(草原建设统一规划、牲畜改良统一要求、牲畜防疫统一组织、出场放牧统一安排)的原则下,由生产队把畜群包给社员,不计工,不提生产费用;成畜保值保本(成畜死亡可以用子畜补足),子畜和畜产品由生产队和承包者按比例分成,一年或几年结算一次"。① 从此,消失近20年的苏鲁克民事习惯重新被沿用。

所谓的"新苏鲁克"制度就是内蒙古自治区建立初期所实行的苏鲁克制度,其法律实质并没有发生太大的变化。十一届三中全会之后的苏鲁克制度与以往的苏鲁克民事习惯相比较而言,在形式上有了一定的变化。苏鲁克所有权人从个人转变为集体经济组织,用益内容的计算方法上掺杂进了计划经济遗留下来的分红、计酬等内容。新苏鲁克民事习惯对牧民的利益比较直接,责任比较明确,方法也比较简便,因此当时颇受广大牧民的欢迎,调动了广大牧民的养畜积极性。到了1983年,为了解决苏鲁克制度等承包方式的实物形态的不便,内蒙古牧区有的地方实行"作价承包,提取积累"的方式把牲畜作价给承包户,并提取一定的现金用于集体生产。1983年年底召开的中共内蒙古自治区三届十三次会议充分肯定了牲畜作价承包的方法。在牧区逐步实行了"作价归户,分期偿还,私有私养"的责任制,也就是把集体的牲畜作价卖给牧民,对于牲畜的价款集体用于集体生产和基础设施的改善,牲畜由牧户所有、牧户饲养。为了解决草场的使用问题,对集体所有的草场(草原)由牧民进行承包,有偿使用。习惯上把牲畜承包与草场承包称为"草畜双承包制"。草

---

① 郝维民主编:《内蒙古自治区史》,第398页,内蒙古大学出版社,1996年。

场承包制在《草原法》中被确认。我国《草原法》第4条规定："草原属于国家所有，即全民所有，由法律规定属于集体所有的草原除外。全民所有的草原，可以固定给集体长期使用。全民所有的草原、集体所有的草原和集体固定长期使用的全民所有的草原，可以由集体或者个人承包从事畜牧业生产。"牧民对草原的承包使用权受法律保护，不得侵犯。但对集体牲畜承包问题，从法律角度并没有加以规范，主要是政策性的调整。习惯上对家庭承包制的牲畜经营制度不称之为苏鲁克，政策上以"承包经营"来表述。关于草畜双承包制中的"承包经营权"学术界一直有争议，"承包经营权"从字面上去理解，显而易见是经营权的范畴，"经营权"与所有权之间的矛盾历来是我国学术界争论不休的问题。"从经营权反映的内容看，它实际上完全可以归为用益权的一种类型。"① 从物权法的规定中可以看到，"经营权"这种本非物权概念的术语已经从法理和制度上被学者们所否定。牲畜承包经营权从内容上看无可否认，是一种物权，但传统物权法中又没有这样的概念，包括我国合同法中也没有确立这样的承包合同。依日本学者利光有纪的观点，"实行生产责任制情况下的畜牧承包制也是苏鲁克民事习惯"。② 从内蒙古牧区经济体制改革来看，"作价归户，户有户养"之前的多种承包形式应当符合以往的苏鲁克民事习惯。只是苏鲁克双方的主体和形式发生变化而已。原来放苏鲁克的是牧主，承包制下是合作社等集体经济组织，畜群的所有者有了转变，苏鲁克用益人对牲畜的占有、使用和收益权利并没有发生质的变化，形式从实物形态变为货币形

---

① 房绍昆、丁海湖、张洪伟：《用益权三论》，载《中国法学》，1996年第2期。

② ［日］利光有纪著，晓克译：《蒙古的家畜寄养惯例》，载《内蒙古近代史译丛》，第140页，内蒙古人民出版社，1988年。

态。苏鲁克用益人对牲畜必须拥有占有权，否则无法实现其承包经营，对于子畜和畜产品，合作社与牧民可以通过协议规定分成比例，以此达到双方互利的目的。问题在于"牲畜作价归户，户有户养"的情况下实质上是把集体的牲畜已经卖给了承包户，承包户对牲畜拥有所有权。牧民对集体一般交纳提留（提留是在农区实行的，由集体经济组织收取，用于集体经济建设的一项费用，当前已经取消），而不存在集体与牧民对牲畜的子畜和畜产品进行分成的问题。因此"牲畜作价归户，户有户养"政策不符合苏鲁克民事习惯的特点，但不排除苏鲁克民事习惯与其并存。在苏鲁克民事习惯中，畜群的所有权是不能转移给对方的，这是苏鲁克与"户有户养"的区别所在。由此可见，牧区的经济体制改革中出现的各种承包制，不能一概认为是苏鲁克民事习惯。

苏鲁克制度虽然脱离了官方的规制和引导，但退回到了民间，成为纯粹的民间民事习惯。20世纪90年代后期，随着牧区畜牧业的迅速发展，牲畜的头数不断增加，大多数地方超载放牧，草原退化严重。为了维护草原生态平衡，内蒙古各旗（县）相继限制了单位草场牲畜头数增长，鼓励牧民走集约化经营道路，这使得退回民间的苏鲁克民事习惯又开始悄然在广大牧区流传开来。

苏鲁克制度在民间的回归有其特殊的社会背景：

一是牧区开垦量的增多以及草场超载放牧使草原生态严重恶化，官方通过行政命令形式限制牧区单位草场的载畜量，甚至在一些地区禁止天然放牧，实行圈养的制度。这种状况导致放牧成本增加，牧民出售牲畜之外还有一部分牲畜以苏鲁克形式悄悄地流向了草场较好的地区。据有关部门统计，内蒙古自治区仅苏尼特右旗牧民在草场较好的西乌珠穆沁旗放苏鲁克牲畜的头数已达到12万头（只）。以400头（只）为一个畜群单位，共有300群牲畜。①

二是畜产品需求量日益增多使得部分企业、个人、社会组织购买牲畜后以苏鲁克形式承包给牧户，牧户与发包方签订分成合同形式保障畜产品的供应。企业与农户或牧户签订的苏鲁克合同主要是为了解决企业本身所需畜产品的稳定性，不至于受更多价格因素的影响。企业与牧户签订的苏鲁克合同通常一年为期间，双方对畜群的价格并不直接约定，双方只约定子畜分成比例以及子畜的质量。合同到期后企业按合同约定收回牲畜即可，子畜的回收价格不受畜产品价格波动的影响。尤其畜产品价格持续上涨的前提下，这种措施对企业具有很强的吸引力。其他社会组织也可以通过放苏鲁克的形式把牲畜交给牧民或者农户经营，并按照协议，牧民每年上缴部分子畜或者同种类的牲畜，保障了本单位的福利。一些个人为了个人财富的积累而在牧区也放苏鲁克。

三是市场经济条件下劳动力的流动以及农村牧区过去几年增产不增收的经济状况，加速了苏鲁克制度的发展。农村、牧区经济条件的恶化使劳动力不断地涌向城市，拥有畜群的牧民把牲畜放苏鲁克形式承包给个人，自己则进城打工的情况不断出现。这种情况下如果在城里不能赚钱，还可以回来继续经营自己的畜群。以内蒙古乌兰察布市的某牧户津巴氏为例，20世纪70年代末，祖父母、儿子夫妇及其子女5人，三代9口人住在高特里。20世纪80年代初，儿子夫妇在旗所在地找到合同工的工作后就与子女迁到镇里生活，两位老人则留在高特里，继续经营牧业。80年代末，两位老人年高体弱，就投靠儿子来到镇里。自家的牲畜及分得的农田则信托（放苏鲁克——笔者注）给了同村的好友汉族杨氏经营。信托（放苏鲁克——笔者注）时约定繁衍

---

① 内蒙古日报社蒙文编辑部：《生态启示录》（蒙古文），第258页，内蒙古人民出版社，2004年。

部分归原主所有,而羊毛及农产品等则由杨氏支配。①

四是集体经济组织或者基层群众性自治组织通过苏鲁克形式对贫困户进行扶贫。一般集体经济组织或嘎查把集体经济组织的畜群无偿或有偿承包给贫困的牧户,资助其生活,让他们自食其力,摆脱贫困。例如,锡林郭勒盟东乌珠穆沁旗阿拉坦合力苏木巴达日乎嘎查与集体经济组织成员那×××之间签订的苏鲁克合同中约定:嘎查把466头繁殖期母羊承包给牧民那×××(集体经济组织成员);接苏鲁克的那×××加强饲养和管理,保障子畜成活率达到98%;子畜的65%归嘎查所有,35%归承包人那×××;各种税费中牧业税、屠宰税由嘎查承担,其他税费和兽医疗等费用、储草等费用由承包人承担;承包人不履行合同或不好好管理畜群的嘎查随时可以有权收回所放畜群;遇到普遍性的自然灾害或疾病的情况下双方协商解决;合同有效期限为一年,本合同签订之日起生效。(2006年笔者到东乌珠穆沁旗的司法调查资料。涉及个人的把真实姓名隐去。原合同为蒙古文。)

西部开发中所采取的退牧还草、退耕还林政策下,牧民放苏鲁克现象可能还会增加,其主要原因是在禁牧的后果使牧民的收入急剧下降、牧业经营成本增加、政府补贴不能有效兑现的情况下,放苏鲁克变为无奈的选择,牧区牧民进城打工,把牲畜放苏鲁克的形式交给他人经营。在市场经济条件下苏鲁克民事习惯加速了活畜的流通和用益,其不同目的而放苏鲁克的最终目标指向一个,即畜牧产品的保值和增值,并呈现出了前所未有的生命力。但伴随苏鲁克民事习惯发展的是相应的民事纠纷也日益增多。当前的苏鲁克合同约定的内容极其混乱,法律没有明确的规制,民事习惯的法源地位不被认可,从而成为令牧区司法机关头

---

① 阿拉腾:《文化的变迁——一个嘎查的故事》,第187页,民族出版社,2006年。

疼的问题。(在调查中发现,苏鲁克民事纠纷经常伴随着雇用、租赁、保管等各种合同因素掺杂进来,司法机关从民法通则、合同法中找不到相应法律根据时以民法意思自治原则为准则,习惯法因素的关注及其微弱。)司法机关乃至法学学术研究机构都没有对此问题作过系统的调查,尤其民间的苏鲁克合同的分布、内容、主体结构、纠纷解决机制等问题需要进一步的调查。司法机关审理苏鲁克合同的经验、困难、问题也没得到系统的总结和讨论,致使苏鲁克合同就像脱缰的野马一样,失去了控制。这些问题偶尔也会进入经济学家们的视野,但多数持谨慎的态度,甚至是批评的态度。

(三)游牧烙印文化与财产权——物权变动模式

1. 传统烙印文化起源与发展

牲畜印记制度是游牧经济发达的重要标志之一。蒙古高原上生息繁衍的蒙古人创造了具有深厚底蕴的烙印文化。蒙古族游牧经济中的烙印文化是丰富的文化遗产。学者们认为,蒙古人的传统五畜烙印来源于远古的部落印记。[①] "我们的祖先在几千年之前就开始给牲畜做烙印。牲畜烙印的起源和形状与我们祖先原始时期的宗教信仰有关系。我们的祖先在很早的时候崇拜太阳、月亮和火。因此太阳形状的印记、月亮花纹的印记、火印记具有久远的历史。"[②] 蒙古高原岩画中出现的符号印记,多数学者认为是氏族的某种象征符号。从而学者们把岩画上的符号印记统称为

[①] 达·查干:《蒙古族传统烙印文化》(蒙古文),第23页,内蒙古人民出版社,2004年。

[②] 达·查干:《蒙古族传统烙印文化》(蒙古文),第23页,内蒙古人民出版社,2004年。

氏族印记。① 岩画上遗留下来的氏族符号印记中值得感兴趣的一个现象是：以原有的氏族符号印记模型为基础，产生了许多分支性的符号印记。祖先氏族原有符号印记上分离出的符号印记是在母符号印记的旁边画上直线，可能表达了相邻居住或者一个血缘关系。除此之外，岩画还表达了占领外部氏族土地的证据，其他部落的符号印记加进来的情况可能标志着其他氏族迁移过来。而且还存在氏族领地、水草控制方面的符号。②

牲畜印记符号是私有制产生之后的事情，它是私有制的标志，是与他人区别其牲畜而做的符号印记。岩画上的符号印记"产生于旧石器时代，它不断被记录，发展成为文字产生的渊源的文化遗产"，③ 也是后来成为牲畜财产符号的印记，一直延续到21世纪。蒙古人的祖先在氏族公有制时期随着牲畜的增多，氏族政治结构的瓦解而产生了贫富差距，最终形成以地缘为主要纽带的部落形式，私有财产也便产生了。在这一时期，氏族或部落内部的私有制不断扩大，牲畜数量不断增多，代表"氏族"标志的烙印印章被发明。④ 从而，为了与他人牲畜相区别而开始运用牲畜印记。学者认为牲畜印记产生的时代最晚至少可以推至青铜器时代。因为没有制作青铜工艺就不能制作用于做印记的烙印印章，烙印印章必须在火上烤红之后，烙在马匹、牛、骆驼等

---

① 达·查干：《蒙古族传统烙印文化》（蒙古文），第23页，内蒙古人民出版社，2004年。
② 达·查干：《蒙古族传统烙印文化》（蒙古文），第29页，内蒙古人民出版社，2004年。
③ 达·查干：《蒙古族传统烙印文化》（蒙古文），第31页，内蒙古人民出版社，2004年。
④ 勃尔只斤旺楚克：《蒙古历史上的科学技术发明》，载《科学与生活》（蒙古文），2003年第6期。

大型牲畜身上。① "据历史文献记载，4000～5000年之前已经有了牲畜烙印文化。最早的历史记载是公元前2000年古埃及王国时代给牲畜做烙印印记。"②

古代蒙古人不仅在牲畜身上做印记，与其他奴隶制一样，在奴隶身上也要做印记。在牲畜等活物财产上做印记成为宣告财产权利的重要形式和符号。蒙古族著名英雄史诗《江格尔》中记载：为成为圣主江格尔的阿拉巴图，投奔到宝木巴地方，受呼门纳勤混度嘎日吐萨巴日（人名）迎接，被左脸上印了宝木巴红印章而回。③从《江格尔》英雄史诗的记载分析，江格尔部落已经有了自己部落的印章——宝木巴红印章。为了体现自己的对阿拉巴图（属民或者奴隶的意思）的控制和支配权力，在阿拉巴图脸上要盖宝木巴红印章。在英雄史诗《江格尔》中还有一段描述英雄所乘之宝马时谈到：右侧大腿上印有宝木巴红印。因此，不仅在阿拉巴图身上印有印记，对其所有的牲畜也要做印记，以示宣告其为宝木巴地区之财产，区别于其他部落和地区的牲畜。利用烙印形式表明财产权的制度，自从蒙古人经营畜牧业之后得到空前的发展。从氏族符号印记分离出更多分支性的印记，最后发展到成为家庭财产的标志。《蒙古风俗鉴》记载：很久以前盟有盟的印章，旗有旗章，根据马匹身上的烙印印记可以断定属于哪一个旗。④ 在蒙古族神话、谚语、诗歌、民歌等文学

---

① 达·查干：《蒙古族传统烙印文化》（蒙古文）第34页，内蒙古人民出版社，2004年。
② 达·查干：《蒙古族传统烙印文化》（蒙古文）第35页，内蒙古人民出版社，2004年。
③ 达·查干：《蒙古族传统烙印文化》（蒙古文）第35页，内蒙古人民出版社，2004年。
④ 罗布桑悫丹著，哈·丹碧扎拉桑批注：《蒙古风俗鉴》（蒙古文），第143页，内蒙古人民出版社，1981年。

和艺术领域中，有关牲畜符号印记内容特别丰富。如谚语中讲到"根据符号印记辨认牲畜，依靠结交的朋友生存"、"没有符号印记的牲畜不是牲畜，不礼貌的孩子是缺家教的"、"有可打印记牲畜的牧户有奶酒可喝"等。蒙古人在发展牲畜印记制度的过程中，创造了内容丰富多样而且外观优美的各种牲畜印记。这些牲畜印记有的来源于古岩画；有的则与蒙古人所生存的自然环境有关；有的则与生活用品有关；有的直接使用文字。蒙古人所使用的牲畜印章有上千（不完全统计）种。其中比较有代表性的是太阳、月亮、火、如意、十字等。（学者达·查干对内蒙古流传至今的牲畜符号印记作了较详细的收集和整理，并附于其著作《蒙古族传统烙印文化》（蒙古文）一书。感兴趣的研究人员可以参考。）伴随蒙古人牲畜印记文化，形成了与牲畜符号印记有关的形式多样的习俗，这些习俗给牲畜符号印记文化的传承提供了重要的载体，如牲畜印记节庆文化、牲畜印记赞歌、牲畜印记禁忌等。以牲畜印记节庆为例，它不只是简单的节庆活动，也是一种公示方式的表达。例如在牧区给大型牲畜做印记时，邻里亲戚朋友等都过来帮忙，给畜群做印记要经过历史传承下来的程序进行，做印记的工作结束之后，大家欢聚在一起庆祝，视为畜群的成年礼仪——"耳记礼"和"印记"礼。这种习俗体现的不仅是简单的庆祝等内容，更多的是让邻里等周围的人熟知晓所做印记的图案，更便于人们掌握和区别其牲畜的印记，在特定环境中起到公示作用。

给牲畜做印记是宣示其神圣不可侵犯的财产所有权的活动，因此，与此神圣性相适应地形成了独特的牲畜印记禁忌。

首先，给牲畜做印记的印章是一种神圣的象征财产权利的圣物，对其使用和所放之位置均有不同形式的禁忌。例如，印章不能放在蒙古包之外，必须放在蒙古包西南角上面的位置。

其次，在使用方面坚决禁止牲畜印记印章印在其他人的牲畜上，在牧区此行为与偷盗属于同性质的行为；女性不能给牲畜做印记；在旧印记上不能重复做印记，此为最不吉利行为而绝对禁止。

最后，依习俗对刚做印记的牲畜一定期间内不乘骑，不能买卖等等。① 蒙古人在漫长的畜牧经济中根据不同种类牲畜，采取了在方式上相区别的牲畜印记制度。对大型的马匹、牛、骆驼等家畜一般采用烙印技术做印记。为此要专门制作用于烙印的铁质印章。把铁质印章烤在火内，烤红之后烙在牲畜特定部位。蒙古人向来喜爱马匹，因此五畜中最重视对马匹做印记，马匹的印记一般在春秋两季进行。蒙古人禁止对马匹头部上做印记，在马匹左外侧肌肉处做烙印。骆驼的印记一般在春末夏初绒毛脱落之时在左大腿外侧做印记，骆驼的印记以烙印为主。牛可以在牛角上做印记，其做印记的方法主要是烙印，一般不会在牛身上做烙印。这种印记将伴随牲畜一生，是牲畜财产权利归属的重要标志。对小畜而言一般做耳记，尤其绵羊做耳记的情况比较多。如果是山羊有角的，可以在其角上做烙印。一般对有角的小畜都在角上做印记，角印记可以减少牲畜做印记时的痛苦，同时一般不会轻易地被改变。无论是做耳记还是烙印，通常都在牲畜左耳、左角、左侧做印记。每一牧户给牲畜所做的耳记都有所区别，牧人可以根据所做的印记会准确地判断出是哪一家的牲畜。牲畜是活物，容易走失或者由于其他各种原因有可能混在一起，此时只能以印记为标志相区别，其他办法都没有足够的说服力。在牲畜的交易或者设定其他用益权时同样要做印记。

蒙古族游牧文化中形成的牲畜印记习俗与其印记制度紧密联系在一起，成为传承和发展牲畜印记制度的主要载体，成为游牧

---

① 达·查干：《蒙古族传统烙印文化》（蒙古文），第118—122页，内蒙古人民出版社，2004年。

文化的不可或缺的组成部分。印记文化及其习俗是蒙古族畜牧经济中重要的财产所有权及其分离出的其他财产权的公示方式，已经做印记的牲畜不能以无主财产对待，任何人对走失的有印记的牲畜不得随意占有、交易或使用，否则以非法占有、使用、买卖他人财产对待，除承担相应的民事责任之外还要受到刑法处罚。印记文化及其相关习俗是蒙古族财产公示制度得以保留和发展的重要形式。

2. 传统烙印权能与法律意义

传统烙印文化的价值不仅引起史学家、人类学家的兴趣，也给法学家提供了研究早期财产制度的素材。在国内，游牧文化长期以来被认为是一种落后文化，从而其诸多有价值的规则、习俗被学者和研究人员所忽略。游牧经济中的烙印文化从法学角度的研究在国内几乎是空白，烙印文化的法律研究散见于人类学、社会学、史学研究著作中，没有形成体系。游牧经济烙印文化的法学视角的研究和解读最早开始于蒙古国。1954 年蒙古国著名蒙古学家（博士、教授、院士）勃·仁钦用法语撰写了《蒙古人的财产符号》一文，发表于捷克斯洛伐克重要学术期刊《АБХНВ ОРИЕНГЭЛНИ》。[①] 从而使牲畜印记文化的研究不断深入，逐渐成为史学家、人类学家以及法学家所关注的重要课题。蒙古国法学家德·曲撒牧巴撰写了《牲畜印记及其法律意义》一书，简约介绍了牲畜印记的起源和发展，探讨了牲畜印记的法律意义，针对蒙古国牲畜印记混乱问题表示了担忧，并提出了自己的解决设想。[②]

----

① 达·查干：《蒙古族传统烙印文化》（蒙古文），第 2 页，内蒙古人民出版社，2004 年。

② 达·查干：《蒙古族传统烙印文化》（蒙古文），第 5 页，内蒙古人民出版社，2004 年。

内蒙古牧区是中国游牧文化保留最好的地区之一，在历史发展进程中留下了丰富的牲畜印记遗产。众所周知，牲畜印记是私有制的产物，也是游牧经济中私有财产制度不可或缺的形式要件，它是占有、使用和收益财产的重要法律依据之一。中国北方留下的牲畜印记制度无不与财产所有权制度相关。北方草原的牲畜印记文化最早在匈奴人的记录中就可以发现。据史料记载：匈奴人每年进行三次盟会，即"岁正月，诸长小会单于庭，祠。五月，大会龙城，祭其先、天地、鬼神。秋马肥，大会蹛林，课校人畜计"。① 其中九月大会的"课校人畜计"则是一项重要的国家行政制度，涉及国计民生的重要活动。秋季盟会上着手处理些赋税、人畜课差等事务。"课校人畜计"是统计国家整个财产的重要事项，尤其对牲畜的统计是征收赋税的前提性工作。强大的匈奴政权的运转需要游牧社会所依赖的主要财产——畜群。畜群的课校行为又以牲畜的印记高度发达为要件。虽然史料未给我们留下更详细的古匈奴有关牲畜印记的记录，但从匈奴有关国家活动的痕迹中可以推定，牲畜印记制度在古匈奴已经很发达。继匈奴之后北方草原上又活跃了突厥、鲜卑等少数民族，但其游牧经济的管理制度和模式尚不能够搞清楚。继突厥、鲜卑之后，北方又兴起契丹、党项羌等少数民族建立的政权，并与中原王朝相抗衡。尤其党项羌人建立的西夏政权，制定了最早的少数民族语言文字法典——《天盛律令》。《天盛律令》给我们展现了当时党项羌人在畜牧业管理方面的最完整的法律规范。党项羌人是游牧民族，因此特别重视畜牧业管理制度，因此建立政权之后在颁布成文法典——《天盛律令》时注重畜牧业管理方面的立法。西夏王朝法律制度中的畜牧业管理方面的很多规定，在今天的北方游牧人的经济生活中有诸多的体现。这并不是说今天游牧人的游

---

① 司马迁：《史记》，第813页，中州古籍出版社，1996年。

牧习惯都来源于西夏人,而是由北方少数民族畜牧业经济和游牧文明的共性所决定,其畜牧管理制度和经营模式有其相同的特点。如《天盛律令》卷十九《牧盈能职事管门》规定:"应自四月一日开始,於盈能处置号印时,盈能面前置号印于骆驼、马、牛之耳上,及羖䍩羊之面颊。十月一日大校之前当置号印毕"。①因此,最早的以法典形式明确记述牲畜印记制度的是《天盛律令》(《西夏法典》)。给牲畜打号印是游牧经济特有的一项习惯法,并且有详细的配套制度。在这里,需要注意的一个问题是《天盛律令》中出现的注册制度和做印记制度必须相互区分开来。《天盛律令》卷十九《畜利限门》规定:"四畜群之幼畜当依前所定计之,实数当注册,不足者当令偿之,所超数年年当予牧人"。② 注册制度的主要意义在于公法方面,即对畜群进行管理和收取税收和贡纳。而打号印的意义更多是属于私法上的,打号印不仅是对官畜的要求,而且私畜也要打号印。因为西夏的畜牧业分官营与私营两种,在私营中,又分部落大姓(即宗族大牧主)经营与个体族帐经营。③ 西夏庞大的畜牧业中官畜和私畜以及私畜之间的区分主要依赖牲畜的印记。从而给牲畜打号印的更多具有私法意义,体现物权的公示作用。注册和打印记的区别还体现在,对官畜除了做印记之外依法律规定必须登记,对私畜则没有强制性的打印记和注册的规定。幼畜的登记号印是官牧管理中的一项重要的制度。每年4月1日至10月1日,牧人将四种官畜(驼、马、牛、羊)所繁殖的崽、驹、犊、羔,"于盈能处置号印,盈能当面应于仔、驹等之耳上及羔羊之面颊上为号印",

---

① 史金波、聂鸿音、白滨译:《天盛改旧新定律令》,第595页,法律出版社,2000年。
② 史金波、聂鸿音、白滨译:《天盛改旧新定律令》,第576页,法律出版社,2000年。
③ 杜建录:《西夏经济史》,第109页,中国社会科学出版社,2002年。

以示为官畜。① "若违律不置号印,有偿而不令偿,公母畜等不印时,盈能受贿者,依枉法贪赃罪判断。"② 西夏法律规定的牲畜印记制度非常详细而发达,尤其对官畜的管理则更加详尽。《天盛律令》卷十九《畜利限门》中还详细规定了牧人向官府缴纳子畜的详细比例:如按照百大母骆驼一年限30子,百大母马一年50驹,百大母牛一年60犊,百大母羖羷一年60只羔羊,百大母犛牛一年50只犊的繁殖率,向官府缴纳幼畜。③ 这一规定类似于蒙古游牧社会中的苏鲁克民事习惯。西夏法典时代之后,游牧民族统治中原时均有类似的官畜管理制度。元朝和清朝时期均存在与西夏法典中的官方畜牧业管理类似的制度。例如,元朝时期的"责领人"制度、清朝时期的苏鲁克旗等。

蒙古族雄霸北方草原之后,在畜牧业管理方面继承了诸多其他北方游牧民族的成功经验,在牲畜印记方面有自身的一套详细制度。

牲畜财产权受其印记规制,形成系统的有关牲畜印记方面的成文立法。1229年窝阔台大汗即位后,对《成吉思汗大札撒》作了补充,其内容之一就是建立固定的官牧制度。窝阔台大汗命令道:"百姓羊群里,可每年支出一个二岁羯羊做汤羊。每一百只羊内,可支出一个羊(一或两只羊),接济本部落之穷乏者;诸王驸马等聚会时,每每于百姓处科敛不便当,可让千户每年出骒马和牧挤之人,其人马以时常川交替。"④ 本条规定了用于税收和社会扶助之牲畜之标准。每群羊每年出一只羊,作为税收之用,每一百只羊出一只作为社会扶助之用;每千户出骒马和挤骒马之人,挤骒马之人牧养骒马,出牧人让其放牧。蒙古帝国在窝

---

① 杜建录:《西夏经济史》,第114页,中国社会科学出版社,2002年。
② 史金波、聂鸿音、白滨译:《天盛改旧新定律令》,第576页,法律出版社,2000年。
③ 杜建录:《西夏经济史》,第113页,中国社会科学出版社,2002年。
④ 奇格:《古代蒙古法制史》(蒙古文),第47页,辽宁民族出版社,1999年。

二、游牧文化中用益物权的传统表达方法　　141

阔台汗当政时期已经有了类似于西夏王朝的官畜制度。依蒙古人之习俗，对官畜以及私畜都要做烙印或其他的印记，区别百姓畜群与官畜之必要。在元朝时期，官牧中最发达的就是官方所办的马场。史料对13世纪蒙古人的牲畜印记制度给我们提供的确切资料非常有限。但继后的蒙古政权所颁行的法律中有关牲畜印记的规定连续不断，从而可以深入了解蒙古游牧社会对牲畜印记的重视程度。

　　16世纪蒙古《图们汗法典》中有关盗窃罪的规定中可以窥见牲畜印记的重要性。该法典中规定："收留走失之牲畜者被官府发现的过两三年也要出人举旗。自己认罪的可以赦免。如隐匿不如实说清者挖其眼断其手"。① 虽然本条中没有确切的有关牲畜印记的内容，但根据蒙古人固有习惯决定，此处规定的"走失之牲畜"是有印记的牲畜。在蒙古游牧社会中很少有无印记的牲畜。无印记的牲畜的收留、使用规则与有印记的牲畜的规则是不同的。无印记的牲畜可以以无主财产对待。如果有印记之牲畜，则必须报告官府，未报官府受法律处罚。隐匿走失之牲畜在蒙古传统法律中历来以盗窃罪对待，并严厉进行处罚。本条的规定来自于肖大亨的《北虏风俗》当中的记载，对蒙古游牧社会的收留"走失之牲畜"者的处罚作者有些想不通。如《卫拉特法典》第68条规定："有关跑失之牲畜，（收留者）三宿后通知大家可以骑用。不到日子而骑用，罚三岁母牛一头。若是已打印的，罚一九。若是剪鬃尾的，罚一五。若是通告大家后使用，无事。"② 因此，蒙古族游牧经济中牲畜之印记是财产所有权的最主要标志，禁止任何人烙改或随意给牲畜做烙印，牲畜印记是宣示财产所有权等物权的重要方式之一。

----

① 奇格：《古代蒙古法制史》（蒙古文），第47页，辽宁民族出版社，2004年。
② 奇格：《古代蒙古法制史》，第117页，辽宁民族出版社，1999年。

首先，牲畜烙印（印记）是获得牲畜占有、使用、收益、处分之权利的必经程序之一。牧民对自身畜群所繁殖之子畜到一定期间必须做印记，一方面是与其他畜群相区别之需要；另一方面获得动物这一活物的占有、使用和收益之权利需要。如马匹一般到了两三岁之时春季或秋季做烙印印记；骆驼一般在三岁时做烙印；牛一般在两岁之时其牛角充分发育后做印记；羊（山羊）通常在两岁之时在其角上做烙印或者做耳记。通过做印记后才可以从法律形式上获得牲畜的支配权。对有印记之牲畜违法占有、使用、收益者受法律处罚。《阿拉坦汗法典》中规定："毁改（牲畜）印记者，罚三九"。[①] 在蒙古游牧经济中毁改牲畜之印记不仅是一项民事侵权行为，还受到刑罚的严厉处罚。罚三九意味着6匹马，6头牛，15只羊，大小牲畜共计27只（头），而且不管毁改多少牲畜印记，其处罚程度是相当严厉的。这种处罚措施是维持正常的游牧经济秩序所必需的。《卫拉特法典》第68条规定："有关跑失之牲畜，（收留者）三宿后通知大家可以骑用。不到三日而骑用，罚三岁母牛一头。若是做印记，罚一九。若是剪鬃尾的，罚一五。若是通告大家后使用，无事"。[②] 对于跑失之牲畜（有印记的）必须通告大家，三日之内无人认领的情况下可以役使。三日公告期结束之前役使的，认定为是侵权行为。通告或者公告的程序在《卫拉特法典》第69条中作了规定：即"抓到离群之畜要交给收楞格（是满语，赋税之意，在这里指收税和参与法庭审判之人，代表官方），收楞格交给贺日格（是指管理走失之牲畜的人。见：宝音乌力吉、包格校注：《蒙古——卫拉特法典》，第157页，内蒙古人民出版社，2002年）。抓捕

---

① 奇格：《古代蒙古法制史》（蒙古文），第47页，辽宁民族出版社，2004年。
② 奇格：《古代蒙古法制史》（蒙古文），第117页，辽宁民族出版社，1999年。

者要与收楞格一同交给贺日格。如不交给，罚双马。如藏匿，罚一九。如把离群之畜给远方之人，以（偷盗）之习惯法惩处。如给近处之人，罚三九。在野外得到离群之死畜不通知大家而吃食，罚七头牲畜"。① 走失之牲畜必须交给收楞格，并交给贺日格保管，同时进行公告。如果不交给官方通告也受法律处罚。藏匿、交给远方之人买卖或者赠与的以偷盗论处。甚至是野外走失之牲畜死亡的也不能擅自食用。从而可以清楚地看到游牧社会牲畜印记的法律效力。如果对走失之牲畜上做印记的（对不宜做印记的幼畜或其他牲畜，尤其马匹，可以剪其鬃毛的形式做印记），认为是侵犯他人财产权对待，受到法律的重罚。对走失之牲畜，经过官方公告之后抓捕之人有使用权，但没有所有权。《卫拉特法典》第118条中规定："跑到远方之畜，失主有证据证明而索要，失主要回好畜，收留者留下次畜"。② 这里讲的证据中最关键的就是对牲畜所做的印记。无因管理的情况下，收留走失之牲畜的人可以获得部分牲畜。

其次，牲畜印记习惯是维持游牧社会正常财产秩序所需。牲畜印记的混乱将导致整个畜牧经济财产归属秩序的混乱。牧业社会内部的牲畜交易、用益权的设定等必须严格遵循这一规则，从而牲畜印记制度具有很高的公信力和确信力，也是维护正常游牧经济秩序的重要法律手段和制度。牲畜印记习惯法是北方少数民族游牧经济财产法律制度中独有的一道风景线。

最后，牲畜印记制度是游牧经济主要财产——畜群物权变动公示模式，游牧经济中畜群之上设定他物权之时，发挥物权公示

---

① 奇格：《古代蒙古法制史》（蒙古文），第129—130页，辽宁民族出版社，1999年。

② 奇格：《古代蒙古法制史》（蒙古文），第130页，辽宁民族出版社，1999年。

作用。（此问题在下一问题中详细加以论述。）

3. 苏鲁克用益权与烙印文化

蒙古族游牧社会中的牲畜印记制度是获得财产所有权的重要形式要件，也是其他财产权变更所需的必备公示要件。蒙古人对牲畜做烙印或其他印记主要有以下情况：一是对五畜所产之子畜做印记，宣示对其拥有所有权；二是因交易而获得的牲畜重新做印记，以示获得所有权；三是对孩子指定的牲畜（蒙古人的习俗中，孩子出生到成年为止不同的年龄阶段，从父母、亲属等处获得牲畜）做印记，以示孩子拥有所有权。这要分两种情况：一种情况是父母、祖辈给未成年孩子指定的牲畜打印自家印章，已经做印记的，到孩子分家为止不需要重新做印记；另一种情况是如果其他亲属赠给孩子牲畜，并且印记不同的，要重新做印记。四是对牲畜设定其他财产权的情况下做印记，以示他物权人获得牲畜的占有权、使用权、用益权，甚至是处分权；五是对抓捕无主牲畜以法律形式获得所有权的，要做印记，以示获得所有权；六是分家之后，子女另立门户的可以对其分家或继承而获得的牲畜重新做印记；七是对官畜或者公共所有的畜群做集体的印记；八是通过赔偿而获得牲畜所有权的也要作相应的印记调整。大致有上述八种情况。

这里第二、第三、第四、第五、第六、第七、第八种情况是所有权变动或设立他物权而产生的物权变动。在蒙古族传统游牧经济中，牲畜的物权变动必须伴随牲畜印记的变动。以第二种情况为例，在游牧社会内部畜群结构的不平衡或者畜群本身内部结构的合理要求必然会产生牲畜交易。牲畜的易换就是典型的例子。通过交易获得的牲畜要做印记，以示合法获得牲畜的占有、使用、收益和处分权。第三种情况是蒙古族游牧经济中存在的与分家和继承制度相联系的一种特殊情况。按蒙古族游牧文化的"人畜一同成长"的理念，每一个人来到这个世界应当伴随一定的财产，有权获得财产，从而在蒙古族牧民中形成了给孩子指定牲畜的习惯。牧民传统观念中父母不仅有义务抚养孩子成人，而且必须给其一定的财产。但这种财产给予不是一次性的，而是按孩子的成长，在其不同的年龄阶段分别给予财产，这也是蒙古游牧文化中独有的现象之一。财产的分阶段获得有利于整个家庭财产的安排和使用，也有利于畜群的管理和饲养，对子女而言受到了良好的获取财产的教育。一般分7个阶段进行：脐礼阶段（"脐礼"是指孩子出生第3天或第5天要做的庆祝活动）、满月礼阶段（"满月礼"是指孩子满月之后宴请亲戚朋友，做庆祝活动，有的地方孩子出生第40天举行）、周岁礼阶段（"周岁礼"是指孩子满1周岁的庆祝活动）、骑马礼阶段（"骑马礼"又称之为"登马镫礼"，是指孩子能独立骑马的年龄阶段进行的庆祝活动）、本命礼（"本命礼"是指孩子满13岁时进行的庆祝活动）阶段、婚礼阶段。① 在每一个阶段，父母或其他亲戚要给小孩子指定一定的牲畜，作为其成长的财产。这一习俗至今在内蒙古的牧区广泛存在。这种指定财产习惯带来了财产的变动因素，尤其家庭之外的亲戚、朋友给未成年的孩子指定的牲畜，需要做印记或重新做印记。给未成年人指定牲畜之日起，经做印记之后该牲畜就归孩子所有，任何人不能擅自处分。未成年人成家立业之后这些指定的牲畜被带到新的家庭，成为另一个家庭的财产，可能再一次做印记。这一习惯在《卫拉特法典》早有记载，该法典第32条规定："父亲按习惯法给自己儿子财产，如父亲穷困，五只牲畜中要一只"。② 第7种情况是对官畜通过征用或征收而来后做印记，宣示该牲畜为公有，任何人不得擅自使用。喀尔喀蒙

---

① 桑布拉敖日布：《游牧民族家产继承制度分析》，载《内蒙古社会科学》，1998年第1期。

② 奇格：《古代蒙古法制史》（蒙古文），第130页，辽宁民族出版社，1999年。

古1978年《冬十月初一法规》中对乌拉驼马事项规定为："打印的范围，从三、四峰骆驼中打一印，骆驼多者每五峰打一印，马匹每十匹打一印。打印的驼马不是三件大事的使者不给使用。使者和乌拉赤（蒙古语，指驿站工作人员）两人知道（不是三件大事的使者）而给抓骑，要以过去之法（指《喀尔喀法典》）惩处"。[1]

　　第四种情况是本文探讨的重点内容。物权变动一般分为基于法律行为所产生的物权变动与非基于法律行为的物权变动两种形式。在非法律行为的物权变动中，近代民法并不要求作公示。但蒙古游牧经济牲畜印记制度的两种功能决定了通过上述方式物权发生变动的也要做印记。这种做印记的作用除了所有权的宣示性作用之外，其主要的目的还在于日常游牧生活中牲畜的游动性、自然灾害、管理不善导致畜群混在一起或者走失之后区分畜群或证明其所有。传统游牧社会中的牲畜印记制度是所有权不可分割部分。基于非法律行为进行物权变动时不存在对抗第三人的情况。例如，给未成年人指定牲畜的行为不存在对抗第三人的问题。对给未成年人指定的牲畜做印记、对无主牲畜做印记、分家获得牲畜做印记等行为以近代民法理论而言，其主要功能在于宣示性的，它与牲畜之上设定他物权时所做的印记行为有重大区别。无因管理和赔偿等债权以及征收而获得的牲畜之上做印记的性质与上述行为相同。蒙古族游牧经济中出现的牲畜印记制度中上述几种做印记的行为，以近代民法理论而言不具有物权变动所需公示作用，或者说它不是近代意义民法上的公示制度。

　　蒙古族游牧经济中的牲畜印记制度在牲畜或者畜群之上设定他物权之时，才显示出近代民法意义的公示功能。牲畜印记制度本身就是一种财产权利的宣示。这种宣示制度经过漫长的不断适

---

[1] 奇格：《古代蒙古法制史》，第183页，辽宁民族出版社，1999年。

用而被游牧民族所熟悉，在游牧经济内部具有很强的公信性。北方游牧经济中对牲畜之上设定的他物权主要是用益物权，担保物权的设定极为罕见。牲畜或者畜群之上设定担保物权罕见的主要原因在于牲畜本身是活物，容易因各种原因走失、死亡，无法满足担保之需求。过去，一次严重的自然灾害可以夺取无数牲畜的生命，富有的牧户有可能一夜之间成为无家可归者。这种风险使得畜群担保物权没有条件发展起来。但近几年随着牧区畜牧业生产力的提高，畜群抗灾能力得到很大加强，因畜牧业生产的稳定性而出现了个别的畜群之上设定担保物权的现象，但及其少数，其相关法律问题需要进一步的观察和研究。畜群之上设定用益物权主要是游牧社会中畜群所扮演的重要角色决定的。畜群在游牧社会中既是生产资料又是生活资料，它的两种特质决定了很早以前已经开始在畜群之上设定用益物权了。《史记·匈奴列传》记载："自君王以下，咸食畜肉，衣其皮革，被旃裘。壮者食肥美，老者食其余。贵壮健，贱老弱。父死，妻其后母；兄弟死，皆取其妻妻之"。[①] 游牧社会中恶劣的自然生存环境造就了"贵壮健，贱老弱"的传统。后来有人总结的游牧民族崇尚英雄、收继婚、发达的社会扶助制度均与此有密切的联系。13世纪的蒙古社会中出现的社会扶助为主要功能的苏鲁克制度就是这一实际情况的真实写照。游牧社会中的牲畜结构是完全适应其生产和生活的。蒙古人所养的马、牛、骆驼、羊、山羊等牲畜结构必须基本能够满足生产、生活所需。马匹作为主要交通工具及放牧之用；骆驼是最主要的运输工具；犍牛是传统游牧社会迁徙所需的重要役使工具；绵羊和山羊是生活所需的主要来源。畜群生产功能和生活功能的要件满足了对其设定用益物权的需求。根据牲畜的上述特点，结合游牧社会的其他习惯法，蒙古人创造了独特的牲畜之上

[①] 司马迁：《史记》，第811页，中州古籍出版社，1996年。

设定用益物权的制度——苏鲁克民事习惯。用益物权的设定是对他人所有财产之上设定用益为目的的物权的行为。物权的排他性特点，决定对他人所有之牲畜设定物权及自己获得某项物权时有必要让第三方知晓，也就是通过一定的方式进行公示，否则整个游牧社会的物权归属会出现混乱，影响游牧社会内部经济秩序的稳定。牲畜或畜群之上设定物权时对公示的需求，从牲畜印记民事习惯中得到了制度方面的支持。蒙古人利用牲畜印记制度的宣示型、公信性、确信性，巧妙地把其作为牲畜或畜群之上设定物权所需的公示制度。

近代民法要求基于法律行为而产生的物权变动必须进行公示。基于法律行为而产生的物权变动涉及第三人，为维护正常的交易秩序，交易安全必须有公示行为。公示就是要将物权的变动公之于世，或者说将物权变动的意思表示向社会公众显示。[①] 蒙古族游牧经济中产生、发展起来的苏鲁克民事习惯中的重要一项内容，就是对所放给他人的苏鲁克（畜群）做印记，以示打印的牲畜在法定期间归苏鲁克用益人占有、使用和收益。"物权公示原则并不是法律的抽象拟制，而完全是现实的生活关系的反映。"[②] 蒙古人在其游牧经济中创造的物权公示习惯法直接来自于他的游牧生产和生活经验。在苏鲁克合同中，依牲畜印记作为公示方式有两种方式：

一是在合同中直接约定双方对标的物——畜群印记内容或约定必须做印记，不写印记的具体内容。以乌拉特前旗苏鲁克合同的内容为例：

1. 牧民与牧主平等协商的基础上签订苏鲁克合同。
2. 苏鲁克所有人需要调动和调整分成比例时，必须与牧民

---

① 孙宪忠：《德国当代物权法》，第82—83页，法律出版社，1997年。
② 孙宪忠：《德国当代物权法》，第82页，法律出版社，1997年。

协商，不许擅自调整；一般小畜子畜成活的75%属于牧主，成活子畜的25%属于牧户、大畜按头数计算分成，例如一年成活5头牛犊1头归牧户，畜产品和奶食归牧户。

3. 牧民不得擅自出卖宰杀牲畜，出现死亡现象必须把皮张交给苏鲁克所有人，双方解决不了的纠纷交给嘎查（村）或政府解决。

4. 牧民经营不善，造成损失，由牧民承担赔偿责任，但由于如天灾、狼害等原因（不可抗力——作者注）除外。

5. 每年七八月，苏鲁克所有人统计牲畜并打印（这是牧区特有的公示方式——笔者注）。①

日本学者在20世纪30年代所作的调查报告中记载：边商苏鲁克合同的畜群印记带有很强的汉文化特色，这也是内蒙古自治区东部地区传统牲畜印记中出现汉字的最早的实例。边商在内蒙古东部区经商而获得的牲畜由于其经营上诸多不便，通常情况下依据蒙古人苏鲁克习惯法，对其所有的畜群进行放苏鲁克。

内蒙古东部边商苏鲁克概况②

屋号③	预托④地方	预托群数	预托头数概算	畜群印记
永发号	达尔汉旗	36	1500	烙印字"天"
永发号	图什业图旗	25	1300	烙印字"天"
永发号	札苏克特旗	13	600	烙印字"天"
景泰号	达尔汉旗	12	700	不详
连成号	达尔汉旗	25	1000	不详
德发玉	达尔汉旗	5	300	烙印字"玉"
广太号	图什业图旗	200	8000	烙印字"太"
顺兴号	图什业图旗	400	10000	不详

① 任子秀主编：《乌拉特中旗史料》（第2辑），171—172页，1988年1月。
② [日]大渡政能：《关于东部蒙古地带家畜预托惯例》，第181页，《满铁调查月报》（日文），第21—11页。
③ "屋号"在日语中指商号。
④ 日本社会学家视域中的苏鲁克制度有两种解释方法：一是认为一种畜群预托制度；二是认为一种家畜寄托制度。

通过苏鲁克合同直接约定畜群印记内容的情况是特例，在大多数情况下苏鲁克合同中不约定畜群印记的内容，要按蒙古游牧经济的习惯法处理。苏鲁克用益人一般决定使用苏鲁克所有人原有印记还是重新做印记。使用原有之印记的，畜群如果与所有人的畜群混在一起是一件麻烦的事情，从而苏鲁克用益人畜群离所有人畜群比较远的情况下维持原有印记，否则重新做印记。①

二是在合同中对公示制度不作约定，直接按习惯法处理。按习惯法处理并不是对牲畜不做印记，而是合同中不明确约定。有人可能不理解，合同中没有直接约定畜群印记的如何认定已经做了印记，并发挥了公示作用？在苏鲁克合同中一般有一个条款是必需的，这就是对疾病、意外、自然灾害等原因死亡的牲畜，苏鲁克用益人通常要给所有人交回死亡牲畜之畜皮，不承担相应的赔偿责任。不了解蒙古游牧生活的人认为这可能是牲畜畜皮值钱而交回，这可能只是一方面的原因，更主要的是以此证明是所有人的牲畜死亡。以畜皮如何证明苏鲁克所有人牲畜之死亡？当然要依据畜皮之上烙印为凭据。活畜身上的烙印印记在牲畜外皮之上，死亡之牲畜畜皮上依然还可以看到其烙印印记。以中华人民共和国成立之前的科尔沁左翼中旗庙仓苏鲁克为例，双方约定：苏鲁克用益人每年向苏鲁克所有人上交黄油5斤，奶皮2块；每年一个月期间在庙仓作杂活儿；生产之子畜全部归苏鲁克用益人；牲畜死亡的不赔偿，畜皮交给庙仓。② 再如，以中华人民共和国成立之前的科尔沁右翼中旗高力板地区的苏鲁克合同为例，双方约定：预托牲畜头数通常为5~200头不等；畜群所产子畜

---

① 参布拉敖日布：《蒙古族畜牧经济文化》（蒙古文），第111页，内蒙古人民出版社，1999年。

② ［日］大渡政能：《关于东部蒙古地带家畜预托惯例》，第180—181页，《满铁调查月报》（日文），第11—21页。

归预托者，但成绩好的受托者也可以获得有限的仔畜；牲畜死亡的受托者不予赔偿，畜皮要上交给预托者；畜产之物归受托者。① 笔者所收集到的中华人民共和国成立之前的苏鲁克合同中，基本均有牲畜死亡之后把畜皮交回畜群所有人的条款。

传统的游牧社会中形成的苏鲁克制度，尤其具有社会扶助功能的，除了对所放苏鲁克之畜群做印记之外，双方还邀请邻里或者官方人员或者德高望重的长者参加，更加凸显了其公示作用。这种公示方式对整个游牧社会都具有很强的公信力。因为，物权本来性质就是对物的支配权，而这种支配权必须也应当依一种公开可见的方式表现出来，使得人们从这种表现方式上得知某物上物权的存在。由此可见，物权的公示不仅对权利人自己能够正当合适的行使权利是必要的，而且对稳定社会正常的物权秩序也是必需的。②类似于牲畜印记制度的物权公示方法也散见于现代民法中。如日本民法所认可的"明认"方法。在日本，自古以来，树木——树木的集合树丛、单个树木、未成熟的果实、水稻青苗、蜜橘、桑叶等附着于土地之上时，也可独立于土地而成为交易的对象。这是因为某种意义上它们拥有不同于土地的价值。而其公示、对抗方法是习惯法上的明认方法。此明认方法因地方习惯而不同，或削木墨书、或竖立界标牌、或烙印于树干之上等。③

蒙古族游牧经济中的印记制度是具有很高研究价值的法学问题，对蒙古族游牧经济的发展发挥的作用可以归纳为以下几点：

---

① ［日］大渡政能：《关于东部蒙古地带家畜预托惯例》，第180—181页，《满铁调查月报》（日文），第11—21页。

② 王利明：《物权法论》，第147页，中国政法大学出版社，2003年7月修订版。

③ ［日］近江幸治著，王茵译、渠涛审校：《民法讲义Ⅱ物权法》，第23页，北京大学出版社，2006年。

一是牲畜印记制度是游牧人财产权的重要标记、符号；二是牲畜印记制度与传统民法中的占有制度相结合，成为获得财产所有权的必经程序；三是牲畜印记制度是游牧经济中的主要财产——牲畜之上设定他物权之时，成为必要的公示方法；四是财产所有权、用益权、担保物权等产生纠纷之时，成为纠纷解决程序中的证据。

随着市场经济制度的进一步发展，内蒙古畜牧业的商品化流程也在缩短，从而有些地方舍弃了原有的牲畜印记制度取而代之的是编号式的办法。《中华人民共和国畜牧法》第25条规定："进行交易的畜禽必须符合国家技术规范的强制性要求。国务院畜牧兽医行政主管部门规定应当加施标识，而没有标识的畜禽，不得销售和收购。"对牲畜建立档案制度，甚至是芯片制度的开展均受到古老的印记文化的启发。牲畜档案制度、芯片信息等现代科技管理手段对牲畜所有权的获得以及公法意义上的行政管理行为具有重要的意义，对畜禽交易、屠宰等活动中保障质量、防止牲畜疫情的发生或者对人体的疾病传染等防疫和质量方面具有先进的信息传递功能，也避免了传统牲畜印记制度的技术落后、容易被篡改等弊端。牲畜档案制度的建立对牲畜给予一定的"身份证明"而对畜产品的产地保护、商标权的保障也具有重大意义。但这一制度不具有民法意义上的财产权变动公示效应，尤其对畜群之上设定他物权之时，这种现代先进的行政管理手段还不能扮演物权变动公示效应，仅仅是一种政府行政管理行为。这一办法在人稀地广的牧区使用起来非常的不便，如何让传统的印记制度适应社会发展，是一个需要进一步探讨的问题。当前苏鲁克民事纠纷的审理中如何对待牲畜印记这一传统的公示制度，已成为司法机关和法学专家所面临的必须回答的一个重要问题（这一问题从法律角度在文章的第五部分中专门作为一个问题讨论）。

三、比较视野下的苏鲁克民事习惯

苏鲁克民事习惯是一种契约关系，对此，学术界没有太多的争议，尤其近几年随着市场经济的发展，苏鲁克民事习惯的合同关系是确定的，毋庸置疑。但在苏鲁克契约性质问题上观点很不统一。由于多数学者不是从法学角度去研究或者未深入地研究，他们往往站在不同学科或者视角对苏鲁克合同的法律定性问题进行分析，归纳起来共有以下几种：租佃说、雇佣说、租赁说、家畜寄养说、信托说。其中较典型的是家畜寄养说和信托说，因此下面分三类分别予以评述。

（一）租佃说、雇佣说、租赁说
1. 租佃说

所谓租佃性质的苏鲁克制是指"富者贷放牲畜给无畜者，受贷者就像佃户自由耕种租佃土地一样从事饲养，并规定一定条件，把增值部分缴纳给牧主的制度"①。把苏鲁克民事习惯视为租佃制度是看到了租佃和苏鲁克制同样具有用益性的特点，并且苏鲁克民事习惯与租佃制度同属于物权制度问题。（学者们可能没有认识到其论述的重要性——作者注释）此观点在国内比较流行，但对新苏鲁克制度的性质，这些学者基本未谈到，主要原因可能是对租佃制度的批判导致。

---

① 云慧群：《浅析清代漠南蒙古地区"苏鲁克"制》，载《经济·社会》，1988年第4期。

租佃制度是我国封建社会的一种土地出佃制度，中华人民共和国成立后被废除。土地出佃制度目前是一个比较陌生的制度，以此来解释苏鲁克民事习惯，尤其新苏鲁克民事习惯有很多不妥之处。租佃说的起源主要来自于牧主经济时代，认定苏鲁克民事习惯是剥削制度。由于苏鲁克民事习惯在发展过程中一方面注入了很多农耕文化中产生的诸如雇用、租金、地租等概念因素；另一方面，在近代蒙古社会的动荡不安、清朝盟旗制度的崩溃、新的统一政治制度还没有形成等特殊的历史环境，从而使史学家在研究苏鲁克制度时，往往与农耕经济中的相关制度比较而得出不同的结论，租佃制度就是其中较典型的观点。中国的租佃制度存在地域性差异。[①] 土地资源比较充足的北方地区租佃制度相对不发达，南方土地资源较紧张地区则土地租佃制度比较普遍。内蒙古的土地租佃制度是伴随清朝末年"移民实边"政策以及民国时期土地开垦而开始的。首先在内蒙古东南部、河套地区出现了最早的佃农。

近现代蒙古社会中中原农区意义上的蒙古族佃农极其少数。内蒙古河套地区和东南部地区失去草场，脱离传统畜牧业的蒙古族民众成为"榜青"的情况较常见。榜青是指地主招来没有土地、耕畜、农具、种子等的赤贫户为其种地，收成按一定比例分配的习惯。[②] 榜青制度是以分成为实物形态的一种租佃制度。榜青制度又分为"里青"、"外青"、"锄头青"三种形式。"里青"是指住在地主家，本人口粮由地主供给，家属口粮向地主告贷，由地主出土地、耕畜、农具、种子及其他生产费用，在地主或其

[①] 李德英：《民国时期成都平原租佃制度新探——国家法令与民间习惯》，第5页，中国社会科学出版社，2006年。

[②] 沈斌华：《内蒙古经济发展史札记》，第232页，内蒙古人民出版社，1983年。

代理人的监督之下常年为地主劳动，年终收益分配通常是正产物收获量的对半或倒三七分。①"外青"者大多住地主的"窝铺"，口粮由地主借给，秋后归还，一般不计利息。种地数量双方议定，秋后分成双方约定，秋后下工。"锄头青"是指吃住都在自己家里，也由地主出耕畜、农具、种子，但所用的粮食、种子，必须加息还给地主，秋后所打粮食及其副产品对半分成。②这一制度一直持续到内蒙古自治区成立为止。以榜青制度为代表的土地租佃制度与苏鲁克制度相比较而言，在其财产用益方面二者存在共性，都是利用财产的用途获取利益。但榜青制度实际上是雇佣制的一种变异形式。做榜青者并不能获得土地的占有权，充其量是一种土地出租制度。租赁与苏鲁克制度的关系在文章下一段中详细加以论述。这里的"佃租土地"从法律层面讲，应当指的是永佃权，永佃权与苏鲁克制相比较有很大的差异：

第一，永佃权是不动产物权，其标的仅限于租佃的土地，苏鲁克制的标的为畜群，即动产。因此相关的很多文章中把苏鲁克民事习惯描述为"带有租佃性质"或"租佃式"，显而易见只是把苏鲁克形容为租佃制度，无充足的理由认定其性质就是永佃权。从法律角度而言，物权的分类上二者归属于不同的物权分类体系，永佃权为不动产物权，苏鲁克制度则是动产物权。

第二，永佃权为支付佃租而成立的物权，故为有偿设定之物权。苏鲁克民事习惯中苏鲁克用益人并不给苏鲁克所有人支付租金，苏鲁克制度不以有偿为前提。在牧主经济时代，也不是所有的苏鲁克用益人都把牲畜的增值部分全部交给苏鲁克所有人，不

---

① 沈斌华：《内蒙古经济发展史札记》，第233页，内蒙古人民出版社，1983年。

② 沈斌华：《内蒙古经济发展史札记》，第233页，内蒙古人民出版社，1983年。

是规定一定的比例就是全部孳畜留给苏鲁克用益人。如《乌拉特中旗史料》中《乌拉特后旗中华人民共和国成立之前的"苏鲁克"制》一文的作者记载:"我家1949年给达连老姑子放40只怀胎白口母羔的'苏鲁克',到第二年40只母羔全部对牙产仔,仔畜成活38只,到秋末膘肥时达连老姑子把40只母羊接走,38只羔羊和1949年的秋毛和1950年的春毛都留给了我们。"① 虽然苏鲁克合同的确立不以有偿为成立要件,但苏鲁克合同不排除有偿性,即苏鲁克合同可以是有偿的,也可以是无偿的,这要看苏鲁克双方在契约中如何约定。以社会扶助为目的设立的苏鲁克用益物权一般是无偿的,以营利为目的设立的苏鲁克用益物权制度通常是有偿的。

第三,永佃权为永久使用他人土地之物权,故永佃权不得附有期限。苏鲁克民事习惯恰恰相反,通常都有约定期限,期限届满苏鲁克所有人把畜群收回,同时苏鲁克关系也终止。苏鲁克民事习惯附有期限的主要原因有两个方面:一是苏鲁克合同的标的物是动产,而且是具有产、长、老、死经历的活物,对其设定永久之收益权具有诸多不便的因素。二是苏鲁克合同具有很强的人身属性,一般不能继承。苏鲁克关系的确立通常是以苏鲁克用益人畜牧管理经验的可靠性为前提。依蒙古族游牧经济放苏鲁克习惯法,苏鲁克双方在第三人的参与之下充分地协商,通常以接受苏鲁克一方在畜牧经营能力以及经验上比较丰富并负责任为前提,否则很难达成苏鲁克合同。合同期限以牲畜生长规律为主要决定因素,一般是3~5年期间,有的也约定为1年期间。永佃权的设立依法律绝不能设定出佃的期限。

第四,永佃权的取得依法律行为或其他原因,苏鲁克的取得只能依法律行为而取得,即必须通过签订契约而取得,不得以继

---

① 任子秀主编:《乌拉特中旗史料》,第171—172页,1988年1月。

承等其他方式取得。苏鲁克关系的确立通常是以苏鲁克所有人对苏鲁克用益人有一定的信任为基础，否则此关系无法确立。当主体发生变更时将会危及此信任基础，故苏鲁克用益人不能以继承的方式取得苏鲁克的占有、使用和收益权。

第五，永佃权中的出佃人必须是土地所有人，对他人的土地无出佃的权利，而苏鲁克制度中并不严格要求苏鲁克所有人必须是畜群所有人，只要是对他人的苏鲁克有占有、使用和收益权，经所有权人同意可以再次向他人放苏鲁克。在牧区，牧民对自己承包的苏鲁克，再次给他人放苏鲁克现象就是典型的例子。

综上所述，苏鲁克制不是租佃制度，二者的成立要件、标的、取得方式、有无期限等方面都有很大的区别，是不同的物权制度。因此从租佃制的角度解释苏鲁克民事习惯是行不通的。苏鲁克制度与土地租佃制度的根本区别是由两种制度产生的生产方式的不同所致。在农业社会中，土地是最重要的生产资料，也是获得生活资料的最主要物质基础。在农业社会中土地所有者可以通过出租土地获取利益，土地是农耕社会一切生产生活之基础。在游牧社会中牲畜是从事生产、生活的最直接的生产和生活资料，游牧社会生活的一切均建立在畜群之上。游牧经济提供了充足的牧场资源，从而在制度层面，土地制度未占据过重要地位。我国物权法"农用土地使用权"问题也没有采纳永佃权制度，改革开放之后形成的大家所熟悉的"土地承包经营权"，解决了国家和集体所有土地用益问题。土地租佃现象在我国已经灭亡了半个多世纪，我国物权法创设永佃权制度的社会基础已经不存在。另外，对新苏鲁克民事习惯更不能以租佃来解释其性质。由此可见，苏鲁克关系并不是租佃制度，租佃制度无法解决苏鲁克现象的诸多理论和实践问题。

2. 雇佣说

雇佣说主要是对牧区畜群经营方式多样性的认识不足而产生

的观点。内蒙古牧区的畜牧管理构造是多样性的。以中华人民共和国成立之前存续的经营管理方式为例,包括:自营、寄养(苏鲁克)、雇佣牧人和为王公贵族尽义务等四种形式。以中华人民共和国成立之前的乌拉特中旗"诺颜"苏鲁克为例,其占有畜群的经营方式分为:放苏鲁克、牧奴尽劳役无偿给其放牧、雇牧人放牧等三种形式。"有时诺颜仓雇佣牧民放牧,也不给工钱,仅分少量的吃穿物资。主要是给每个雇佣牧工每月一斗(绥斗)炒米,五升小米,半斤盐,一块砖茶的八分之一或四分之一。过年时节一户不论多少人口,仅给五斤白面。衣服是第一年给一件皮袄,第二年给一件皮裤(或相当于一件皮袄、皮裤的皮子),一年给一双靴子,还给两件蒙古袍的布等。所有这些分配物并不是崭新的也不是全部分给牧民,而是根据牧工做工时间的长短和劳动态度来分配。"[①] 畜牧经营方式的多样性很容易使人们误认为均是苏鲁克民事习惯,因此,把内蒙古牧区的畜牧经营方式全部归到苏鲁克是不正确的。对各种资料中出现的苏鲁克事件还要从法律关系、公示方式、救济方法等视角进行法理分析是必要的。雇佣关系角度解释苏鲁克民事习惯的理论,主要集中在历史学家的著作中。例如《简明古代蒙古史》一书中对清朝时期苏鲁克民事习惯是这样论述的:"由富有的牧户和个体的劳苦的牧户游牧形式中分化而出的一种新的生产关系……这种制度由畜群占有者和劳动牧民双方构成,前者称为放苏鲁克一方,后者为接苏鲁克一方,这是一种特殊的雇佣关系。"[②] 但该书的后部分又论述道"它虽然是有畜者和无畜者双方建立的剥削性质的租佃关

[①] 乌拉特中旗党委党史资料征集办公室、乌拉特中旗地方志编纂办公室:《乌拉特中旗史料》(第2辑),第175—176页,1988年1月。

[②] 叶新民等:《简明古代蒙古史》,第178页,内蒙古大学出版社,1993年。

系……"① 从而可以看到，作者对苏鲁克民事习惯法律特质上的认识是有矛盾的。雇佣关系和租佃关系在法学领域属于不同的范畴，雇佣关系是债权关系，而租佃制度是物权关系，二者不能混淆。在文章的开头，笔者也讲到，把牧民雇人放牧与苏鲁克民事习惯相区别开来是有必要的。苏鲁克制度与雇佣关系之间在付出必要的劳动、获得报酬等两个方面存在共性。雇佣关系是至今国家法律所承认和保护的一种债权债务关系。从苏鲁克民事习惯所体现的各种特点来看，与雇佣制度的区别是非常明显的：

第一，雇佣制度是有偿的，即以有偿为前提，雇佣人对佣人支付报酬，佣人给雇佣人提供劳动。而苏鲁克民事习惯不以有偿为前提，苏鲁克法律关系的确立通常恰恰是无偿的，尤其以社会扶助意义上建立的苏鲁克合同往往是无偿的。

第二，雇佣关系中佣人无权对畜群进行占有、使用、收益，苏鲁克制度中苏鲁克用益人对畜群完全有占有、使用、收益的权利，依据约定，还有一定的处分权。雇佣关系的确立不以财产的占有为前提条件，佣人对所有人财产无使用、收益的权利。在苏鲁克合同中苏鲁克用益人必须占有畜群，占有所有人的畜群是用益人使用、收益、处分权的前提条件。

第三，苏鲁克合同与雇佣合同二者设立的目的不同。苏鲁克制的设立对苏鲁克双方来讲通常以牲畜的利用为主要目的，而雇佣的目的可能是多样的，但对佣人讲，目的是通过自己的劳动获得报酬。

第四，苏鲁克合同与雇佣合同的最根本区别在于苏鲁克制度是物权范畴的问题，雇佣合同是债的一种形式，二者在规则原则上存在本质上的差别。

显而易见，苏鲁克关系不是雇佣关系。雇佣制度不能解释苏

---

① 叶新民等：《简明古代蒙古史》，第178页，内蒙古大学出版社，1993年。

鲁克民事习惯中的用益性的特点，也不利于维护接苏鲁克一方对牲畜的占有、使用和收益权。在司法实践中，如果认定苏鲁克合同是雇佣合同，接苏鲁克一方对苏鲁克关系标的——畜群——行使占有、使用、收益权将违反合同法所规定的有关雇佣合同的规定，这对接苏鲁克一方是极不公平的。

3. 租赁说

租赁说的主要依据是苏鲁克用益人对牲畜的占有、使用和收益的特点延伸出来的，即看到了其用益性的特点。租赁合同是租赁之债当中对财产使用和收益为目的而设立的合同制度。承租人依据协议对出租物拥有使用和收益的权利。使用、收益的前提是必须对标的物进行占有。在德国和瑞士民法中以设立为目的"将租赁分为使用租赁和用益租赁"。[①] 租赁合同中承租人对出租物到了约定期限后承担返还原物的义务。租赁合同里承租人所享有的出租人出租物的占有权、使用权、收益权类似于苏鲁克用益人在苏鲁克关系中享有的对畜群的占有、使用和收益的权利。同时，租赁之债在物权化的情况下苏鲁克关系和租赁关系往往更容易混淆。认为苏鲁克民事习惯是一种租赁关系的观点散见于从事蒙古族游牧经济研究的学者的文章，并且往往不分租赁和租佃。例如，《游牧经济与蒙古文化》一书中对北元时代达延汗时期实行的苏鲁克民事习惯认为是一种"牲畜租赁"。[②] 又如在《乌拉特中旗史料》一书中的《乌拉特中旗"苏鲁克"制度略述》一文中形容苏鲁克为"牧主利用牧民一无所有的贫困处境，把畜群租给他们经营，其剥削程度是残酷的"[③]。租赁之债虽然与苏鲁

[①] 史尚宽：《债法各论》，第145页，中国政法大学出版社，2000年。
[②] 吴·阿克泰、萨日娜：《游牧经济与蒙古文化》（蒙文），第71页，内蒙古人民出版社，1997年。
[③] 任子秀主编：《乌拉特中旗史料》（第二辑），第175页，1988年。

克制度存在某种程度的共性，但二者的区别是非常明显的：

第一，苏鲁克关系的确立并不以苏鲁克用益人给苏鲁克所有人交纳租金为前提，实践中苏鲁克用益人也并不以租金形式向苏鲁克所有人交纳实物或金钱。而租赁关系中承租人一定要向出租人交纳租金，即租赁合同是有偿合同。而苏鲁克关系的确立不要求必须是有偿的。

第二，租赁合同的标的为特定物、非消耗物。而在苏鲁克合同中并不要求其标的必须是特定物或非消耗物，如果牲畜因苏鲁克用益人的过失死亡的，苏鲁克用益人完全可以以相同年龄、种类的牲畜替代。

第三，租赁关系一般是有严格的法定期限，我国《合同法》第214条规定："租赁期限不得超过20年。超过20年的，超过部分无效。"而苏鲁克关系并无法定期限要求，期限限制完全可以由苏鲁克双方协商确定。

第四，租赁合同是诺成合同，即出租人和承租人达成出租协议即可成立的合同，而苏鲁克合同在实践中往往是苏鲁克所有人把苏鲁克实际交付给苏鲁克用益人后苏鲁克合同才开始生效，因此，苏鲁克合同是实践合同。苏鲁克合同和租赁合同最根本的区别在于前者是物权范畴的问题，后者是债权范畴的问题。

第五，在租赁合同中原则上租赁物之孳息归所有权人所有，承租人不能享受由租赁物产生的孳息。在苏鲁克合同中双方主要目的在于对畜群的利用以及所产之孳息的用益。通常畜群所产生之孳息由苏鲁克用益人所有或者双方按一定的分成比例分配。畜群之上还可以设定其他的使用权。例如一般苏鲁克合同中根据畜群内部结构而确定不同种类牲畜之权利。在过去，犍牛和骆驼往往是苏鲁克合同中的重要标的之一，其目的是为了作为交通运输工具，满足苏鲁克用益权人的生产和生活。对畜群所产生的其他孳息，例如羊毛、羊绒、驼绒或者奶制品归苏鲁克用益人所有。

这是租赁合同中未曾有的特殊现象。苏鲁克所有人的目的通常不是为了通过自己的财产直接获取像租赁一样的租金，而是不投入劳动的情况下畜群的数量和质量能够持续得到保证，不至于贬值。当然，如果在此基础上有所增值当然是一件更好的事情，从而可以双方约定对畜群所产子畜的分成比例，按比例双方获取利益。这是苏鲁克所有人与出租人对财产之上设定权利的又一差别。

除此之外，值得注意的一个问题是，在《法国民法典》中专门有"牲畜租养"一制度，并把它作为租赁契约的一种，规定在民法典第八编第四章中。《法国民法典》规定的"牲畜租赁"制度与蒙古族游牧经济中的苏鲁克制度极其类似，以至于其规则几乎完全可以套用在苏鲁克制度的规制。《法国民法典》所规定的牲畜租赁制度是对法国传统农业社会习惯法认可的产物。如《法国民法典》第1824条规定："在将牲畜交由土地承租人租养时，畜粪并不属于承租人个人所享有的利益之内，而属于分成制出租的土地，并应唯一用于租赁经营的土地之上。"[①] 从《法国民法典》的这一规定中可以闻得到浓浓的乡土气息。难怪拿破仑敢说："我的光荣不在于打胜了四十几个战役，滑铁卢会摧毁那么多的胜利……但不会被任何东西摧毁的，会永远存在的，是我的民法典。"《法国民法典》第1800条规定："牲畜租养是指，一方当事人将其畜群资产交由另一方当事人按照双方约定的条件看管、饲养与照料的契约。"[②] 并对牲畜租养分为三类：一是单纯的或一般的牲畜租养；二是对半租养牲畜；三是交由土地承租人或佃农租养牲畜。还有一种例外情况（称之为非严格意义上的牲畜租养契约）："如将一头或数头奶牛交由他人留栏照

---

① 罗结珍译：《法国民法典》，第408页，中国法制出版社，1999年。
② 罗结珍译：《法国民法典》，第404页，中国法制出版社，1999年。

管与饲养,出租人仍然保留其所有权时,其所得仅为繁殖的牛犊。"① 《法国民法典》所规定的牲畜租赁制度是债权制度物权化的典型体现之一。牲畜租养制度是出租人和承租人以牲畜为出租物,租金以所产子畜支付的一种租赁合同。从《法国民法典》规定的牲畜租养契约的规制性条款中可以看到上述特征。《法国民法典》第1805条规定:"牲畜租养契约中应写明交付饲养的牲畜数目、状况与估价的清单,并且写明不依此将牲畜的所有权转移给租养人;制作此清单的目的,仅仅是为牲畜租养契约终止时提供结算的基础。"② 牲畜租养契约中承租人可以获得所繁殖牲畜的1/2,并且有损失的情况下,负担1/2的损失(《法国民法典》第1804条)。承租人还可以单独享有其租养的牲畜的奶品、畜粪与畜力。所产畜毛与繁殖的牲畜由双方分享(《法国民法典》第1811条)。《法国民法典》在其1817条第1款中还规定:"租养契约终止时,或者在契约被解除时,出租人可以从每一种类的牲畜中取回相应数目的牲畜,使取回的牲畜与其当初交付租养的牲畜相同,尤其是取回的牲畜数目、品种、畜龄、重量与质量等方面与其原交付租养的牲畜相同。剩余部分双方分配之。"对牲畜租养契约的期限,《法国民法典》作出强制性的规定,不能超过3年。这一规定符合牲畜成长、发育的规律。

在上述内容上法国牲畜租养制度与蒙古族游牧经济中的苏鲁克制度基本上是一致的。

但二者之间也存在一定的差异性:第一,两种合同建立的目的不同。牲畜租养契约的建立以承租人和出租人双方从畜群之上产生之利益分享为目的。在苏鲁克合同中苏鲁克所有权人主要是不投入相应的劳动、资金而保持畜群之原有数量、质量、品种为

---

① 罗结珍译:《法国民法典》,第409页,中国法制出版社,1999年。
② 罗结珍译:《法国民法典》,第405页,中国法制出版社,1999年。

主要目的。苏鲁克用益人则是利用畜群，享有畜群之上产生的孳息为目的。第二，两种合同建立的前提条件不同。牲畜租养契约的建立以有偿为要件。苏鲁克合同并不要求有偿为前提。第三，两种合同双方当事人承担责任的界限不同。牲畜租养契约的承租人对损失负担的份额不能超过其分享利益。(《法国民法典》第1811条）在苏鲁克合同中苏鲁克用益人承担责任的范围以所接到的畜群为界限或者双方约定之分成比例为界限，并且对畜群所产生之子畜以外的其他利益不承担赔偿制责任。从而苏鲁克制度中苏鲁克用益人的赔偿份额比牲畜租养契约的承租人承担的责任范围轻得多。这一点主要是苏鲁克制度以社会扶助为目的的历史发展脉络有关。第四，两种合同双方当事人的具体权利和义务有所不同。牲畜租养契约的承租人非经出租人同意，不得处分原畜群以及后繁殖的畜群中的任何牲畜，反之亦同；在苏鲁克合同中苏鲁克用益人根据约定对自己所享有的畜群繁殖之子畜拥有完整的处分权，双方对畜群繁殖部分没有分成约定的不影响用益人对其处分。牲畜租养契约中非经出租人同意，承租人不得剪取羊毛；苏鲁克合同中苏鲁克用益人完全自主决定。这种权利性的差异主要是受到租赁合同中原则上租赁物之孳息归所有权人所有，承租人不能享受由租赁物产生的孳息的规则所决定的。根据上述比较，《法国民法典》规定的牲畜租养契约与苏鲁克制度之间还是存在很大的差异性。牲畜租养契约的某些规制性规定并不适合苏鲁克民事习惯。但《法国民法典》的牲畜租养契约对日益债权化的苏鲁克制度的规制提供了非常具有启发意义的经验，需要更仔细加以研究和解读。

　　以租赁关系解读苏鲁克合同关系不利于维护苏鲁克用益权人对畜群的占有、使用和收益权的保护，将导致违背民法公平原则，背离了苏鲁克制度产生和发展的初衷，也不符合苏鲁克合同成立之目的。

(二) 家畜寄养说
1. 起源与方法

苏鲁克是家畜寄养的观点主要来自于部分日本学者的研究成果。在伪满洲政府时期，一部分日本学者从经济学和社会学角度对内蒙古的畜牧经营方式进行了详细、系统的研究，一部分学者一直不间断地研究苏鲁克民事习惯。例如，后藤富男"把当时（伪满洲政府时期）的资料几乎收罗殆尽"[1]。利光有纪对当时东蒙地区畜牧管理方式详细加以分类和分析，总结出苏鲁克民事习惯与畜牧社会构造之间的关系。[2] 另外，大渡政能对东蒙各地区的苏鲁克民事习惯的起源、发展情况和苏鲁克双方的权利和义务详细介绍给了我们。[3] 阿部治平对内蒙古新苏鲁克制度的出现以及存在的问题进行了研究，认为家庭承包制（户归户有之前——笔者注）条件下的牲畜管理制度依然是苏鲁克制度。[4]（遗憾的是资料用日语在日本出版，未能收集到）以上学者认为苏鲁克民事习惯是家畜寄养或家畜预托制度。家畜寄养的观点影响比较大，国内部分学者也持该观点。

家畜寄养这一观点的来源在方法上是人类学和社会学意义上的。日本学者主要是从社会学视角想解答内蒙古畜群管理方式以及社会构造之间的关系。大渡政能对20世纪30年代内蒙古东部

---

[1] [日] 利光有纪著，晓克译：《蒙古的家畜寄养惯例》，《内蒙古近代史译丛》，第140页，内蒙古人民出版社，1988年。

[2] [日] 利光有纪著，晓克译：《蒙古的家畜寄养惯例》，《内蒙古近代史译丛》，第140页，内蒙古人民出版社，1988年。

[3] [日] 利光有纪著，晓克译：《蒙古的家畜寄养惯例》，《内蒙古近代史译丛》，第140页，内蒙古人民出版社，1988年。

[4] [日] 利光有纪著，晓克译：《蒙古的家畜寄养惯例》，《内蒙古近代史译丛》，第140—141页，内蒙古人民出版社，1988年。

地区的苏鲁克制度作详尽的田野调查之后归纳了当时放苏鲁克的种种目的：一是预托者（苏鲁克所有人）获得必要的畜产品为目的；二是预托者对畜群饲养的不熟练以及无处圈养而放苏鲁克；三是受托者的请求而放苏鲁克；四是以国家政策（这里的"国家政策"指的是伪满洲政权的国家政策）的执行或改良增值，振兴产业（"振兴产业"指的是日本在伪满洲国所谓的振兴蒙民经济而采取的一些放苏鲁克的个别现象，并没有普及开来）为目的[①]。苏鲁克制度在当时的确能够在一定程度上反映出伪满洲政权统辖范围内蒙古社会的构造。苏鲁克制度的分布状况、苏鲁克所有人与用益人之间的关系、用益人的数量、苏鲁克用益权的标的结构都能够从不同的层面反映当时内蒙古东部地区的阶级关系、经济关系以及其他社会关系。苏鲁克分布状况可以反映当时蒙古社会的阶级构造，其分布范围的广泛性，说明商品意义上的经济关系逐渐取代原有的身份上的依赖关系。苏鲁克合同的内容中可以窥见当时社会阶级关系的轮廓。用益人与所有人的数量结构可以反映当时蒙古社会的贫富差距以及财产分配的概貌。苏鲁克合同标的物的变化可以反映畜牧经济中不同畜群的结构需求，也可以看到商品社会对畜牧产品的需求结构。在当今的内蒙古自治区牧区，苏鲁克民事习惯的运行状况依然可以反映出上述问题。因此，伪满洲国时期的日本学者的研究虽然有其他目的，但研究视角的创见性不能抹杀。

日本学者在20世纪30年代对伪满洲政权控制范围内的内蒙古苏鲁克制度的调查、分析和研究留下了很多珍贵的资料，其目的也是为日本政权的政策制定提供咨询性建议。为政府制定政策时以其官员所熟悉的概念来表述苏鲁克制度成为必要，因而用日

---

① ［日］大渡政能：《关于东部蒙古地带家畜预托惯例》，第187页，《满铁调查月报》（日文），第11—21页。

本日常生活语言"預託"和《日本民法》中的"寄託"两个词来表述苏鲁克民事习惯。

2. 寄托制度与苏鲁克民事习惯

日本学者对苏鲁克的性质持有两种说法：一种是认为家畜预托制度；① 另一种是家畜寄养说。② "預託"（よたく）一词在日语中的意思为委托保管、寄存，在日文中，预托不是一个法律概念。③ 在日文中有一词表达相同的意思并且是法律概念，这就是"寄託"（きたく）。寄托在《日本民法》中指的是保管，寄托合同就是保管合同。④《日本民法典》第 657 条规定："寄托，因当事人一方约定为相对人保管而收取某物，而发生效力。"⑤ 因此，日本学者所讲的"預託"和"寄託"指的是同一个问题，即从法律术语的角度讲就是"寄托"，也就是我国合同法中的保管。在罗马法和近代西方国家民法典中通常将保管称之为寄托。⑥ 寄托合同从《日本民法》中的规定看应当是一种以无偿为原则的实践合同。在《日本民法》中没有寄养这一概念，"寄养"一词在《日本民法》中不是一个法律术语，更没有"家畜寄养"这种合同。在日文中"寄养"就是寄托饲养的意思，"家畜寄养"可以理解为"家畜保管饲养"。日本学者没有从法律角度去研究苏鲁克民事习惯，因此承认苏鲁克民事习惯是一种契约关系的同

---

① [日] 大渡政能：《关于东部蒙古地带家畜预托惯例》，第 178 页，《满铁调查月报》（日文），第 11—21 页。

② [日] 利光有纪著，晓克译：《蒙古的家畜寄养惯例》，见《内蒙古近代史译丛》，第 139 页，内蒙古人民出版社，1988 年。

③ 宋文军主编：《现代日汉大词典》，第 1809 页，日本小学馆、中国商务印书馆，1987 年。

④ [日] 末川博主编：《新订法学辞典》（日文），第 169 页，昭和三十一年。该辞典中对寄托解释为：一方当事人以保管为目的把物交给对方而成立的契约。

⑤ 曹为、王书江译：《日本民法》，第 130 页，法律出版社，1986 年。

⑥ 王家福主编：《民法债权》，第 713 页，中国法制出版社，1991 年。

时又找不到合适的契约概念来表述其性质,最后给苏鲁克民事习惯下了一个形象的定义就是"家畜寄养"。实质上就是对家畜保管、饲养的协议。寄托(保管合同)(deposito),同使用借贷、质押以及消费借贷一起,被优士丁尼纳入实物契约的范畴之中。① 在罗马法中寄托具有信任性、实物性、无偿性和责任以故意为限的特点。② 由于苏鲁克民事习惯在形式、内容等方面与寄托制度有诸多的共性,实践中二者容易混淆,但苏鲁克民事习惯与保管合同之间存在重大的差异性,不能用寄托来解释其性质。为此,比较苏鲁克民事习惯与寄托制度是有必要的。

寄托制度与苏鲁克民事习惯的共同点。

其一,形式上的共同点:

苏鲁克与寄托同样都具有信任性、实物性、无偿性和责任以故意为限的特点。苏鲁克关系的确立以苏鲁克用益人有放牧的能力或技术为前提,否则一般不会放给苏鲁克用益人,从而苏鲁克合同具有信任性特点。苏鲁克合同的成立一般要求必须苏鲁克所有人把苏鲁克交付给苏鲁克用益人后才能生效,畜群本身就是实物。苏鲁克关系的成立不以有偿为要件,以社会扶助功能为目的建立的苏鲁克关系通常是无偿的。苏鲁克用益人承担法律责任以有过失为前提,由于不可抗力或意外事件等原因不承担赔偿责任。

其二,内容上的相同点:

寄托生效的前提是寄托人必须把标的物实际交给受寄托人(保管人),苏鲁克关系中苏鲁克用益人与受寄托者一样,必须

---

① 杨振山主编:《罗马法·中国法与民法法典化》,第253页,政法大学出版社,1995年。

② 杨振山主编:《罗马法·中国法与民法法典化》,第254页,政法大学出版社,1995年。

占有标的物即占有畜群。受寄托者与苏鲁克用益人都有返还的义务，苏鲁克用益人到了返还畜群的时间或情况时必须返还畜群给苏鲁克所有人。寄托关系中一般受寄托人对寄托物无使用、收益权。《日本民法典》第658条第1款规定："保管人非经寄托人承诺，不得使用寄托物或使第三人保管寄托物。"① 但在不规则寄托（depositum irregu–lare）中受寄托者依据合同对寄托物直接获得使用、收益的权利。苏鲁克民事习惯中苏鲁克用益人对畜群也有使用、收益的权利。在罗马法中，寄托不仅物的所有人可以实行寄托，而且一切实际持有物的人均可实行寄托。② 在苏鲁克民事习惯中也并不要求只有苏鲁克所有人才可以放苏鲁克，在牧区对自己承包的集体所有牲畜也可以放苏鲁克，二者在此具有共性。与传统的寄托相同，苏鲁克用益人对畜群要尽到保管的义务，由于苏鲁克用益人的过失使畜群头数减少的要承担赔偿责任，在保管的功能方面二者相同。寄托的标的物通常以可动物为限，苏鲁克制中的畜群恰恰是可动物。

苏鲁克与寄托还有其他共同点在这里不一一例举。

苏鲁克民事习惯与寄托制度虽然有众多共同点，但寄托制度与苏鲁克民事习惯在设立的目的、功能、权能等方面有很大差异：

首先，苏鲁克民事习惯与寄托制度的设立目的不同。寄托制度设立目的为对寄托物的保管，仅此而已。苏鲁克的设立主要是对畜群的用益为目的，对苏鲁克所有人来讲，保证畜群头数或求得进一步的增长，对苏鲁克用益人来讲其目的是对畜群的使用和收益，从而对苏鲁克双方来讲其共同的目的就是对畜群的使用和

---

① 曹为、王书江译：《日本民法》，第130页，法律出版社，1986年。
② 杨振山主编：《罗马法·中国法与民法法典化》，第254页，政法大学出版社，1995年。

收益。在苏鲁克制度中虽然苏鲁克用益人对牲畜有保管的义务，但此保管的义务以用益为前提，无用益的意思表示，无用益也就不可能产生保管的义务，用益是第一位的，保管是第二位的，保管责任是一种附随义务。因此寄托制度的功能在于保管，苏鲁克民事习惯的功能在于对标的物的用益。

其次，苏鲁克与寄托的权能是不同的。寄托制度原则上不允许受寄托人对寄托物使用，寄托人只能对物进行占有，而苏鲁克制度中苏鲁克用益人对畜群有使用和收益的权利，并且此项权能是设立苏鲁克民事习惯的最终目的。如果苏鲁克用益人对畜群无使用、收益权，则苏鲁克的设立也将失去自身的意义。笔者在文章前面谈到，不规则寄托制度下受寄托人对寄托物拥有使用权，使用的目的在于收益，从而不规则寄托制度中实质上受寄托人获得了对寄托物使用、收益权。其实不规则寄托是寄托中的一种特殊例外情况，现行的《意大利民法典》所规定的不规则寄托的标的物是钱款和其他一切可代替物，同其他一些不规则的法律行为一样，这导致所有权的转移。① 因此，为了实现不规则寄托，必须授予受寄托人使用物的权利。不规则寄托是随着企业活动和贸易的发展，产生的一种寄托方式，人们可以把它视为银行储蓄的雏形，实际上，它以钱款为标的，赋予受寄托人利用被寄托的钱款的权利，并要求受寄托人根据寄托人的要求或者在经过一定期限后归还该钱款。② 不规则寄托实际上不能被称之为具有保管功能，因为在所有权转移后，对已经变为自己的物品就谈不上保管。随着银行储蓄业的发展，此类保管逐渐也失去了存在的价

---

① 杨振山主编：《罗马法·中国法与民法法典化》，第260页，政法大学出版社，1995年。

② 杨振山主编：《罗马法·中国法与民法法典化》，第257页，政法大学出版社，1995年。

值。而苏鲁克制度中虽然苏鲁克用益人拥有对牲畜占有、使用、收益的权利，但其所有权是不能转移的，畜群的所有权还是归于苏鲁克所有人。另外在日本民法中还规定了特殊的寄托，即消费寄托。《日本民法典》第 666 条规定："保管人可以依契约消费寄托物时，准用有关消费借贷的规定。但是，契约未规定返还时期时，寄托人可以随时请求返还。"① 日本民法所规定的消费寄托就是不规则寄托。消费寄托与不规则寄托中的受寄托人同样对保管物拥有使用、收益权。但依据日本民法规定，消费寄托是准用消费借贷的规定，在消费借贷中标的物的所有权实质上要转移给消费的一方。在苏鲁克关系中，苏鲁克的所有权不能转移给苏鲁克用益人，因此消费寄托也不能解释苏鲁克民事习惯的法律性质，不能准用消费寄托阐述苏鲁克民事习惯。

最后，在寄托制度中，除不规则寄托外，受寄托人通常在返还原物时如果原物有孳息的应当连同孳息一同返还。在苏鲁克关系中，依据习惯，如果是对畜群的孳息双方无分成约定的，孳息由苏鲁克用益人所有，苏鲁克用益人无返还孳息的义务。苏鲁克民事习惯最初产生时以社会扶助为功能，其主要的目的是让苏鲁克用益人享有畜群所产之仔畜以及在其之上产生的其他孳息，这一点与寄托制度正好相反。

从寄托与苏鲁克制的比较中我们可以清楚地看到，苏鲁克民事习惯不是寄托制度，从寄托的角度认定苏鲁克的法律性质无法解释其用益性的特点。如果认定苏鲁克是寄托现象，对今后苏鲁克关系双方合法权益的维护是极其不利的，寄托制度在大多数国家民法的规定中，有偿保管和无偿保管在权利义务的承担上是有区别的。我国合同法对保管合同的态度也是这样，《合同法》第 374 条规定："保管期间，以保管人保管不善造成保管物毁损、

---

① 曹为、王书江译：《日本民法》，第 131 页，法律出版社，1986 年。

灭失的，保管人应当承担损害赔偿责任，但保管是无偿的，保管人证明自己没有重大过失的，不承担损害赔偿责任。"按现行合同法的规定，部分无偿苏鲁克合同中由于苏鲁克用益人的过失使畜群遭受损失的不承担损害赔偿责任，援用这一保管规则处理苏鲁克纠纷时对苏鲁克所有人一方非常不利。另外，在寄托合同中受寄托人原则上不得使用寄托物，我国现行合同法也是坚持了该原则，但双方另有约定的，可以使用保管物，但不能收益，尤其保管物的人工孳息、法定孳息和天然孳息不能由保管人所有，而苏鲁克民事习惯中苏鲁克用益人依据约定完全可以享有畜群孳息的所有权。如果以保管合同的规则处理苏鲁克合同纠纷，苏鲁克用益人不得对畜群的孳息享有所有权，约定也是违法，不利于维护苏鲁克用益人的权益。因此，从寄托（保管）的角度说明苏鲁克制度的法律性质是违背苏鲁克制度的目的和功能，不利于对畜群的利用和收益，不利于牧区畜牧业的商品化和市场化。

（三）家畜信托说
1. 信托说与方法

对苏鲁克制度以信托视角研究的成果是在最近的文化人类学学者的著作中见到的。苏鲁克制度法律性质的定性问题有一段时间对笔者而言，也是一个很大的疑问，对此也询问过相关民法法学专家，他们也认为是一种信托制度或者应该是一种无名合同。但仔细比较分析起来发现，信托与苏鲁克之间还存在很多不同的特点。以前没有人专门从信托视角阐述苏鲁克制度，从而在过去对这一问题没有作比较研究。但最近有些文化人类学著作中已经提出，苏鲁克制度是一种信托制度。因此有必要对此问题作一个法学视角的详细评述。文化人类学学者在其著作中并没有直接地断定苏鲁克制度是一种信托现象。但根据其做田野调查的地点、民族构成、描述事件、相关事件的法律关系的梳理和分析，指的就是苏鲁克制度。（文化人类学学者阿拉腾在其《文化的变迁——一个嘎查的故事》一书中，以内蒙古自治区乌兰察布市后山地区的察哈尔右翼后旗乌兰哈达苏木阿达日嘎嘎查为调查点，对该地区的文化变迁状况从文化人类学视角作了详细研究。这是一个蒙古族为主要民族成分的地区，原先也是纯畜牧业区，但不断开垦而形成半农半牧区，对其牧业的管理方式、土地之关系的变迁以及整个经济结构的变迁提供了文化是人类适用性的又一个典型个案，并把牧业中的牲畜信托视为系统的顶级阶段。见阿拉腾：《文化的变迁——一个嘎查的故事》，民族出版社，2006年。）研究人员对内蒙古乌兰察布市后山地区的察哈尔右翼后旗乌兰哈达苏木阿达日嘎嘎查环境系统做出评价时谈到："放牧地植被的恶化及对农田依赖程度的加大，使得该地呈现系统的顶级阶段，即家畜信托现象的兴起。"[1] 这里讲的家畜信托实质上指的就是苏鲁克民事习惯。研究者描述的该地区牲畜经营状况是：2002年时，阿达日嘎嘎查有居户42户，其中阿达日嘎高特（包括东村）有24户在册。而这24户中实际在村的有14户，另外有10户则住在城里。这10户中2户在自治区的首府，1户在盟（地区）所在地，1户在苏木（乡）所在地，其余6户则在旗所在地。综合移居城镇人口家畜情况，大概可以分成4种状况：第一种是将家畜带到城里；第二种是信托给村人后又彻底放弃的；第三种是信托给同村人的；第四种是信托给外来农民的。[2] 这里讲到的家畜信托就是本文所分析和论述的苏鲁克制度。以研究者调查中的个案为例，其内容也符合苏鲁克制度。如其中的一

---

[1] 阿拉腾：《文化的变迁——一个嘎查的故事》，第186页，民族出版社，2006年。

[2] 阿拉腾：《文化的变迁——一个嘎查的故事》，第186—187页，民族出版社，2006年。

例就是：津巴氏，20世纪70年代末，祖父母、儿子夫妇及其子女5人，三代9口人住在高特里。80年代初，儿子夫妇在旗所在地找到合同工的工作后就与子女迁到镇里生活，两位老人则留在高特里，继续经营牧业。80年代末，两位老人年高体弱，就投靠儿子来到镇里。自家的牲畜及分得的农田则信托给了同村的好友汉族杨氏经营。信托时约定繁衍部分归原主所有，而羊毛及农产品等则由杨氏支配。① 又如，描述受托者额尔顿时写道：受托者额尔顿氏，2002年时，夫妇2人，4个孩子，1个老母亲，现一家人共有7口人。4个孩子中，1个在盟所在地工作，1个在苏木工作，2个在读中学。额尔顿自家的羊有近150只，牛5头，代管赵氏及锡林郭勒盟西苏旗的羊各有近70只。西苏旗的牲畜，是因为当地连年干旱及生态环境严重恶化而信托来的。额尔顿给赵氏管理的羊是3年一次结算。额尔顿无偿耕种赵氏的农田，除保本之外，3年还须多提供5只羊。外旗的羊则只需保本即可。② 综上两个个案来分析，其作者所讲的"信托"应该是苏鲁克制度。

2. 信托与苏鲁克民事习惯

信托制度作为一种转移与管理财产的制度，起源于中世纪的英国。20世纪以来一些大陆法系国家普遍地接受了信托制度，并制定了自己的信托法。所谓的信托是指委托人将财产权转移予受托人，受托人依信托文件所定，为受益人或特定目的而管理或处分信托财产的法律关系。③ 根据上述定义，信托关系通常由委托人、受托人和受益人三方面构成，并根据信托文件和法律规定各自享受权利和承担义务。我国《信托法》第2条规定："本法

---

① 阿拉腾：《文化的变迁——一个嘎查的故事》，第187页，民族出版社，2006年。

② 阿拉腾：《文化的变迁——一个嘎查的故事》，第188—189页，民族出版社，2006年。

③ 周小明：《信托制度比较法研究》，第3页，法律出版社，1996年。

所称信托,是指委托人基于对受托人的信任,将其财产权委托给受托人,由受托人按委托人的意愿以自己的名义,为受益人的利益或者特定目的,进行管理或者处分的行为"。依据上述规定,信托的构成要素由信托设立的依据、信托财产、受托人、受益人和信托目的五个部分构成。①

信托依据一般是委托方的信托意思表示或者法律的规定。委托方的信托意思表示是信托得以建立的主要根据。依据法律的规定直接设立委托的情况是特例。信托财产在信托法律关系中处于核心地位。没有信托财产,信托无从谈起。信托财产在英美法系国家中其范围非常的广泛,凡是具有金钱价值的东西都可以作为信托财产,如动产、不动产、物权和债权、股票和债券等有价证券以及专利权、商标权、著作权等无形资产均可作为信托财产。我国《信托法》第7条第2款规定:"本法所称财产包括合法的财产权利"。我国信托法所规定的信托财产也是广义上的财产概念。信托财产的所有权属于受托人,但这种所有权又是不完整的,要受到受益权人的限制,即信托财产所产生的利益只能由受益人享受,信托财产上的权利具有"所有权和受益权"二元并存的性质。② 受托人是指受让信托财产并允诺代为管理处分的人。《信托法》第25条第2款规定:"受托人管理信托财产,必须恪尽职守,履行诚实、信用、谨慎、有效管理的义务"。由于信托财产上的权利具有"二元性",使得受托人的义务也具有"二元性"。一方面,受托人对信托财产具有"对物的义务(in rem)",即有管理和处分信托财产的义务。另一方面,受托人对受益人又负有"对人的义务(in personam)",即有忠实地为受

---

① 周小明:《信托制度比较法研究》,第4页,法律出版社,1996年。
② 周小明:《信托制度比较法研究》,第7页,法律出版社,1996年。

益人利益管理处分信托财产并将信托利益支付给受益人的义务。① 受益人是依据信托文件享受信托利益的人。《信托法》第43条规定:"受益人是在信托中享有信托受益权的人。受益人可以是自然人、法人或者依法成立的其他组织"。《信托法》第43条第2款中规定:"委托人可以是受益人,也可以是同一信托的唯一受益人"。反之也可以。信托的目的是指通过信托行为所想达到的目的。在英美法系国家委托人在不违背法律规定的前提下,以各种目的均可以设立信托。《信托法》第6条规定:"设立信托,必须有合法的信托目的"。根据信托法的规定,在我国对信托的目的基本上采用了意思自治原则。

　　以上是对信托制度的简单介绍,以便更好地理解信托与传统的苏鲁克制度之间的关系。苏鲁克制度与信托制度在所有权与利益相分离、信任性、受托人的管理性、受益性等几个方面极为类似。在信托关系中一方面受托人享有信托财产的所有权,他可以像真正的所有权人一样,管理和处分信托财产,第三人也都以受托人为信托财产的权利主体和法律行为的当事人,而与其从事各种交易行为。② 尤其委托人根据法律的规定可以成为受益人的情况下委托人的受益权与所有权相分离。在苏鲁克法律关系中,苏鲁克合同有效期间苏鲁克用益人对畜群的占有、使用、收益乃至处分权和畜群所有权人之间的关系,类似于受益人和受托人之间的所有权与利益相分离的情况。在信任性方面二者的共同点更是甚多。在信托关系中一般要求受托人承担恪尽职守,履行诚实、信用、谨慎、有效管理的义务。在苏鲁克法律关系中,苏鲁克所有权人对苏鲁克用益人通常要求具有管理和饲养畜群的丰富经验,并以用益人的诚实、勤劳、有效管理畜群为基础,苏鲁克合

---

① 周小明:《信托制度比较法研究》,第8页,法律出版社,1996年。
② 周小明:《信托制度比较法研究》,第12页,法律出版社,1996年。

同的成立具有很强的人身性质。在信托关系中受托人必须对受托财产进行有效的管理，这一点与苏鲁克关系中要求苏鲁克用益人妥善管理畜群，增加牲畜的繁殖率和保障母畜基数的情况极其相似，苏鲁克用益人实际上要承担上述管理义务。信托制度的确立以受益人的收益为目的，从设立苏鲁克关系的主观角度而言，其主要的目的就是为了苏鲁克双方从中受益。

虽然苏鲁克民事习惯与信托制度存在诸多的类似之处，但二者在法律关系主体、权利义务、确立的要件、民事责任的承担、标的物的地位、信任关系的连续性等方面所体现出来的特征相去甚远。

其一，信托制度的法律关系主体远比苏鲁克制度要复杂得多。一般信托关系必须由委托人、受托人和受益人三个方面的主体构成。但随着受托人对信托财产的管理和处分而又会增加相对人（第三人）。

以图示为例：[①]

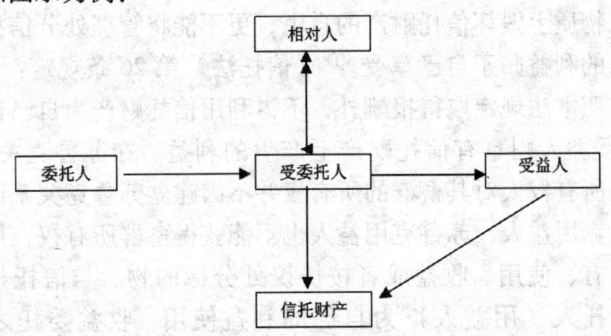

苏鲁克法律关系中其主体相对较简单，是由苏鲁克所有权人和苏鲁克用益人两个重要的主体构成。苏鲁克用益人在占有、使用和收益畜群的过程中包括苏鲁克所有权人在内的与第三方的法

[①] 周小明：《信托制度比较法研究》，第12页，法律出版社，1996年。

律关系，只有存在侵权行为或违反苏鲁克合同时才产生，没有像信托制度那样有三方主体。

以图示为例：

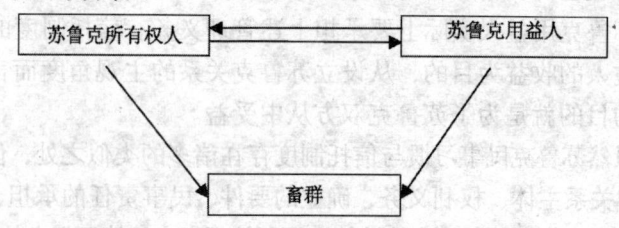

```
苏鲁克所有权人 ←——————→ 苏鲁克用益人
         ↘             ↙
              畜群
```

其二，信托法律关系中委托人、受托人和受益人根据信托依据，双方所享有的权利和义务比较复杂。一般而言，委托人把信托财产委托给受托人而信托财产的所有权转移给受托人，受托人根据信托文件可以自主地管理和支配信托财产。但根据信托规则，受托人不能为自己的利益而使用信托财产，其处分权也不能包括从物质上毁坏信托财产的自由，更不能将管理处分信托财产所产生的利益归于自己享受。① 《信托法》第26条规定："受托人除依照本法规定取得报酬外，不得利用信托财产为自己谋取利益"。受益人则享有信托财产上产生的利益。在苏鲁克关系中，苏鲁克所有权人对其畜群的所有权并不因建立苏鲁克关系而转移给苏鲁克用益人，苏鲁克用益人也不能获得畜群所有权，用益人只能占有、使用、收益或者按协议处分标的物。与信托相反的是，受托人（用益人）为自己的利益使用、收益委托之财产——畜群。在苏鲁克关系中受益人和受托人二者是同一个主体。这也是信托与苏鲁克的重要区别之一。

其三，信托制度的法律实质是一个一直没有统一的大家所普遍接受的理论定位问题。尤其在大陆法系国家，对其法律实质定

---

① 周小明：《信托制度比较法研究》，第12页，法律出版社，1996年。

位的争论很激烈。（对信托的法律实质问题，大陆法系国家通常用抽象化的法典理论去解释，形成了"物权—债权"说、法主体说、物权债权并行说、财产机能区分说、物权说、附解除条件法律行为说、独立形态的权利组合说等不同的观点。见周小明：《信托制度比较法研究》，法律出版社，1996年。）其中信托制度的物权与债权之争论直到当前还在继续。这种法律实质的定位争论说明了信托关系的建立与大陆法系传统民法中债权、物权建立的要件和模式都有所不同。信托关系的确立没有物权制度那样的公示制度要件，或者说公示制度不是其成立要件。在苏鲁克关系的确立中依传统的民事习惯，必须要有公示程序，即对苏鲁克标的物——畜群做印记。这一点苏鲁克制度与信托制度又有很大的差异性。苏鲁克制度的公示习惯是苏鲁克合同有效成立的重要条件，也是苏鲁克用益人占有、使用和收益苏鲁克之上产生利益的基础。

其四，在信托制度中，委托人根据信托文件把信托财产交付给受托人之后就可以退出信托关系，在信托关系内部只剩下受托人和受益人两个主体。受托人根据信托文件妥善保管、管理和处分信托财产，并向受益人支付信托利益。信托人只要恪尽职守，以信托文件处理了信托财产，他就尽到了受托人的义务。受托人尽了义务但受托财产或者受托利益受到了损失，这种情况下受托人仅以受托财产范围向受益人承担责任，不能以自己所有之财产进行清偿。故对信托内部，受托人承担有限责任。受托人在信托外部关系，也就是与第三人因受托财产而发生的债权、债务关系依然以信托财产为限承担有限责任。依据我国《信托法》第34条规定："受托人以信托财产为限向受益人承担支付信托利益的义务"。并在第37条中还规定："受托人因处理信托事务所支出的费用、对第三人所负债务，以信托财产承担。受托人以其固有财产先行支付的，对信托财产享有优先受偿的权利"。受托人只有在违背信托职责、处理信托事务不当、违反信托所致的情况下以自有财产承担个人责任。在苏鲁克关系中，受托人对畜群管理不当等有过失的情况下要向畜群所有权人承担赔偿责任。如由于受托人管理不善导致牲畜走失的要赔偿牲畜所有权人的损失。只有不可抗力或意外事件等情况下免除受托人之赔偿责任。苏鲁克制度中畜群用益人不仅对畜群本身承担赔偿责任，而且有时根据约定，对畜群所产之仔畜也要承担相应的赔偿责任。苏鲁克制度中苏鲁克用益人的责任不以所受托之财产范围为有限，必要的情况下以自有财产承担赔偿责任。苏鲁克用益人的赔偿责任主要是针对畜群所有权人而言，不包括所有权人以外的第三人，因畜群的管理而与第三人发生的债务关系基本上与所有权人无关，也不能以受托之财产承担赔偿责任，否则以侵权处理。

其五，在信托关系中信托一旦有效成立，信托财产即从委托人、受托人以及受益人的自由财产中分离出来，而成为一种独立运作的财产，仅服从于信托目的。① 从委托人角度而言，信托有效成立之后，在形式上信托财产已经归受托人所有，委托人除信托文件规定情形之外不得过问信托财产。受托人虽然获得了所有权，但这种所有权不是大陆法系民法意义上的所有权，他不能以信托财产给自己谋利，更不能占有、使用和收益信托财产上产生的信托利益，仅仅是形式上的所有权而已。受益人则也不能对信托财产行使所有权，只能期待信托利益。《信托法》第29条规定："受托人必须将信托财产与其固有财产分别管理、分别记账，并将不同委托人的信托财产分别管理、分别记账"。从而信托关系中信托财产具有高度的独立性。在苏鲁克关系中受托之财产，即畜群从委托人（苏鲁克所有权人）那里转移到受托人（苏鲁克用益人），但其所有权不能转移，根据习惯，委托人对受托人

---

① 周小明：《信托制度比较法研究》，第13页，法律出版社，1996年。

之管理委托财产状况行使一定程度的监督权。受托人对委托之财产拥有占有、使用和收益权。苏鲁克关系中其标的物没有像信托关系中的信托财产那样高度的独立性。

其六，信托设立后，受托人即便是死亡、解散（法人为受托人时）、破产、丧失行为能力、辞职、解职或其他不得已事由而终止其处理信托事务的职务，信托关系也不会因此而消灭。① 我国《信托法》第40条规定："受托人职责终止的，依照信托文件规定选任新受托人；信托文件未规定的，由委托人选任；委托人不指定或者无能力指定的，由受益人选任；受益人为无民事行为能力人或者限制民事行为能力人的，依法由其监护人代行选任"。从而信托关系具有很强的连续性，受托人职责的终止不能引发信托关系的消灭。苏鲁克关系的两个特征决定，其用益关系不具有连续性，即一方面苏鲁克关系的确立有一定的人身信赖原则，也就是对苏鲁克用益人的畜群管理能力、管理条件等充分信任；另一方面苏鲁克合同具有严格的期限限制。这两种原因导致苏鲁克用益人死亡、解散（法人为受托人时）、破产、丧失行为能力、辞职时将引发苏鲁克关系的终止。即便是苏鲁克所有权人同意苏鲁克用益人的监护人、继承人继续管理苏鲁克用益财产也不能称之为苏鲁克关系的连续，应当是新的苏鲁克关系的确立，不是原有苏鲁克关系的连续。

综上所述，苏鲁克民事习惯不能按信托制度的规则作解释，如果把苏鲁克制度视为信托制度那将导致简单问题被复杂化的倾向。苏鲁克用益人的用益权、所有权人的权利都将是不合法的。在当今的司法实践中，也很少见到把苏鲁克制度视为一种信托关系进行处理。因此，蒙古族以畜牧经济为基础的游牧文化的研究中如涉及苏鲁克制度时，以其原来的权利和义务关系的分配直接

---

① 周小明：《信托制度比较法研究》，第17页，法律出版社，1996年。

表述即可，不能随意地对其下定义，否则问题越来越复杂。

（四）苏鲁克民事习惯的物权性质分析

从债权角度不能说明苏鲁克民事习惯的一系列理论问题，在理论上也无法把苏鲁克归到哪一个具体的债。上述所谈到的雇佣关系、租赁关系、保管关系（寄托制度）和英美法系中产生的信托之外还有一种债与苏鲁克制度比较相似，即消费借贷。消费借贷中出借人借给借用人的借用财产所有权转移到借用人，而苏鲁克关系中，苏鲁克所有人对苏鲁克的所有权并不以设立苏鲁克而转移。这是苏鲁克与消费借贷的根本区别。除此之外，从债的范围之中很难再找到与苏鲁克类似的财产关系。对苏鲁克民事习惯从债权的角度进行解读和阐释显然有自己的局限性。民法学是一个开放的学科，民法本身又是一个开放的权利体系。民法"意思自治"基本原则为权利的创设提供了广阔的空间。对苏鲁克民事习惯中的"习惯权利"分析是正确解读这一传统民法知识的最好的进路之一。

1. 苏鲁克民事习惯的物权特质分析

苏鲁克民事习惯是对牲畜或者畜群这一特殊的"物"的使用和收益为目的产生的民法现象，从本质上讲符合物权的性质。蒙古族古代立法中苏鲁克制度是以社会扶助为主要功能，被权力体系所认可。也就是蒙古人的祖先从畜群的群牧制这一方法受到启示，结合畜群本身的结构性需求以及牲畜这一特殊财产的繁殖性特点出发，创造了游牧社会中的早期社会扶助制度——苏鲁克制度。群牧制是蒙古高原牲畜管理的最基本方式，也是传统游牧社会中法律意义上的个体（这里讲的法律意义的个体是指有人身自由的可以拥有自己财产的个体）生存的基本手段。畜群自身结构平衡的需求是维持游牧社会经济内在结构的前提。畜群的繁殖规律是决定财产增减的重要因素之一，提高牲畜的繁殖率就意味着财富积累的速度加快的可能。对一个贫者而言，在传统的游牧经济中给他一两只牲畜解决不了任何问题。如果给一群牲畜让其管理，畜群之上产生的利益让其所有，基本不超过3年就可以自食其力。（这是单纯的畜群收益而言的，不排除其他因素，例如自然灾害、战争等原因可能达不到上述目标。）从经济学视角而言，畜群在游牧经济中既是生产资料又是生活资料。畜群的双重职能决定，对其设定用益权的可能性变得很现实。对苏鲁克民事习惯中的苏鲁克双方主体所享有的权利和承担的义务以及设定用益权的程序进行分析就会发现，苏鲁克制度更倾向于物权制度，尤其古代社会扶助功能为主的苏鲁克制度以及进入市场经济之前的苏鲁克制度的物权特征非常的明显。物权是权利主体法律规定的范围内，对物的直接管领和支配，并排除他人干涉的民事权利。物权的特征主要是与债相比较而体现的。

苏鲁克民事习惯与债比较而言有以下几个特征：

其一，苏鲁克关系一经合法有效成立，苏鲁克用益人对用益财产，即畜群可以行使支配性和排他性的占有权。苏鲁克关系中，苏鲁克用益人对畜群拥有完全的占有权，这是支配权的体现。苏鲁克用益人依据协议从苏鲁克所有权人获得的占有、使用和收益权具有排他性。在苏鲁克合同有效期间包括苏鲁克所有权人在内，不得影响苏鲁克用益人对畜群的占有、使用、收益的权利。从而，苏鲁克关系中，苏鲁克用益人对畜群的占有、使用、收益权是一种绝对权。

其二，苏鲁克用益人所享有的占有、使用、收益权的客体是物，即畜群或者牲畜。苏鲁克关系的发生是对畜群的使用、收益为目的的，这也是建立苏鲁克关系的根本目的和内容。这既符合物权客体的要求又满足物权内容的需求。

其三，苏鲁克合同一经合法有效成立，就具有物权意义上的效力。物权效力一般包括排他性效力①、优先的效力、追及的效力和物上请求权效力。苏鲁克民事习惯中双方主体所享有的权利有无上述特质一直没有得到很好归纳和总结。其中的原因非常复杂，一方面是对苏鲁克民事习惯从近代开始就没有形成真正国家法律意义的规制。清朝末年，盟、部、旗制度崩溃之后对其统辖方式没有及时进行替补，以致权力出现真空和混乱，有效统一的立法无法实现。内蒙古自治区建区初期虽然对苏鲁克民事习惯有政策性的调整，但只把它当做政策调整的手段，没有进一步上升到内蒙古自治政府立法高度，很快跟随各种政治运动而淹没在其中。十一届三中全会之后，由于牧区家庭承包制虽然援用了一段时间苏鲁克制度，但很快被国家制定的家庭联产承包制（草畜双承包制）所替代，最终回到它的发源地——民间。回归到民间的苏鲁克民事习惯给司法实践频频出难题，但司法部门始终是无动于衷，没有归纳出苏鲁克纠纷审理的指导意见。另一方面，经济学、社会学和文化人类学视角虽有一定程度的研究，但其研究视角和目的决定了对其双方权利、义务的详细分析很欠缺。法学研究专家每日沉溺于现代化这一宏大叙事，对穷乡僻壤的苏鲁克制度无暇顾及。苏鲁克合同有效成立之后到底有何效力成为一个漠不关心的问题。司法机关根据"法条主义"的宗旨，其能动性日趋委靡，不能拿出具有说服力的案例加以引导。理论研究和实践经验的总结二者严重断裂，司法机关"忠于法律"的理念已经被严重地扭曲和变形。

根据笔者所调查、收集到的相关案例为基础，下面评述苏鲁克合同双方所享有权利的物权特质。

首先，苏鲁克用益人对苏鲁克合同中的标的物——畜群具有

---

① 排他性既是物权的性质也是物权的效力。王利明：《物权法论》，第22页，中国政法大学出版社，2003年7月修订版。

物权法意义上的物上请求权效力。苏鲁克用益人在苏鲁克合同有效期间对牲畜或畜群的完全占有、使用、收益权的排他性来讲，苏鲁克用益人对牲畜的支配权受到他人妨碍而出现缺陷时，为恢复其对牲畜的圆满支配状态应当享有物上请求权。包括返还原物请求权、排除妨碍请求权、恢复原状请求权等。这一特点在民间的民事习惯中得到很好的实践，但在司法中往往不能被明确地加以认可。在内蒙古自治区东乌珠穆沁旗作司法调查过程中法官给我讲述了一个案例（这里省去了当事人的真实姓名。法院审理的是巴×××和齐氏的合同纠纷。法庭调查过程中主审法官对此有很深的印象，当时讲述中都是真实姓名，为了保护个人隐私，涉案人员的姓名隐去，被采访的法官主动声明不要披露其姓名，这里同样也隐去）：齐氏和那氏前后各给巴×××100只绵羊，放苏鲁克，时间为3年，所产子畜按50%双方分成。在经营到第二年时，由于巴×××的经营不善导致巴×××的牲畜（包括自己的）锐减，齐氏得知这一情况，找到巴×××要求解除合同，并把自己的100只绵羊收回。但由于巴×××的经营不善，齐氏所放的畜群已经没有了原数目，因此齐氏一气之下，从巴×××的羊群中抓了100只绵羊回去。那氏得知这一情况，到巴×××处察看自己的所放100只绵羊的情况，发现自己的羊少了50只。那氏问其原因，巴×××讲，是齐氏抓走了。巴×××和那氏一同找到齐氏，说明了他所抓的100只羊中有50只是那氏放给巴×××的羊，并出示了所做的印记等证据。齐氏无奈，根据所做的印记把那氏放给巴×××的50只羊又还给了巴×××。随后齐氏把巴×××起诉到法院，要求赔偿损失。这一案件中从形式上分析好像是那氏的权利得到了保障，但仔细分析就会发现，其实是苏鲁克用益人巴×××对那氏放给他的畜群的占有权、使用权和收益权得到了保护。巴×××的对那氏放给他的畜群的占有权、使用权和收益权得到了恢复，齐氏返还给了原物，实现了物上请求权效力。苏鲁克制度在当今市场经济日益债权化的情况下，这种物上请求权效力不是很明显，但在过去，苏鲁克合同中的畜群的使用权、收益权非常的明显。

其次，苏鲁克用益人对苏鲁克标的物——牲畜享有优先权。物权的优先权效力一般包括：物权优先于债权，即同一标的物上同时存在债权和物权时，物权优先；统一物上有数个物权的以设定物权的先后顺序确立优先权效力。苏鲁克合同中权利人的优先权问题与物上请求权相比较而言不是很明朗。这是由两个原因造成的：一是苏鲁克民事习惯是在畜群之上设定使用、收益权的用益物权现象，从物权设定顺序而言，不会有像担保物权那样一物上设定数个物权的现象发生；二是苏鲁克制度确立后如果所有权人有必要以放苏鲁克的畜群中的牲畜清偿债务的与用益人协商，用益人同意后可以实施。如果苏鲁克用益人不同意的不能以苏鲁克标的物清偿债务。三是苏鲁克标的——畜群的集合物的特征决定，所有人以集合物中的组成部分（几个牲畜）清偿到期债务的可以同种类的牲畜补足即可。从而在优先权效力方面苏鲁克制度具有很强的灵活性，这是苏鲁克产生的经济背景、交易习惯等各方面的因素所决定的。不能完全套用传统民法理论进行分析，否则违背民法所坚持的"意思自治"这一基本原则，民法也将不是开放性的权利体系，民法学也不将是开放性的学科。

再次，苏鲁克所有权人与用益权人对其标的物享有追及力。苏鲁克的追及效力对苏鲁克所有人和苏鲁克用益人来讲均是存在的。在古代蒙古法中规定的走失牲畜之返还所有人的规定完全适用于苏鲁克制度。苏鲁克制度不是担保物权，从而其追及效力仅限于物上请求权，苏鲁克民事习惯中的追及效力的主要表现是苏鲁克民事习惯的设定或变更时的公式制度的存在。在牧区，习惯于放苏鲁克时对所放的牲畜——打印，以示此牲畜已经给他人放苏鲁克，对苏鲁克用益人来说，打此印的牲畜归他占有、使用和收益，因此拥有物权上的追及效力，否则此公示方式无任何意义。

最后，苏鲁克关系的设立和变更制度符合物权制度的要求。物权制度的设立和变更通常需要法定的方式进行公示。物权公示原则是物权变动效力原则问题。物权的公示不仅是权利人自己能够正当行使权利所必需的，而且对稳定正常的物权秩序也是必需的。在我国民法中物权的公示采用登记制度。对动产物权的变动采用交付为公示方式。文章前面已经谈到放苏鲁克时通常由苏鲁克关系双方对所放的畜群打印记号，其一苏鲁克用益人和放苏鲁克所有权人在苏鲁克期限到期后按打印的牲畜交接；其二以示打印的牲畜已经放苏鲁克，起到公示作用。这是牧区特有的公示习惯。在牧区历来牲畜既是生产资料又是生活资料，牲畜在牧民生产生活中占有很重要的地位。牧区很早以来对牲畜所有权的转移上一直坚持一个习惯，即给牲畜打印记号的习俗。众所周知，给牲畜做记号的最原始的目的不在于牲畜所有权的变动所需，而是与他人的牲畜相区别，在丢失牲畜时起到证明的作用。但这一习俗逐渐在牲畜所有权变动、放苏鲁克时被沿用，形成别具一格的公示方式。公示制度是物权变动所必须的条件，由于苏鲁克民事习惯是蒙古族传统游牧经济发展中产生的一个习惯，它要符合游牧经济的秩序和特点。发展到 21 世纪，苏鲁克关系确立时的传统公示制度依然在发挥作用。文章前面描述的内蒙古自治区东乌珠穆沁旗的案件就是典型的案例。如果没有给牲畜做印记这一传统的方法恐怕那氏和巴×××以现在的民事诉讼法证据规则其财产权益很难得到司法的保护。其三，放苏鲁克时对所交付的牲畜做印记以及苏鲁克合同到期后双方按牲畜印记交接畜群也从侧面说明了共识的效果。在苏鲁克合同的成立要件上强调畜群印记的重要性主要是因为以下两个方面的原因：一是畜群是集合物，是由每一个具体牲畜构成。每一个牲畜的印记集合而形成整体的财产权利标记，有一个牲畜的走失或者死亡都将影响到整个集合物的用益，因此有必要对其一一做印记，保障苏鲁克双方之正当权益，因此历史上出现了牲畜死亡的必须交回畜皮的合同条款。二是保障交易的安全。牲畜是民法上的特殊物，即活物，而且像小型家畜绵羊或者山羊其外形特征基本类似，苏鲁克合同的期间大概是一年以上的，随牲畜繁殖周期来确定，时间比较长，因此不做印记，双方合同期满交接畜群会很不便利，不能有效地保障交易的安全和顺畅。牲畜印记制度对接受畜群的一方来讲起到向社会展示的作用，证明自己所占有的牲畜是通过苏鲁克合同经营的牲畜，他人不得侵犯其合法的占有、使用和收益的权利。在牧区，原来向集体提交提留、向国家交纳牧业税都是以实物形式进行的。在这种情况下，放苏鲁克的畜群不能成为向集体和国家交纳税费的对象，用益人只能以自有牲畜交纳各项税费，国家和集体也不能从放苏鲁克的畜群中提取牲畜。按蒙古人的习惯，其他人也不能随意侵占他人畜群中的放苏鲁克的牲畜。

随着市场经济的发展，传统苏鲁克制度中的牲畜印记这一公示方式也受到挑战。其中最具有代表性的方法就是取代牲畜传统印记方法，以各种编号形式对牲畜做标记。采取编号的方法是起源于管理的方便，例如对牲畜建立档案制度等。编号的方法是跟随牧区游牧生活的定居以及大型牲畜的减少而出现的方法，这种编号方法不具有公示作用。

2. 大陆法系传统民法视域中的苏鲁克制度

苏鲁克民事习惯既然符合物权的本质和特征，理论上就应当能够归到某个物权体系当中。从苏鲁克民事习惯所设立的目的和功能看，苏鲁克民事习惯是用益物权的一种。但我国物权体系中没有苏鲁克民事习惯这样用益物权模式。我国《物权法》第5条规定："物权的种类和内容，由法律规定"。我国的《物权法》施行严格的物权法定主义原则。虽然在其第117条中规定："用

三、比较视野下的苏鲁克民事习惯　　189

益物权人对他人所有的不动产或者动产，依法享有占有、使用和收益的权利"。但根据上述物权法定主义原则和《物权法》用益权部分所确认的物权种类进行分析就会发现，我国物权法不承认类似于民事习惯中所认可的"物权制度"。苏鲁克制度这样的民事习惯被排除在物权体系之外。另外，苏鲁克民事习惯所设立的用益物权标的公示制度也不符合《物权法》第6条规定的公示规则。（《物权法》第6条规定："不动产物权的设立、变更、转让和消灭，应当依照法律规定登记。动产物权的设立和转让，应当依照法律规定交付"。畜群作为"动产"的一部分，在苏鲁克制度中除了交付之外，更主要的是通过对每一个畜群做印记进行公示而生效。公示方式上又与《物权法》的规定不一致。）为了便于对苏鲁克民事习惯有一个正确的解读，我认为有必要把苏鲁克民事习惯放在大陆法系民法制度这一更广阔的视野中予以考察。这一进路选择主要有以下几个理由：

一是对中国民法文化发展脉络进行梳理就会发现，中国民事立法进程对少数民族民事习惯的关注严重不足。清末民法法典化运动中虽然做了大量的民事习惯调查，但其调查范围在少数民族地区并没有有效地展开。一方面，在清朝统治时期少数民族地区还处于很封闭的状态，少数民族地方基本保持原有的体制和经济结构，对少数民族地区的治理只是主权性的，少数民族地区还在旧有体制中运转。如以蒙古地区为例，清朝时期在盟旗制度下，蒙古固有的法律制度，尤其民事习惯大部分得以保留，盟旗对民事案件基本上是由自己管辖进行审断，上到理藩院的极其少数。在北洋军阀时期蒙古上层王公原有的管辖治理权，一律照旧。内蒙古王公上层对本旗的行政、司法权继续发挥作用。这一局面到了民国时期有所改观，但民国民事立法调查活动期间内蒙古各种自治运动不断发展，内外各种复杂因素决定，未能对内蒙古等少数民族地区展开有效的民事习惯调查，少数民族民事习惯对中国民事立法进程的影响甚微。另一方面，清朝末期民事立法以"更符合西方民法的标准"[①]为事实上的立法实质精神，决定了《大清民律草案》并没有充分体现本国民事习惯，更别说处于穷乡僻壤、落后的少数民族的民事习惯了。民国时期"民事习惯在民法法典中直接体现极少"，[②]究其原因，"法律家关于民事习惯的基本观点就是：民事习惯多为地方性习惯，且不良习惯居多"。[③]新中国建立后，真正民事法律得到发展和引起重视还是20世纪80年代商品经济发展之后的事情，计划经济一刀切的传统思想当时没有彻底改变，为了急于赶上西方国家的法制进程，包括汉族地区的民事习惯在内统统地被立法者所忽略，少数民族民事习惯更是无人问津。少数民族民事习惯进入法学家的视野还是20世纪90年代法社会学家和法人类学家从少数民族习惯法入手，重新反思法的概念开始，当时还没有引起民法学家的足够关注。这种立法上对少数民族习惯法"歧视性"潜在思想（这种表述看似过分，但这种思想并不是不存在，如近几年藏族地区的"赔命价"等少数民族习惯的出现遭到了部分人的猛烈抨击，不惜给其戴上"封建的"、"落后的"等大帽子进行批判。但这些批评者有几人深入到藏区作过详细的调查和研究？无视"赔命价"回归的社会原因、经济基础、民俗基础、宗教影响等复杂因素是不科学的研究态度）以及少数民族民事习惯整理、调查和研究工作的薄弱导致少数民族民事习惯长期游离于主流民事立法活动和民法学术研究视野。因此，中国传统民事立法和民法理论研究成

[①] 张生：《中国近代民法法典化研究——1901至1949》，第108页，中国政法大学出版社，2004年。

[②] 张生：《中国近代民法法典化研究——1901至1949》，第218页，中国政法大学出版社，2004年。

[③] 张生：《中国近代民法法典化研究——1901至1949》，第218页，中国政法大学出版社，2004年。

果不能给苏鲁克民事习惯的法律实质定性提供充分的制度经验和理论指导。

二是大陆法系国家民法法典化运动的历史发展阶段和对民事习惯的重视程度以及民法的稳定性，对少数民族民事习惯的解读具有很强的启发性。以《法国民法典》制定的社会背景为例，法国制定民法典颁行之前的1800年，法国农村和城市人口结构的比例为35％左右的人口居住于城市，剩余65％的人口还在农村从事农业，① 农业人口比重在整个法国占绝对多数。其科学技术发展程度还处在蒸汽机时代。"法国法中习惯法的势力较为强大，加之存在一个适用习惯法的法院体系，这使得法国能够并且的确在事实上抵制了对罗马法的全盘继受。习惯法的影响在《法国民法典》的编纂中也得到保留。编纂者十分注意吸收固有的习惯法因素，并在法典中不带偏见地大量援引习惯法。由于这些因素的存在，可以说罗马法对法国民法的影响是有限的。"② 因此《法国民法典》在制定过程中特别注重民众对法典的理解的简便性。让民众理解简便的前提条件则是民法典本身的内容要吸收大量的民事习惯作为其具体条款。这也是《法国民法典》获得民众认可的重要原因之一。从而法国民法典中与农业经济相适应的诸多民事习惯得以保留，尤其"用益物权还受到历史传统、民众生活习俗等多种因素的影响，因此表现出强烈的固有性的特点"。③ 以《德国民法典》制定的社会历史背景为例，德国封建制存在的时间长、国家长期得不到统一，导致市民阶级的发展受

---

① 自张生：《中国近代民法法典化研究——1901至1949》，第20页，中国政法大学出版社，2004年。

② 薛军：《略论德国民法潘得克吞体系的形成》，载《中外法学》，2003年第1期。

③ 王利明：《物权法论》，第412页，中国政法大学出版社，2003年7月修订版。

阻，市民阶层政治上对于贵族阶级的依附状态导致市民阶级放弃政治诉求，因而最终导致在德国西方议会民主制度的难产与科学技术、工业化飞速发展之间的不协调，德国是一个"迟到的民族"。德国在17世纪初还是一个众多邦国的集合体，没有条件实行经济一体化，在政治上也没有强有力的政府来推动社会的政治、经济上的整合。这种历史条件给《德国民法典》的制定带来了重要的命题，即对各邦的固有的民事习惯如何对待。在法学家们的鼓吹以及政治上的压力下，起草者不得不重视各邦传统民事习惯的作用。这种历史环境给《德国民法典》吸收各邦民事习惯创造了动力。德国法学家萨维尼认为，法律的发展表现了三个阶段：第一阶段是自然法，其法律渊源主要体现为习惯法；第二阶段是学术法，法律既属于民族生活的一部分，又属于法学家手中一门技术；第三阶段是法典法，即以学术法为基础编纂法律家与民众共守的规范体系。① 历史是具有继承性的，而且不能一刀切式地断开。《德国民法典》正是以"习惯法"是"民族生活"的一部分的态度对待各邦民事习惯的。德国的历史发展阶段以及最终的"法典法"的追求使得德国采用了"潘得克吞"[选择罗马诸法典中最具有全面性特征的文本为主要继受对象：这就是《学说汇纂》——它的希腊名是《潘得克吞》。（注：《潘得克吞》的内容具有百科全书的特征，但是体系性因素很弱）《法国民法典》则采用了《法学阶梯》的体系结构。见薛军：《略论德国民法潘得克吞体系的形成》，载《中外法学》，2003年第1期]体系。"德国的罗马法继受，在其开始阶段，主要不是对罗马法体系的继受，而是对罗马法规范的全盘继受。由于德国本地习惯法在罗马法继受过程中的衰落，德国在罗马法继受时代也没有经

---

① 转引自吕世伦主编：《西方法律思潮源流论》，第52页，中国人民公安大学出版社，1993年。

历一个类似法国那样的借助罗马法体系,对本民族的已经存在的法进行体系化处理的学理运动。严格说来,德国人在这一时代还没有遇到这一问题,他们所作的只是把罗马法的规范继受下来,当做现行法加以适用而已。"① 德国习惯法衰落,并不是讲在《德国民法典》中,德国固有习惯法没有得到体现。归纳《德国民法典》用益物权种类(德国民法上的用益物权可概括分为地上权、役权和土地负担。役权又分为人役权、用益权、居住权,其中用益权又有物上用益权、权利用益权及财产用益权。见王泽鉴:《民法物权2——用益物权·占有》,第4页,中国政法大学出版社,2001年)就会发现,其复杂程度是任何其他国家民法所不及。对此学者们解释为:其所以如此复杂的主要原因,系德国民法制定于德国统一之后(1896年制定,1900年施行),必须顾及各地的习惯。② 大陆法系国家民法典制定的历史背景、法学研究的体系化、对民众民事习惯的认可程度对当今中国民事习惯的研究具有重要的启发意义。

三是用益权制度经验给苏鲁克民事习惯法律特质的分析提供理论工具。

在大陆法系民法学以及民法事业中考察苏鲁克民事习惯的法律特质的主要目的在于,通过理论的分析,对苏鲁克民事习惯有一个正确的法律特质的描述,并对以后的民事习惯及其国家法律的对接提供一个理论上的研究平台和进路。

纵观大陆法系民法典,灵活处理物权制度的做法充分体现了对民众传统生活方式的人文关怀,其中较为典型的是《法国民法

---

① 薛军:《略论德国民法潘得克吞体系的形成》,载《中外法学》,2003年第1期。

② 王泽鉴:《民法物权2——用益物权·占有》,第4页,中国政法大学出版社,2001年。

典》、《德国民法典》、《瑞士民法典》等。大陆法系民法确立的用益权制度是极具灵活性的物权制度，对物的使用和收益方面所发挥的作用极具特色。大陆法系国家民法所规定的用益权制度是对民众、尤其农村物权生活习惯的归纳、总结和提炼中产生的物权制度。

　　用益权的发生可以追溯到罗马共和国时期，但与上述大陆法系国家农业生产生活密不可分。用益权在罗马法中是"为了给寡妇（uxor sine nanu）提供生活供给"① 为目的而出现的，故可视为现今德国所谓用益供给的直接起源。众所周知，罗马法的复兴影响了《法国民法典》的立法内容和理念。到近代《法国民法典》时，用益权在其理念上已发生了一定的变化。这种改变是伴随资本主义政治和商品经济的发展而产生的。在形式上《法国民法典》改变了罗马法上主要由遗嘱设定的方式以及用益权均为无偿的情形。同时，由于个人主义观念的确立，改变了罗马法上家庭一切所得均归家长所有的制度，使得妻子、子女也享有财产所有权，从而确定了夫妻财产自由的选择制，父亲对其18岁以下子女的财产享有使用收益权（母亲则在其丈夫死亡后才能享有此权利）。②《德国民法典》制定之时西方国家资本主义政治制度和经济制度得以更进一步的发展，用益权制度随之也有了相应的变化。《德国民法典》则全然没有了家长权的痕迹，《德国民法典》将限制的人役权、用益权和地役权并列规定于役权一章。《瑞士民法典》则以"用益权及其他役权"作为一节规定之。《意大利民法典》承继了《法国民法典》的做法，专门规定了用益权。③

---

① 米健：《用益权的实质及其现实思考》，载《政法论坛》，1999年第4期。
② 屈茂辉：《用益权的源流及其在我国民法上的借鉴意义》，载《法律科学》，2002年第3期。
③ 屈茂辉：《用益权的源流及其在我国民法上的借鉴意义》，载《法律科学》，2002年第3期。

用益权制度以罗马法为源头，通过《法国民法典》和《德国民法典》向其他欧洲国家民法中迅速铺展开来，成为大陆法系他物权制度的标志性制度之一。大陆法系民法的体例和法典化运动影响了当时亚洲主要两个国家——日本和中国。但大陆法系民法中具有普遍性的用益权制度在"东进"的过程中却停止了前进的步伐。在西法东渐中，用益权却"消失"了。《日本民法典》是先借鉴《法国民法典》后又借鉴《德国民法典》而制定的，但是《日本民法典》却未规定用益权等人役权制度。台湾地区民法也是如此。韩国民法中也没有用益权制度。[①] 对此原因，郑玉波先生认为：《日本民法典》未设用益权等人役权是因为"人役一项该国无此习惯，且复有碍于经济之流通，故仅取地役权"。[②] 我国台湾地区《民法物权编》第5章"地役权"立法理由认为："唯东西习惯不同，人之役权为东亚各国所无。日本民法规定地役权，而无人之役权于明文，中国习惯亦与日本相同，故本法只设地役权也"。[③] 究其具体情况，中国和日本在养老方面历来以家族赡养为主要形式，没有形成类似大陆法系的相关养老习惯。（对此有学者提出反对意见，认为在日本民法和民国民法中虽然没有直接地承认和接纳用益权这一概念，但有类似用益权的制度存在。见屈茂辉：《用益权的源流及其在我国民法上的借鉴意义》，载《法律科学》，2002年第3期。）其实这一观点值得商榷：一方面，《民国民法典》中中国固有之民事习惯的直接认可相对较少，类似于用益权的制度被排挤在法典之外；另一方面，

[①] 屈茂辉：《用益权的源流及其在我国民法上的借鉴意义》，载《法律科学》，2002年第3期。

[②] 转引自屈茂辉：《用益权的源流及其在我国民法上的借鉴意义》，载《法律科学》，2002年第3期。

[③] 屈茂辉：《用益权的源流及其在我国民法上的借鉴意义》，载《法律科学》，2002年第3期。

民事习惯调查的局限性决定，对少数民族地区存在的类似于用益权习惯没被发觉和整理。如本文谈到的苏鲁克制度就是一种畜群之上设定用益物权的一种民事习惯。这种财产之上设定用益权习惯，在游牧民族习惯法中是相当的完备，而且苏鲁克民事习惯最初产生也是与社会扶助等社会保障相关的，在起源上用益权制度与游牧民族的苏鲁克民事习惯不谋而合。

用益权在各国民法典上的表述基本上是一致的。《法国民法典》第578条规定："用益权是指，如同本人是所有权人，享用所有权属于他人之物的权利，但享用人应当负责保管物之本体"。[1] 德国民法中用益权指的是"不可转让、不可继承的使用他人之物的权利"。[2]《瑞士民法典》第745条规定："用益权赋予权利人对物的全部使用及收益的权利"。[3] 通常，财产所有人称之为所有权人，对他人财产享有用益权的人称之为用益权人。用益物权被视为他物权之一，多数学者认为用益权属于用益物权的一种。从上述国家民法对用益权的规定分析，用益权是用益人对他人所有的财产在法定期间内如同自己的财产一样占有、使用和收益的权利，其权能是仅次于所有权的一项财产用益权利。也就是对他人所有财产的占有、使用、收益权利的最大化形式。这是法国、德国、瑞士、意大利等国家农业社会中财产用益关系的总结和归纳。当某个社会的生产资料和生活资料的归属问题确定，也就是所有权制度固定下来后，其所指向的物的使用和收益成为最主要的问题。财产本身的价值决定对其要充分利用，否则对其上设定的所有权将变得毫无意义。最大限度地发挥财产的使用、收益价值并非一定是所有人，这不符合发挥财产使用、收益

---

[1] 罗结珍译：《法国民法典》，第179页，中国法制出版社，1999年。
[2] 孙宪忠：《德国当代物权法》，第254页，法律出版社，1997年。
[3] 殷生根译，艾棠校：《瑞士民法典》，第208页，法律出版社，1987年。

的效率原则。正是这一特质,决定了"用益权的本质在于实现生产和生活资料的价值,不论此类资料属何人所有"。[①] 用益权从功能上而言,它实现了个人与社会的结合。它表明,用益权为个人之间的生产生活活动相结合提供了一种法权方式,从而使个人生产生活与社会生活得以完整和谐地结合,即通过个人的个别利用与社会的整体利用的结合,使个别利益和整体利益得以结合,其目的和效果是个别和整体之间的利用和利益得到相互补充和促进,从而最大限度地实现每个人的个别利益。从社会存在和历史发展角度看,它最终使社会中的每个人在其现实存在的社会关系中得以最大化地自我实现。[②] 因此大陆法系国家用益权制度是比较具有弹性的制度,对财产利用价值的有效发挥扮演了重要的角色。

比较大陆法系国家民法中的用益权制度与蒙古族游牧经济中的苏鲁克制度的主要理由如下:

第一,二者的法律实质相同。用益权制度是在各种财产之上设定财产使用、收益权,并在法定或约定期间到期后返还原物的一项财产用益物权制度。在用益权中,财产所有人的所有权不以设定用益权而转移。对用益权本质的表述理论上有一定的争议,也有不同的观点。例如、"孳息先占权"(Aneigungsrecht)、"有限所有权"(Befristetes Eigentum)等。通常学者对用益权的本质加以研究时与所有权相比较。与所有权相比较,用益权的区别在于不能继承或不能转让,但这不是用益权的本质。"用益权的实质是它附有期限。用益权是不可以转移和不可以继承的时限所有权",[③] 这是用益权是限制物权的体现。

[①] 米健:《用益权的实质及其现实思考》,载《政法论坛》,1999年第4期。
[②] 米健:《用益权的实质及其现实思考》,载《政法论坛》,1999年第4期。
[③] 米健:《用益权的实质及其现实思考》,载《政法论坛》,1999年第4期。

苏鲁克制度同样是在畜群这一特殊的财产之上设定使用、收益之权利，约定期间到期后返还原畜群的一项财产用益物权制度。在苏鲁克关系中，畜群所有人的所有权不因畜群之上设定用益权而发生转移。并且苏鲁克制度具有符合游牧经济畜群繁殖规律的期限，从而它是一种限制物权。苏鲁克民事习惯的时间限制取决于两个方面：一是苏鲁克所有权人与苏鲁克用益人以特定目的可以约定时间限制，通过意思自治作灵活的期限约定；二是畜群本身特点所决定，苏鲁克用益权的设定必须有期限限定。因为畜群的使用或利用价值是有期限的，超出该期限的苏鲁克关系将失去设定的意义。苏鲁克关系中权利的特定性在于权利人的特定性，即畜群的用益权只能由苏鲁克用益人本人来享有，不能继承和转让。故苏鲁克制度与用益权二者都是财产用益物权的一种类型。从苏鲁克民事习惯的本质属性和表现出来的特点看，苏鲁克民事习惯是蒙古族游牧经济中产生和发展的特有的物权制度——畜群用益权制度。在德国物权法中，用益权有三种类型：即物上用益权、权利用益权和财产用益权。物上用益权指的是，使用这些物，并取得收益的权利，此处"物"的范围，包括可动之物、动物、不动产、与不动产所有权相等的权利即地上权等。权利用益权指的是在物的所有权之外的其他民事权利上设立的用益权。在德国民法中，权利用益权主要是通过对权利的占有而获得权利的法定孳息的权利。所谓财产用益权是指将来可能取得的权利和现实已经享有的有关财产的请求权上设定的用益权。例如，继承财产上设定的用益权。[①] 在《法国民法典》中所设定的用益权种类与《德国民法典》大致相同。苏鲁克民事习惯从其特征来看应当类似于物上用益权。

第二，二者的表现形式都源自古老的民事习惯。用益权无论

[①] 孙宪忠：《德国当代物权法》，第247—248页，法律出版社，1997年。

是罗马时期还是近代时期，其内容都源自于古老的民事习惯。这一点可以从《法国民法典》的有关牲畜之上设定用益权，以及《德国民法典》的用益物权的类型都可以体会得到。学者们也普遍认为《德国民法典》物权制度除了借鉴罗马法的规则以外，也反映了德国民法制定时为各地一直沿用的习惯。① 研究人员归纳和探寻大陆民法东进过程中用益权制度被亚洲国家和地区民法所拒绝的原因时，也是从亚洲国家养老习惯入手的。学者认为用益权制度被亚洲国家和地区民法所拒绝的主要原因"在于对用益权功能的认识使然"。②《日本民法典》和旧中国时期的《中华民国民法典》颁行之时，"用益权主要还是养老的功能，其养老之外的其他功能还没有得到发展和承认，而日本和中国都是实行家庭（家族）养老制度的，加之普遍缺乏家庭成员之间的平等、独立观念，故用益权等人役权的东渐命运只能是'消失'不为民法所确认"。③ 苏鲁克制度在古代蒙古时期虽然在制定法上有所反映，但其主要内容还是依靠传统游牧社会的习惯法传承形式保留下来。苏鲁克制度在起源上源自于游牧社会古老的互助制度，其主要目的是为了对本部落之贫乏者的扶助，保障其生存和发展。历史学家和社会学家的视野中，苏鲁克民事习惯的社会扶助功能被充分地认可和论述。俄国历史学家认为："苏鲁克制度是剥削手段，原本是氏族之间互相援助形态的家畜借与，随着阶级分化的进行而转变剥削手段"。④ 苏鲁克制度今天依然是一个

---

① 王利明：《物权法论》，第411页，中国政法大学出版社，2003年7月修订版。
② 屈茂辉：《用益权的源流及其在我国民法上的借鉴意义》，载《法律科学》，2002年第3期。
③ 屈茂辉：《用益权的源流及其在我国民法上的借鉴意义》，载《法律科学》，2002年第3期。
④ [俄] 库德里亚夫采夫：《布里雅特蒙古民族史》（日文），第217页，蒙古研究所译，东京，1943年。

财产用益方面的重要民事习惯,但它没有用益权制度那样幸运,成为法学家们所垂注、解读、归纳和论证而形成民法典的组成部分,其重要的法律价值长期被遮蔽。

第三,二者在财产上设定用益权能的目的一致。从罗马法起,用益权即以生活保障作为其基本功能。古代罗马时期,家长才是民事主体,因此,除可以取得家长权的儿子外,家属中的多数人不能取得家长遗产的所有权。为使这些需要照顾的人获得生活保障,罗马人经常留下遗嘱将某项遗产的使用、收益权遗赠给他所需要照顾的人,待受照顾的人死亡后,继承人再恢复其完全的所有权。[1] 罗马共和国时期(公元前510年—前27年),无夫权婚姻和解放的奴隶日渐增多,每遇家长亡故,那些没有继承权又没有劳动能力的人的生活便成了问题,为使这些人生有所靠、老有所养,丈夫和家主就把一部分家产的使用权、收益权、居住权等遗赠给妻子或被解放的奴隶。于是,出现了所谓"特殊役权",即为特定的人的利益而设定的地役权。[2] 至优帝一世时,这些为特定人的利益而设的役使他人物的权利被称为人役权,包括用益权、使用权、居住权和奴畜使用权四种,其中最主要的是用益权。[3] 在19世纪的《法国民法典》以及20世纪初的《德国民法典》中,用益权依然是为了特定主体的养老等社会保障和扶助功能而被保留下来。大陆法系民法典继承了罗马法的传统。用益权制度在此意义上依然是一个古老的民事习惯,并且是一种互助为主要目的设立的制度。从文化理论而言,在人类文明中有如

---

[1] 屈茂辉:《用益权的源流及其在我国民法上的借鉴意义》,载《法律科学》,2002年第3期。

[2] 屈茂辉:《用益权的源流及其在我国民法上的借鉴意义》,载《法律科学》,2002年第3期。

[3] 屈茂辉:《用益权的源流及其在我国民法上的借鉴意义》,载《法律科学》,2002年第3期。

此广泛的共性，使得在很大程度上能够拿一些相同的原因来解释相同的现象。① 人类历史上出现的这种习惯或者制度的相似性可以按文化学进行解释，它是由两个方面的原因决定的：一方面，人的本性具有一般相似点；另一方面，人们生活环境具有一般相似点。用益权的这种生活保障功能在现代民法上仍然没有多大的改变。[在法国，用益权一般都与法国人的家庭和日常生活有关，主要情形有三种：一是保留用益权的不动产出卖行为，其价款通常为一笔年金（养老金）。通常的情况是：一老年人将自己所有的不动产出卖而保留对该不动产的占有、使用权，不动产的买受人则以定期支付养老金的方式付价款，如此，该老年人的生活环境和条件均得以维持原有水平不变。二是保留用益权的赠与行为，这通常发生在直系尊亲属与其卑亲属之间，尊亲属为保障自己的生活又避免死后遗产上的纠纷，而自己保留用益权将自己之物赠给卑亲属。三是生存配偶即未离婚而尚生存的配偶对先亡配偶的遗产享有一定的用益权，一般来说，该用益权人为老年寡妇。](见尹田：《法国物权法》，第342—343页，法律出版社，1998年。) 在德国，用益权的主要作用也是如此：首先是供养与抚养。即所有权人将自己的某一特定的物或财产，为与自己有某种身份关系的人（通常情况如此，实践中与自己没有身份关系的人也可以）设定一项用益权，使后者能在其有生之年获得供养或者抚养。其次是为自己养老。即不动产的所有权人在自己的不动产上为自己设定用益权，而把不动产的所有权出卖或者以其他方式转让。(孙宪忠：《德国当代物权法》，第245—246页，法律

---

① [英]爱德华·泰勒著，连树声译：《原始文化》，第1页，广西师范大学出版社，2005年。

出版社，1997年。）这一点可以从文化学上理解为一种"遗留"。[1] 然而，19世纪末、20世纪初期以来，用益权除继承保留传统功能外，还拓展了新的功能，因而，也发展了新的用益权具体形式。例如，用益权不但可以为自己人设立，也可以为法人设立。在德国当代民法实践中，还存在一种担保用益权：债权人要求债务人将其土地交付占有而为担保（不动产质），同时允许债权人使用土地和获得效益。[2]

苏鲁克制度是蒙古族游牧经济中产生和发展起来的重要的社会保障和扶助制度之一。蒙古游牧社会中经常出现火灾等突如其来的自然灾害使得某些牧户的家畜遭严重损失。在牧区无家畜或家畜较少的牧户是无法生存的。苏鲁克民事习惯正是帮助贫困牧户或无畜的牧民渡过难关，走向富裕之路的重要方式。[3] 从蒙古帝国的《成吉思汗大札撒》、中世纪蒙古社会法律制度以及当今的民事习惯调查可以充分地论证，其发展的脉络是以社会保障和扶助为主要目的的。在传统游牧经济中牧民只有牧场是远远不够的，它必须还拥有用于生产、生活的主要资料——畜群，否则其生存无法保障。就当今的苏鲁克民事习惯的功能而言，一直没有脱离社会保障和扶助为目的。如连年的干旱、过度的放牧、随意的开垦等种种原因牧场的经济价值日益退化，而牲畜则成为牧民唯一能够依托的财产。为了生活能够有所保障，不至于一贫如洗，牧民把畜群牧放到草场较好的地区，只期望畜群能保值或者保本。还有些牧民为了供孩子进城读书，跟随孩子一起进城打

---

[1] 文化学家泰勒语。见［英］爱德华·泰勒著，连树声译：《原始文化》，广西师范大学出版社，2005年。

[2] 屈茂辉：《用益权的源流及其在我国民法上的借鉴意义》，载《法律科学》，2002年第3期。

[3] 参布拉敖日布：《蒙古族与畜牧经济文化》（蒙古文），第105页，内蒙古人民出版社，1999年。

工，把畜群放予他人，利用畜群用益所得支付学费和生活费等。部分年老体弱者把畜群放予亲戚或者朋友，每年从畜群用益所得保障其生活等。当然，从财产的物尽其用的理念来讲这是远远不够的，因此，随着市场经济的发展，以纯粹经济利益为目的在畜群之上设定苏鲁克用益权也不在少数，而且越发成为主要的目的。在中国这一社会保障体系相对还不发达的国家，通过苏鲁克这一形式维持生活、老有所养、保障子女受教育、患病治疗等各种目的的社会保障和扶助功能具有较高的价值。

第四，二者的权能基本相同。在我国，"用益权制度至今欠缺基本的理论认识和法律规定。"① 尤其在立法实践中对其认识严重不足。我国物权法规定的物权法定原则以及设定的用益物权种类而言，基本排除了在动产、畜群等特殊主体之上设定用益物权的可能性，更没有涉及相关权利用益问题。用益权制度中财产所有人行使财产的所有权，用益人则对财产占有、使用、收益甚至有一定的处分权。用益权是对财产用益最大化的一种法权形式。苏鲁克制度中畜群的所有权不能转移给对方，用益人只能在法定期间内对畜群进行占有、使用和收益，原则上不能处分用益畜群。用益人契约期满或其他法定原因出现之时有返还原物之义务。用益人对畜群有妥善保管之义务。这一点上二者相同。

依据《法国民法典》和《德国民法典》的规定，用益权人享有的权利具体有以下几种：用益权人对用益物，即对所有人的财产有占有权；用益权人与所有权人商定的计划或方式使用用益物；取得财产的天然孳息、人工孳息和法定孳息的权利，但双方可以约定，部分孳息可以由所有人取得；总之，"除处分的权利之外，用益权人可以享有对标的全部权利"。② 用益权人的主要

---

① 米健：《用益权的实质及其现实思考》，载《政法论坛》，1999年第4期。
② 孙宪忠：《德国当代物权法》，第254—249页，法律出版社，1997年。

义务是：依据商定，按物的用途使用用益物的义务，不得对物进行大的改造或变更；承受用益财产上的各种负担，如捐税、抵押债权等；用益期限届满后返还用益财产的义务；不得过度收取果实；对用益财产有保管的义务等。①

根据苏鲁克民事习惯的实践，苏鲁克用益人享有以下权利：苏鲁克用益人对畜群有占有权。占有即对畜群实际支配的权利，对苏鲁克用益人的占有权他人不得妨碍；苏鲁克用益人对畜群有使用和收益的权利，并且依据约定，对畜群的天然孳息享有所有权。苏鲁克用益人的义务是合同期满，有返还畜群之义务；对畜群有妥善管理之义务；承担畜群之上各种负担之义务。

第五，二者设定和变动的要件相同。在《法国民法典》、《德国民法典》中用益权的设定不以有偿为前提，继承了早期罗马法的精神。在德国，设立用益权，必须遵守物权法关于物权设立的基本原则，即物权合意加权利转移公示的形式条件方可生效的原则。② 苏鲁克制度的设立以畜群所有人和用益人之间达成畜群用益为前提，并且不以有偿为成立要件。苏鲁克用益权的设立在传统民事习惯中必须通过给牲畜打印记的形式进行公示。

综上所述，大陆法系民法典所规定的用益权制度所设立的渊源、起源、目的、权能以及成立要件等方面具有共性。这是蒙古族传统游牧经济中产生的苏鲁克制度与大陆法系用益权制度可比性的理论基础，也是解读苏鲁克民事习惯法律实质的途径之一。

3. 苏鲁克民事习惯的法律价值

我国《民法通则》以及相关的民事现行法律、法规当中都没有规定用益权制度。我国《物权法》在其第三编用益物权中规定了地役权、建设用地使用权、宅基地使用权、土地承包经营

---

① 孙宪忠：《德国当代物权法》，第254—249页，法律出版社，1997年。
② 孙宪忠：《德国当代物权法》，第254—249页，法律出版社，1997年。

权四种用益物权制度,没有认可更广泛意义的其他财产用益权。学者认为"从我国现今有关立法和法学理论来看,通常所谓的'使用权',究其实质往往正是用益权。"① 苏鲁克民事习惯产生于蒙古族游牧经济,它在历史上改变了蒙古族游牧经济中物权制度的单一性,形成了新的物权制度,解决了游牧经济中确定畜群归属后的用益问题,也就是在蒙古族游牧经济历史上形成了新的物权体系,在蒙古族历史上具有划时代的意义。从有史料记载开始,它已经经历了近千年的时间,对游牧经济中的畜群用益问题的解决发挥了重要作用,实现了物尽其用的目的。它不仅在历史上发挥过重要的作用,对当前的内蒙古牧区也具有重要的社会、经济和法律价值。

首先,苏鲁克民事习惯在解决牧区牧民的养老、就业、受教育、医疗等社会保障辅助方面将发挥重要的作用,弥补当前国家社会保障制度的不足。随着市场经济的发展,劳动力的自由流动已经成为普遍的现象。交通、信息的发达使封闭的内蒙古高原的牧区早已向外敞开。内蒙古自治区牧区近几年牧区连续干旱、虫灾、过度开垦、放牧等原因,草场的利用价值日趋贬值,土地的沙化、生存环境的恶化使牧民离开自己的草场,牧民进城打工、居住的与日俱增。所牧养之牲畜委托给他人放苏鲁克,以便生活有一个依靠的行为逐年增多。以内蒙古自治区苏尼特右旗和苏尼特左旗为例,连年的干旱、虫灾、沙尘暴等原因,生态严重恶化,牧民无奈把畜群纷纷转到邻近的草场较好的乌兰察布市旗县以及西乌珠穆沁旗等地放苏鲁克。转移畜群的主要目的是能够使畜群的数量、质量保存下来,生活有所依靠。在这种条件下一般都是无偿的放苏鲁克,求得牲畜的保值。进城打工的牧民并不享受城市的社会保障待遇,老人的赡养、子女的教育、医疗等方面

---

① 米健:《用益权的实质及其现实思考》,载《政法论坛》,1999年第4期。

的开支还依靠畜群。以内蒙古察哈尔右翼后旗乌兰哈达苏木阿达日嘎嘎查牧民王氏为例：王氏把自己的 100 只羊放给本村的曹氏，按约定，曹氏在维持原有头数的基础上，每 3 年另外提供王氏 5 只羊，而羊毛、农产品与牧草全部归曹氏支配。王氏则搬到邻近的县城经营零售业。王氏把畜群放给曹氏苏鲁克的主要原因是"一旦在城里待不下去了，可以马上返回来恢复原有的生活"。① 学者对阿达日嘎嘎查畜牧信托（苏鲁克——笔者注）状况调查后得出结论：这一做法（名叫巴特尔的牧民从苏木辞职回到嘎查继续经营畜牧业的情况）也可看做是其他信托者心目里将来的退路。② 在这一个案中苏鲁克制度的社会保障功能是显而易见的。因此，各种复杂的原因，苏鲁克制度的社会保障功能再一次得到释放，成为牧区国家社会保障措施之外的最主要保障措施之一。牧区的一些集体经济组织、具有扶贫任务的单位也通过放苏鲁克的形式进行扶贫，让牧民摆脱贫困时苏鲁克制度同样在提供制度资源。例如，东苏尼特旗的畜牧局把 300 只母羊给牧民放苏鲁克后只要保证母羊的头数的情况下，所产子畜全部由牧民所有；所剪的羊毛全部归苏鲁克用益人；苏鲁克的奶油等皆归苏鲁克用益人使用或买卖。（苏尼特左旗法院提供的信息。）这种灵活的物权制度对普通民众的生活保障是非常关键的，但苏鲁克民事习惯的物权法律实质没有得到司法机关和国家的充分认可。如果得到充分的认可，这将更加有利于完善我国的社会保障问题。也给社会保障制度法制建设提供一项新的思路和角度。

其次，苏鲁克民事习惯加速了畜产品的交易频率、提高了畜

---

① 阿拉腾：《文化的变迁——一个嘎查的故事》，第 188 页，民族出版社，2006 年。

② 阿拉腾：《文化的变迁——一个嘎查的故事》，第 188 页，民族出版社，2006 年。

产品市场化的效率、降低了畜产品交易的风险。在内蒙古自治区的牧区，除了以社会保障和扶助为目的之外，以纯粹的经济上的获利、以畜群的用益价值为目的放苏鲁克的现象日益增多，成为政府不得不面对的一个问题。以纯粹的获利为目的的苏鲁克制度的特点有两点：一是苏鲁克期间比较短，通常为1年时间，以社会保障和扶助为目的确立的苏鲁克合同一般时间比较长，通常最低期限为3年时间；二是一般为有偿的苏鲁克，以社会保障和扶助为目的确立的苏鲁克合同通常是无偿的并且畜群之上产生的所有孳息归苏鲁克用益人所有。例如，以内蒙古呼伦贝尔市新巴尔虎左旗苏鲁克合同为例：合同期限为2003年9月1日—2004年9月1日；承包期内，以承包大母羊为数，甲方得羊羔45%，乙方得羊羔55%。这类苏鲁克合同通常以营利为目的，从而合同内容比较详细，也容易因利益纷争而发生纠纷，诉至法院的颇多。（该合同的具体内容为：一、双方协商，共同有利，共同发展的前提下，制定本合同；二、甲方将大母羊（448只），种公羊（20只），母羔羊（119只）给乙方，乙方负责经营管理，乙方承包的羊均为齐口以下的健羊；三、合同期满后乙方归还给甲方的羊必须为好羊，不得老、小羊充数；四、甲方承包给乙方的羊均为铁羊，如有缺少，必须包赔，乙方赔偿一切损失（如丢失、病死、狼吃），均由乙方负责包赔；五、各种费用，全由乙方支付，羊毛归乙方所有；六、承包期内，以承包大母羊为数，甲方得羊羔45%，乙方得羊羔55%，大母羊（448只）甲方应得羊羔（197只）乙方得羊羔（242）只，羊羔的大小平均，秋后处理公羊时应分完以后自主处理；七、国家承认的特大自然灾害（如白灾）乙方必须及时通知甲方，协商抗灾办法，如有特大损失，甲方负责45%，以方负责55%的灾害，如乙方不能进行防疫，以及管理不力造成的羊群费用增加以及传染病流行等，后果均由乙方负责；八、合同期限为一年，即2003年9月1日

—2004年9月1日，以后如果双方愿意继续合作，可签订新的合同；九、本合同一式叁份，甲、乙担保人各持一份，口说无凭，特立据，希三方共同信守。该合同由新巴尔虎左旗司法援助中心提供。）随着民众生活水平的日益提高，畜产品的需求量每年都大幅度地上升。由于牧场的个人承包制、畜群管理的技术因素、政府的限制（政府从两个方面限制：一是单位草场的载畜量强制性的控制；二是政府机关及其公务人员在牧区放苏鲁克）等原因并不是有畜群和资金的人都能够在牧区经营畜牧业。因此个人、企业可以通过放苏鲁克形式以获得短期需要的畜牧产品。苏鲁克制度在这一层面上加速了畜产品交易的效率，同时也加快了畜牧业活畜进入市场交易领域的频率。畜产品的价格不像农产品那样受国家严格的价格调控，畜产品的交易风险比农产品还要大。但通过苏鲁克形式繁殖畜群之时，苏鲁克所有权人基本上只负责按合同约定分成畜群之上产生的仔畜和其他孳息，双方对未来一年的价格风险不触及，苏鲁克所有人也不必投入必要的劳动就能够获得所需的畜产品。从而苏鲁克制度某种意义上而言大大地降低了交易的风险，此类以营利为目的的苏鲁克合同由于和畜群的质量和成本等市场因素联系在一起，双方都比较重视合同的实际履行，从而容易引发纠纷。

最后，苏鲁克用益制度给财产用益权的设定提供了重要的法理和实践经验知识。有学者对中国民事习惯理论研究状况进行总结之时提出了批评：第一表现为理论缺乏实践根基，是目前理论研究存在的通病，这一学术流弊对习惯法的研究来说是尤其致命的，新中国成立至今大规模的民事习惯调查没有过，偶尔的几个调查仅仅局限于局部地区，某个民族，在此基础上就大声疾呼习惯的重要性，显然有空吹号子之嫌；第二是表现为理论的零散性，尤其是司法过程中的习惯法研究基本还属于空白；第三是动机有错误，通过习惯法可以培养国民的法律情感，有助于法律信仰的形成和建构的想法不是国民法律信仰问题的症结所在，树立国民法律信仰的关键在于立法的科学化、正义性和效益的追求，是司法的公正、方便和快捷，而不是激发人们的怀旧情结，通过习惯建立法律的信仰。[①] 这些批评意见也不见得毫无道理，但也有些偏颇。例如，习惯法的认可是培养国民的法律感情和法律信仰的一个方面，更重要的是对民众所熟知的各种符合现代法治精神的规则体系的认可而使国家的法律进一步贴近民众的日常生活，解决他们日常生活中面临的各种权利和义务关系问题，进而更有力地推动社会的和谐、有序的发展。这种主张和观点更不是简单的怀旧情结，而是对民众日常生活的人文关怀。另外，大规模的民事习惯调查不是个别几个学者所能完成的宏大事业。学者们的目前的任务是对当今存在的习惯法抽取典型个案，对其进行法理的分析、归纳和研究，进而论证有无必要做全面的习惯法调查、习惯法有无必要进入国家立法体系以及习惯法和现代法治如何找到契合点。本文研究的个案——苏鲁克民事习惯为例，它是支配游牧民族主要财产即畜群用益问题的重要制度，是涉及游牧社会财产权属制度的民事习惯，它经历了近千年的时间，依然在21世纪发挥着其他制度无法替代的作用。有人担心习惯的认可可能会阻碍现代化的实现，当前的中国又是一个极具变化的时代，法律要承担"破旧立新"的重任。殊不知，习惯自身是不断流变的，"习俗甚至经常不断地细微地兴衰，以便适应连续世代（successive generations）的正在变化的紧急事态"。[②] 如果某种习惯已经不能适应社会发展需求之时就无人"习惯"它了，

[①] 陈伯礼、许秀姿：《论民事习惯在我国民法典中的角色定位》，载《学术论坛》，2005年第4期。

[②] ［德］埃克哈特·施里特著，秦海，杨煜东，张晓译：《习俗与经济》，第40页，长春出版社，2005年。

它将会退出历史进程,历史是生动的。因此苏鲁克民事习惯的用益功能是有社会需求的,并且苏鲁克民事习惯根据时代的发展不断地变迁,以适应社会的发展。(苏鲁克用益权的变动情况在论文的第五部分第一小问题中详加论述。)因此,对苏鲁克民事习惯的研究、整理以及法理解读对解决《物权法》规定的用益物权制度之外的其他各类财产上设定用益权,达到物尽其用目的具有重要的学术价值和实践价值。苏鲁克民事习惯是当今内蒙古等地牧区依然发挥重要作用的民事习惯,苏鲁克用益权的设定条件、双方的权利和义务、消灭和终止等实践环节的问题均可以从司法机关的民事判例、民间的苏鲁克用益权合同等生动鲜活的个案中得到归纳,并可以发现其规律。有学者认为用益权这种用益物权形式,我国民法仍是可以借鉴的。因为撇开其特殊的功能,对于除地上权、地役权、永佃权、使用权、居住权等之外的非所有人对他人之物的使用、收益的权利,我们可以在用益权前面冠以限定词,从而构建起与西方国家用益权不同的一种独立的用益物权形式。也就是说,这种情形下,不存在直接的"用益权"命名的用益物权,只存在,"……用益权"等用益物权形式。[①]大陆法系民法中成熟的用益权理论固然很重要,但本土的用益权制度的发现、整理和研究对创立其他用益权制度更具有实践经验知识价值。苏鲁克用益权民事习惯可以给国家民事立法中创设类似大陆法系的用益权制度直接提供制度资源的支持。苏鲁克民事习惯在历史上两次作为制度资源,成功地被援用于内蒙古人民政府社会改革问题。在内蒙古自治区建立之初,通过苏鲁克用益权的政府规制使牧区的经济改革中的问题得以解决。苏鲁克用益权的设定保障了建区初期的畜牧业的稳定发展。十一届三中全会之

[①] 屈茂辉:《用益权的源流及其在我国民法上的借鉴意义》,载《法律科学》,2002年第3期。

后的牧区,家庭承包制改革中的苏鲁克民事习惯又一次发挥了重要的作用。遗憾的是长期以来苏鲁克用益权的上述实践经验没有得到法学理论的总结和解读,尤其没有得到现代民法理论解读和研究,致使苏鲁克用益权的法律价值长期被遮蔽和埋没。苏鲁克民事习惯需要从两个方面详细加以研究和总结:一是对苏鲁克民事习惯在民间的运作目的、功能、合同的内容、公示效果等情况需要详尽的社会调查,以便了解其经济价值、社会价值和法律价值;二是对司法中的苏鲁克民事习惯的情况需要作详细的司法调查和解读。作为一项民事习惯,它会自然地投射到司法领域,当前对苏鲁克纠纷的解决,司法机关(法院)一般回避其性质的判断。司法机关对苏鲁克民事习惯性质的判断、各项权能的判断、公示方式的效力认可程度等动态活动对设立用益权制度具有很高的实践性的研究价值。

(五) 苏鲁克用益权的设立、消灭和内容

苏鲁克用益权是财产用益权的一种,在这里以大陆法系民法典规定的用益权为参照系,从比较视角的角度对其设立、变更、消灭以及内容做一个详细的归纳和总结。

1. 苏鲁克用益权的设立

取得苏鲁克用益权最主要的方式是设立用益权。苏鲁克用益权的设立通常可以依据法律设立,或依人的意愿设立。苏鲁克用益权的设立经过了依法律强制设定到当事人以合意设立两个发展阶段。苏鲁克用益权制度在蒙古史上最初作为一种游牧社会的社会保障扶助为目的而出现。在蒙古帝国时期,根据法令蒙古帝国时期每100只羊内,可支出1只羊,接济本部落至穷困者。[①] 这一法令是强制性的规定,贫者依据法律的规定而可以获得畜群用

[①] 奇格:《古代蒙古法制史》,第47页,辽宁民族出版社,1999年。

益权。苏鲁克用益权以法律设定的习惯在15世纪的北元时期的法律制度的规定中依然可以看到。《北虏风俗》记载:"诸畜皆其所重,然有穷夷来投,别夷来降,此部中人必给以牛羊牧之。至于孳生已广,其人已富,则还其所给,亦似知恤贫也"。[①] 16世纪蒙古社会的经济改革加速,政治上的特权阶层结构发生重大变化,身份制度的衰落使民事主体平等地位的获得变得可能。因此,进入了苏鲁克制度的设定以法律和合意两种形态的发展阶段。到了近代,苏鲁克用益权的设立才逐渐转变为纯粹以合意而成立。苏鲁克关系的发生以苏鲁克所有人和苏鲁克用益人的合意为前提,原则上不允许通过其他方式取得用益权。苏鲁克是一种物权制度,从而其设立和变更通常需要一定的公示方式,放苏鲁克时通常对所放的牲畜进行打印,以此向社会公示。在牧区的特定环境中此种公示方式具有很高的公信力,一般包括苏鲁克所有人在内其他牧民都坚信这种公示。我国《物权法》第24条规定了物权公示的效力问题,即"船舶、航空器和机动车等物权的设立、变更、转让和消灭,未经登记,不得对抗善意第三人"。在《德国民法典》中,用益权的设立一般是物权合意而设立,并且必须权利转移公示后方可生效。在《德国民法典》中用益权不能继承不能转让,因此排除了以继承等形式获得用益权的可能性。依据设立而取得用益权不是用益权产生的唯一方式,在德国民法中,用益权依设立而取得之外,它也可以依取得时效而取得,"即以取得用益权的意思占有,经过10年者,取得该权利"。[②]《德国民法典》中用益权的设立需要两个要件:一是合意为前提;二是必须符合公示原则。不动产以登记为公示方式,动产以交付为公示手段。

[①] 奇格:《古代蒙古法制史》,第47页,辽宁民族出版社,1999年。
[②] 孙宪忠:《德国当代物权法》,第254—249页,法律出版社,1997年。

苏鲁克用益权与大陆法系国家用益权的取得方式基本上要遵循相同的规则。唯一不同的就是公示方式。苏鲁克用益权是游牧经济中形成的民事习惯，在其特定领域，依据特定的公示性民事习惯而与大陆法系民法典中的用益权相区别。游牧经济中畜群不仅是可动物，而且是活物，在其上设定他物权，尤其用益物权之时，除了具备必要的公示程序之外，畜群用益人必须实际占有畜群，占有与印记制度结合起来才可以确定苏鲁克用益人获得了畜群的占有、使用和收益的权利。占有是获得财产支配权的最直接的表达方式，苏鲁克民事习惯也要遵守这一准则。在当前的市场经济条件下，苏鲁克民事习惯的传统公示方式弱化的趋势非常明显，但还没有完全失去公示职能。《法国民法典》规定的设立用益权的方式与《德国民法典》基本相同。《法国民法典》第579条规定："用益权依法律设立，或者依人之意愿设立。"[①] 根据《法国民法典》所规定的物权制度的设立、变更规则，用益权的设立必须进行公示。

2. 苏鲁克用益权的消灭

苏鲁克用益权的消灭有以下几种情况：

一是期间届满而消灭。苏鲁克用益权是在畜群之上设定的一种用益物权，根据其标的物——畜群的特质决定，一般有严格的期限，期限届满苏鲁克用益权也将消灭。合同期间届满而终止苏鲁克合同的情况是最常见的苏鲁克用益权消灭的情形。

二是苏鲁克用益人的死亡而苏鲁克用益权消灭。苏鲁克关系的确立通常具有强烈的信任性的特点，尤其牧民之间所设立的苏鲁克用益权更具有这一特质。苏鲁克所有人对苏鲁克用益人的牲畜管理技术、条件等非常地信任和了解，否则不可能设立苏鲁克用益权。因此，苏鲁克用益人的死亡导致苏鲁克用益权消灭。这

---

① 罗结珍译：《法国民法典》，第179页，中国法制出版社，1999年。

里值得注意的一个问题是苏鲁克所有权人的死亡不导致苏鲁克用益权的消灭。苏鲁克所有权人的继承人可以成为畜群的所有人。

三是苏鲁克所有权人收回畜群而苏鲁克用益权消灭。苏鲁克用益权实践中，苏鲁克所有人在特定情况下可以收回所放之畜群。在历史上，这一规则就很明确，主要是用益人经营不善，可能给畜群造成重大损失的情况下，所有人可以收回畜群。这是苏鲁克民事习惯中苏鲁克所有权人重要的权利之一，即监督权的体现。由于苏鲁克民事习惯是一种传统的习惯，对畜群所有人收回其畜群的法定条件的归纳只能依赖于历史上和当前合同中的约定内容。当前的苏鲁克合同也依稀可见这种规则。如内蒙古自治区东乌珠穆沁旗巴达尔胡嘎查和牧民那××之间签订的苏鲁克合同为例，在其第5条中规定："苏鲁克用益人不履行合同或者不有效管理畜群的情况下，嘎查有权随时可以收回畜群"。（该合同由东乌珠穆沁旗人民法院提供。原合同为蒙古文，合同全部条款内容为：一、给本户〔指那××——笔者注）的畜群为466只母羊；二、接苏鲁克一方加强畜牧业的管理，保障母出的98%；三、畜群所产仔畜的65%归嘎查所有，35%归个人所有，并作为报酬；四、各种税费：嘎查负责牧业税屠宰税，个人负责储存草料；五、苏鲁克用益人不履行合同或者不有效管理畜群的情况下，嘎查有权随时可以收回畜群；六、特别严重的自然灾害、传染病等出现之时双方协商确定；七、合同期限为一年（1999年8月20日—2000年8月20日），本合同签订之日起生效。〕又例如，"满铁产业调查所的预托事业"中明确规定："预托期间在饲养管理不良的场合随时可以更换预托"。[①] 在司法实践中苏鲁克合同被解除，苏鲁克用益权消灭的主要原因有两个方面：一是

[①] 〔日〕大渡政能：《关于东部内蒙古地带家畜预托惯例》，第186页，《满铁调查月报》，第11—21页。

苏鲁克用益人管理不善，导致牲畜受到严重损失，致使苏鲁克用益权的设定变得毫无意义，苏鲁克所有人收回剩余畜群而归于消灭的情况居多；二是苏鲁克合同期限届满。在第一种情况下，司法机关通常会支持苏鲁克所有权人的收回权，间接地也承认所有权人对用益人的监督权。经营不善的主要特征在于畜群头数急剧下降，已经影响到用益权设定目的为界线。苏鲁克所有权人收回畜群是苏鲁克用益权消灭的又一重要法定原因。

四是苏鲁克用益权标的物——畜群的灭失而苏鲁克用益权消灭。在内蒙古牧区自然灾害是畜群遭受重大损失的主要原因。随着牧区牧业设施的改善以及干草的储存量的增加使抗灾害的能力不断得以提高，但是特大的疫情、白灾、火灾等原因畜群全部灭失的情况也偶尔发生。内蒙古自治区经常发生的自然灾害主要是冬季的白灾，即大面积的雪灾以及春秋季的火灾，在内蒙古中部地区和西部地区，夏季的干旱也是重要的自然灾害。特大自然灾害是威胁牧民生产、生活的经常性的不可抗力事件，因此，一般牧民之间签订苏鲁克用益权合同中通常对此作出约定，这是历史上传承下来的一种习惯，是苏鲁克契约的重要内容之一。当前的苏鲁克合同，条款内容日趋细化，对自然灾害的防御以及发生自然灾害的情况下，双方如何处理均有一定的约定，有的合同中较详细，有的合同中则粗略地加以约定。当然，这种不可抗力事件的约定由于缺乏国家规定的标准而带来纠纷。如中国人民解放军六六三七九部队与呼伦贝尔市新巴尔虎左旗阿穆古朗镇居民魏××之间签订的苏鲁克合同为例，在其合同第 11 条中规定："如遇不可抗拒的自然灾害并造成重大损失时（必须和当地绝大多数牧户牲畜损失相当），双方协商解决"。[该合同由新巴尔虎左旗法律援助中心提供。以下是合同主要内容：中国人民解放军六六三七九部队（以下简称甲方）将牧场交由新巴尔虎左旗阿穆古朗镇居民魏××（以下简称乙方）经营管理，经双方协商订立承包合同如下：一、甲方将牧场牲畜、资产及设施交给乙方使用、管理，自 2003 年 8 月 1 日起至 2004 年 8 月 1 日止。甲方现有畜群情况如下：绵羊 464 只（其中基础母羊 260 只、2 岁母羊 15 只、2 岁及 2 岁以上羯羊 120 只、当年母羊 30 只、其他体魄健壮羊 33 只）、山羊 32 只，共计 490 只；另有马 4 匹。设备情况（略）；二、畜群按基础母羊数的 8% 增长，合同期满羊达到 510 只（其中不包括 2003 年冬储期间乙方向甲方所交羊数），合同期满时甲方畜群结构为：绵羊 477 只，山羊 33 只，其中绵羊包括基础母羊 275 只、2 岁母羊 30 只、2 岁羯羊 27 只、3 岁羯羊 15 只、4 岁以上羯羊 10 只、当年母羔 60 只、当年羯羊羔各 60 只。马匹保持原有 4 匹。另外 2003 年冬储期间（12 月底前）乙方向甲方交羊 120 只，所交羊平均出肉要在 30 斤以上，羯羊比例大于 70%。若乙方帮助甲方宰杀，羊皮及下水归乙方；三、乙方要制定切实可行的管理措施，保证畜群在数量、质量上的正常发展，要建立档案，提高经营水平。严格按照季节要求，认真做好防病、防疫工作，因疫病和人为的原因造成的牲畜损失由乙方负责；四、使用甲方设施（略）；五、甲方和乙方发展牲畜的牧业税、草场管理费由甲方负责解决，其他费用均由乙方负担，每年生产的羊毛、羊绒归乙方；六、乙方未经甲方同意不得代放其他单位或个人的牲畜，乙方自己管理的牲畜要向甲方如实报告数量；七、有关雇员的约定（略）；八、要求乙方不得违法的规定（略）；九、乙方与当地牧场和牧民处理好关系，如有草场纠纷等问题，应及时通知甲方，甲方帮助乙方交涉处理；十、合同期满乙方将承包的羊按合同规定数交还甲方，不能以小顶大，也不能以瘦弱牲畜和病畜顶数；十一、如遇不可抗拒的自然灾害并造成重大损失时（必须和当地绝大多数牧户牲畜损失相当），双方协商解决；十二、双方前款之事（略）；十三、担保单位和财产抵押：1. 担保单位为乙方担保，如乙方在履行合同方面出现违约，甲方可追究乙方和担保人的责任。2. 乙方以自己的 200 只羊作抵押；十四、合同期满，乙方圆满履行了合同，在同等条件下有优先承包权；十五、此合同共叁页，一式伍份，分别由甲方、乙方业务主管部门、甲方保密室和公证部门各执一份。] 苏鲁克用益权标的物的灭失是苏鲁克用益权消灭的法定原因之一。苏鲁克用益权的消灭大致以以上几种情况。《德国民法典》规定的用益权的消灭通常有以下几种类型：一是用益权人死亡，包括自然人的死亡和法人的消灭；二是用益权设定期限届满；三是用益权与所有权混同而用益权消灭；所有人收回财产而用益权消灭，通常情况来讲用益权人不当使用用益物，对所有权人的告诫不予理睬的情况下所有人通过诉讼可以把财产收回。《法国民法典》第 617 条规定了用益权消灭的情形：一是用益权人自然死亡或民事上死亡；二是同意设立用益权的期限届满；三是用益权人与所有权人之身份集合于同一人；四是经过 30 年期间，未行使使用权；五是设立用益权的客体物全部灭失。① 苏鲁克用益权消灭的情形与大陆法系国家民法所规定的法定情况基本上相吻合。由于苏鲁克民事习惯是一种民间的民事习惯，对其未行使使用权的情况下是否用益权消灭，没有相关的案例证实。另外苏鲁克用益权人与所有权人集合于同一人的情形而用益权是否消灭的问题同样不能以案例支撑。在这两点上苏鲁克用益权的消灭原因与传统的用益权不同。根据大陆法系民法的规定，用益权消灭后，权利人有将标的物返还给所有权人的义务。对此返还，应遵守物的返还的一般原则，即原物返还的原则。② 如果是用益权标的物造成损失，用益人没有过错的情况下，用益人不负责赔偿，用益物没有全部损失的返还剩余部分。如果用益权标的物损失，并且用

---

① 罗结珍译：《法国民法典》，第 185 页，中国法制出版社，1999 年。
② 孙宪忠：《德国当代物权法》，第 250 页，法律出版社，1997 年。

益人有过错的，承担赔偿责任。苏鲁克用益权消灭后的用益人的返还义务与大陆法系国家民法的规定基本上相同。

3. 苏鲁克用益权的内容

苏鲁克用益权是游牧经济中的民事习惯，蒙古帝国和北元时期虽然有法律的规制，但其具体内容没有以文字形式流传至今，并且经过几百年的历史进程，苏鲁克民事习惯本身也发生了诸多变化。因此，苏鲁克民事习惯内容的研究要依赖于苏鲁克用益权合同的收集、整理，还需要搜寻历史上苏鲁克契约、当前司法判例以及苏鲁克合同中反映出来的普适意义的条款进行梳理和归纳，必要时对不同时期的苏鲁克契约的内容进行比较研究。

依据牧区放苏鲁克时所遵循的习惯以及相关的政策，苏鲁克用益权人享有以下权利：

其一，苏鲁克用益权人对畜群有占有权。占有即对畜群实际支配的权利，对苏鲁克用益人的占有权他人不得妨碍。苏鲁克用益权人对畜群的占有权来自于苏鲁克民事习惯的公示效应，也是用益人获得使用、收益的前提条件。苏鲁克用益权的标的物——畜群的占有自签订合同、进行公示之日起转移给苏鲁克用益人。据大陆法系民法典立法精神，除了权利用益权之外，其他物上用益权、财产用益权的标的物必须用益人占有。《瑞士民法典》第751条规定："用益权期满时，占有人须返还用益标的物"。①《法国民法典》第600条规定："用益人，按物之当时状态受领用益物；但是，用益权人仅在对设定用益权的动产制作盘点清单，对不动产制作现状登记书之后，才能开始享有用益权。制度盘点清单或状态登记书，应所有人在场，或者按规定传唤所有人到场"。② 苏鲁克用益权人对畜群占有的仪式在蒙古族传统民事

---

① 殷生根译，艾棠校：《瑞士民法典》，第208页，法律出版社，1987年。
② 罗结珍译：《法国民法典》，第185页，中国法制出版社，1999年。

习惯中在野地进行，双方相互献哈达，在本地德高望重的老人、行政官员、双方亲属参与下移交畜群。① 这一传统在牧民之间以社会扶助和保障为目的设立的用益权中尤为重要。用益物的占有权能让苏鲁克民事习惯与用益权二者相同。

其二，苏鲁克用益权人对畜群有使用和收益的权利，原则上对畜群之上产生的孳息享有所有权。苏鲁克用益权的设立最初是以社会保障和扶助为目的，从而苏鲁克用益人对畜群不仅有占有权，还可以使用畜群，通过用益物——畜群，也可以收益的权利。畜群之上产生的所有利益归苏鲁克用益人。在过去，苏鲁克用益权的设定必须照顾到苏鲁克用益人畜群发展所需的结构需求和牧民游牧经济生产生活发展的畜群结构需求。用益人认为有必要在畜群中有一定数量的种畜，以便畜群的繁殖。为了管理上的方便，可以对畜群内部结构提出相关的要求。以清朝皇室苏鲁克为例：绵羊的预托（放苏鲁克）一般50头一群，牝羊每10头附加1头种羊。② 如果生产和生活需要，可以对畜群的结构提出其他要求。以中华人民共和国成立之前的内蒙古科右中旗高力板地区的苏鲁克契约中约定：预托头数一群5～200头，其中牝、牡、阉一定比例。犍牛可以自由役使。③ 牝牛、牡牛和犍牛对苏鲁克用益人而言，对其畜牧业生产和生活扮演不同的角色。如牝牛的牛奶可以给牧户日常生活饮食提供资源，牝牛是畜群繁殖所必须，犍牛是游牧移动、饮用水的车载和居家迁徙、串门等日常生产生活中提供畜力。畜群之上产生的其他利益，包括繁殖的子

---

① 参布拉敖日布：《蒙古族与畜牧经济文化》（蒙古文），第108页，内蒙古人民出版社，1999年。

② ［日］大渡政能：《关于东部内蒙古地带家畜预托惯例》，第179页，《满铁调查月报》（日文），第11—21页。

③ ［日］大渡政能：《关于东部内蒙古地带家畜预托惯例》，第179页，《满铁调查月报》（日文），第11—21页。

畜、乳制品、牲畜毛绒、畜群粪便全部归苏鲁克用益人所有。但随着苏鲁克民事习惯目的的多元化，畜群所产之子畜一般由苏鲁克所有人与苏鲁克用益人约定一定的分成比例，或者是直接规定子畜由苏鲁克用益人所有。例如，东苏尼特旗的畜牧局把300只母羊给牧民放苏鲁克后只要保证母羊的头数的情况下，所产子畜全部由牧民所有；所剪的羊毛全部归苏鲁克用益人；苏鲁克的奶油等皆归苏鲁克用益人使用或买卖。（此苏鲁克合同由内蒙古自治区苏尼特左旗法院提供。）

苏鲁克用益人的其他使用、收益之权利也可以通过约定的形式加以限制。如，所产羊毛双方可以约定一定的分成比例。随着苏鲁克用益权标的物的变化，在牧区大型牲畜的用益权设定日渐减少，一般是在羊群之上设定用益权。按苏鲁克合同的规则，苏鲁克用益人不能处分（法律和事实上的处分）畜群中的任何牲畜，但羊在畜牧经济中既是生产资料之一又是生活资料，在苏鲁克合同中又是一个集合物，每一只羊单独均可成为苏鲁克用益权的客体。因此就会出现用益人对少数牲畜可以买卖或者宰杀的问题。这种情况下，苏鲁克用益人可以以相同年龄、质量、数量的羊偿还给所有权人。这是苏鲁克用益权标的物的变化而产生的新情况，尤其在3~5年的苏鲁克合同中这种情况较普遍。大陆法系民法典所规定的用益权人的权利比较具体和详细。以《法国民法典》为例，第582—599条，共计18个条款中详细规定各种财产之上设定用益权之时用益权人所享有的权利。但从民法角度归纳起来无非是两个重要的方面：一是对用益物的占有权；二是对用益物的使用、收益之权利。总之，除处分的权利之外，用益人可以享有对标的物的全部权利。[①] 大陆法系民法典对用益权制度的规范已有了较长的时间，并且允许在动产、不动产、权利等各

---

① 孙宪忠：《德国当代物权法》，第250页，法律出版社，1997年。

种财产上均可以设定用益权，从而其用益权人的权利规定非常详细。

苏鲁克用益人的义务主要有以下几点：

其一，依据苏鲁克合同，按头数和畜种返还畜群的义务。通常情况是在苏鲁克合同中明确规定放苏鲁克的期限以及畜群的头数、畜种、质量、畜群结构，苏鲁克用益人约定期限届满之后有返还原畜群之义务。当前牧区苏鲁克合同期间通常1年为限，也有3年的。苏鲁克用益人合同期间届满后，按所打印之牲畜的印记，把畜群返还给苏鲁克所有权人。

其二，按约定或者畜群之用途使用牲畜之义务。在本文上一个问题就已经谈到，苏鲁克用益权的设定必须照顾到苏鲁克用益人畜群发展所需的结构需求和牧民游牧经济生产生活发展的畜群结构需求。每一种牲畜均有自己独特的用途，苏鲁克用益人必须遵循用益物的用途使用，否则所有权人有权要求改正错误，甚至解除苏鲁克合同。例如，大型动物为标的物的苏鲁克合同中不允许用益人对其进行宰杀，以相同畜群代之。对犍牛可以役使，但对牝牛不能役用，只能挤其奶；对马匹只能乘骑，不得用作其他用途；对羊群只能剪其羊毛，所产之子畜进行占有、买卖；对山羊可以挤奶，剪羊绒等。

其三，苏鲁克用益人对牲畜有妥善保管之义务。在多数苏鲁克合同中，如果苏鲁克用益人因其过失导致牲畜受损失的，承担赔偿责任，从而苏鲁克用益人对畜群必须精心饲养，否则承担赔偿责任。苏鲁克合同中一般对苏鲁克用益人的保管和管理义务做出约定。一是通过详细的条款加以列举；二是概括性的规定。以中国人民解放军六六三七九部队与呼伦贝尔市新巴尔虎左旗阿穆古朗镇居民魏××之间签订的苏鲁克合同为例，在其合同第3条中规定："乙方要制定切实可行的管理措施，保证畜群在数量、质量上的正常发展，要建立档案，提高经营水平。严格按照季节要求，认真做好防病、防疫工作，因疫病和人为的原因造成的牲畜损失由乙方负责。"（该合同由新巴尔虎左旗法律援助中心提供，合同详细内容见前文。）概括性地规定苏鲁克用益人的保管义务的情况较多。苏鲁克用益人的保管义务主要有以下几个方面：

一是认真做好防病、防疫工作。牧区畜群的防病、防疫工作非常的重要，一次重大的流行性疫情可能使牧民的财产损失殆尽，因此，古今苏鲁克契约中均很重视。过去由于牲畜疾病的防疫条件所限，不能做到有效防疫，因此合同中约定疾病导致牲畜死亡、并且苏鲁克用益人没有过错的不承担赔偿责任。以中华人民共和国成立之前的科尔沁左翼后旗公营子附近的一个蒙古人放苏鲁克的条件为例，双方约定："自然灾害而牲畜死亡的受托者（苏鲁克用益人）无义务补偿，牛皮由预托者享有"。[1]〔合同全部内容为：一群（苏鲁克）为20头（牝13、牡1、犍6）牛；牲畜失踪的情况下由受托者（苏鲁克用益人）补充；自然灾害而牲畜死亡的受托者（苏鲁克用益人）无义务补偿，牛皮由预托者享有；牧畜税由受托者来承担；预托者每3年精算1次，生产牛犊存活的（包括失踪、死亡）的1/10由受托者享有；苏鲁克用益人对犍牛的使用、牝牛的挤奶不受限制等。〕如今随着牧区抗疫情能力的加强，没有特大疫情的情况下，苏鲁克用益人也要承担责任，从而加重了苏鲁克用益人的保管责任。以呼伦贝尔市新巴尔虎左旗两户牧民之间签订的苏鲁克合同为例，合同第4条第3款中规定："牧放期间出现病害、狼害、丢失、传染病等均由乙方（苏鲁克用益人——作者注）负责"。（合同由新巴尔虎左旗法律援助中心提供。）

---

[1]〔日〕大渡政能：《关于东部内蒙古地带家畜预托惯例》，第183页，《满铁调查月报》（日文），第11—21页。

二是雪灾、暴风雨等自然灾害下苏鲁克用益人承担的保管义务。雪灾和暴风雨等自然灾害是内蒙高原上常见的一种自然灾害。过去牧区抗自然灾害的能力较差，牧民一般没有储存干草的习惯，遇到特大雪（白灾）灾、干旱牲畜大面积伤亡，从而合同中一般把特大的自然灾害规定为一种免责条款。但随着牧区畜牧业生产基础建设的不断投入，牧区的抗灾能力逐渐在提高，除了特大自然灾害之外，苏鲁克用益人要承担赔偿责任，并视为没有尽到保管义务。苏鲁克合同双方对自然灾害的不同理解，经常因自然灾害原因导致损失的责任而发生纠纷。笔者所收集到的苏鲁克用益权合同纠纷中，经常见到因自然灾害牲畜造成损失，双方对自然灾害有不同理解，最后诉至法院。对自然灾害虽然在合同中有一定的约定，但自然灾害的规模、危害程度、牧民抗灾能力等多种因素都可能对自然灾害的理解产生影响。一般在合同中约定：发生自然灾害的用益权人有义务通知苏鲁克所有人，双方采取预防措施，把损失减到最小的程度。以呼伦贝尔市新巴尔虎左旗两户牧民之间签订的苏鲁克合同为例，在合同第5条第3款中规定："如因特大雪灾难以继续履行合同承诺，必须尽快提前通知甲方，保证羊群不受损失，同时乙方无条件退回羊群，乙方不收任何费用"。[合同由新巴尔虎左旗法律援助中心提供。合同具体内容为：一，承包协定为12个月，自2001年6月1日至2002年6月30日止。二，甲方交给乙方羊数共计356只，其中基础母羊235只，当年羔羊117只，其中母羔羊58只，公羔羊59只，大犍羊4只。三，经甲乙双方协商，该羊群放牧时，在保证基础母羊100%前提下，明年接羔五五分成比例放牧：如现有100只基础母羊，甲方实收羔羊50只，并保证质量。四，乙方承担：1. 按照甲乙双方协商的议项，乙方牧放大绵羊（基础母羊）235只保畜率为100%（铁羊）。2002年春季接羔成活率给甲方保证50%，按235只基础母羊为准（实际数），甲方实收羔羊为118只，其中母羔羊59只，公羔羊59只。2. 2001年羔羊117只，保畜率100％。期满验收时的原标记羊，如有变动乙方负责，可以羊抵羊担保质量，如有经济赔偿大羊定价为每只300元，1岁羊定价为每只200元为准。（1）以上母羊、羔羊、犍羊牧放期间的牧业税、防疫费、药浴费（洗羊）、饲草、草原管理费等一切费用均由乙方承担负责解决；（2）2002年当年期满验收为止各种费用均由乙方负责；（3）牧放期间出现病害、狼害、丢失、传染病等均由乙方负责；（4）牧放期间内羊证号不得随意变动，要保持原标记（总数）；（5）如羊出现损失，虽然乙方承担责任，但必须得到甲方的认可；（6）如剪毛期一定做到防寒措施得力，如特大冰雹天气等造成损失由乙方负责，不列入灾害范围；（7）羊群在承包期内羊膘要保证，在春季6成夏季9成秋季10成；（8）羊毛归乙方所有，但羊必须在规定季节内剪完。五、甲方责任及权利：1.在承包期内，甲方有权使用及处理羊，但必须经乙方留字据作为期满验收结算的依据；2.在承包期内因乙方管理不善，放牧方式有问题，甲方有权收回羊群，并有终止合同的权利（即解雇权）；3.如因特大雪灾难以继续履行合同承诺，必须尽快提前通知甲方，保证羊群不受损失，同时乙方无条件退回羊群，乙方不收任何费用；4.本合同中甲乙双方如有协商的事项及未想到的事宜发生，要双方协商解决。六、合同自签订之日起生效。]

三是狼灾也是苏鲁克用益人尽保管义务时值得注意的一个问题。在中华人民共和国成立前后的苏鲁克合同中，把狼灾视为意外事件，如果畜群受到狼群的袭击时苏鲁克用益人尽到保管义务的不承担责任，如果没有尽到相关注意义务的，造成损失的，用益人承担赔偿责任。以中华人民共和国成立之前内蒙古阿鲁科尔沁旗昆都地区的苏鲁克契约为例："由于狼害或其他受托者（苏鲁克用益人——作者注）的不注意而造成的畜群伤亡的，赔偿一部分或全部损失,具体赔偿办法如下:1. 家畜时价的 1/3 由受托者负担的,牲畜尸体归预托者(苏鲁克所有人——作者注)所有;2. 家畜时价的 1/2 由受托者负担的,牲畜尸体归受托者(苏鲁克用益人——作者注)所有;3. 偿还的方式可以是柴草、牛粪、劳动,牛、马毙死或受到狼害袭击死亡的,受托者承担毙死牲畜时价 1/3 的,提供 100 日的赋役劳动,受托者承担毙死牲畜时价 1/2 的,提供 150~200 日的赋役劳动(可能有误,承担牲畜 1/2 时价的情况下提供劳动赋役的期间缩短才是,但这里反而比承担 1/3 时价的情况还要多承担一倍的劳动,不符合常理);4. 羊、山羊毙死 2 头的,受托者偿还幼畜 1 头(不管是牝还是牡),20 头羊(或山羊)毙死的承担 50~60 日的赋役劳动"。①因此,原则上,畜群受狼害造成损失的,苏鲁克用益人进行赔偿,视为没有尽到管理责任。当前的苏鲁克合同中基本上把狼害造成的损失以用益人未尽保管义务对待。

四是牲畜走失的以苏鲁克用益人未尽保管义务对待,对此造成的损失予以赔偿。苏鲁克用益权标的物,即畜群的特殊性,决定了苏鲁克用益人在实践中所承担的保管义务相对繁重,尤其随着牧区畜牧生产基础设施的改善而其保管义务也在发生着变革。

其四,承担苏鲁克用益权标的畜群上产生的各种负担。苏鲁克用益权标的上产生的负担是指畜群本身生存、发展所需的负担之外还有公法和私法意义上的其他负担,例如各种税收等。中华人民共和国成立之前的苏鲁克民事习惯中苏鲁克用益人对畜群之上产生的各种负担的承担并不明确约定。原则上而言,苏鲁克用益权标的物之上产生的各种负担由苏鲁克用益人承担,但部分苏鲁克契约中却可以看到相反的例子。例如,中华人民共和国成立

---

① [日]大渡政能:《关于东部内蒙古地带家畜预托惯例》,第 184 页,《满铁调查月报》(日文),第 11—21 页。

之前的科尔沁左翼后旗公营子附近蒙古人苏鲁克合同中约定："牧畜税由预托者来承担"。① ［契约具体内容如下：一群（苏鲁克）为20头（牝13、牡1、犍6）牛；牲畜失踪的情况下由受托者（苏鲁克用益人）补充；自然灾害而牲畜死亡的受托者（苏鲁克用益人）无义务补偿，牛皮由预托者享有；牧畜税由预托者来承担；预托者每3年精算1次，生产牛犊存活的（包括失踪、死亡）的1/10由受托者享有；苏鲁克用益人对犍牛的使用、牝牛的挤奶不受限制等。］现如今苏鲁克合同中畜群之上产生的各种负担通常均由苏鲁克用益人承担。这些负担主要包括：各种税费、畜群所需之饲草料、畜群防疫而产生的费用、草场使用费用等。以呼伦贝尔市新巴尔虎左旗两户牧民之间签订的苏鲁克合同为例，在合同第4条第2款第1项中规定："以上母羊、羔羊、犍羊牧放期间的牧业税、防疫费、药浴费（洗羊）、饲草、草原管理费等一切费用均由乙方承担负责解决"。（合同由新巴尔虎左旗法律援助中心提供。）又如呼伦贝尔市新巴尔虎左旗阿穆古朗镇牧民白××与甘珠尔苏木牧民通××之间签订的苏鲁克合同第3条规定："放苏鲁克期间的一切费用均由苏鲁克用益人通××承担"。（该合同由呼伦贝尔市新巴尔虎左旗法律援助中心提供。原合同为蒙古文。合同具体内容为：甲方白××，乙方通××平等自愿的前提下签订了苏鲁克合同。通××接养白××100只基础母羊。一，承包放牧期间为一年，2007年9月1日—2008年9月1日。二，通××接养白××100只基础母羊在自己的草场上放牧。到秋季，通××给白××30只好的羔羊。三，放苏鲁克期间的一切费用均由苏鲁克用益人通××承担。四，通××负责羊群防疫、抗灾所需饲草料等各项费用。五，出现羊缺失、

---

① 大渡政能：《关于东部内蒙古地带家畜预托惯例》，第184页，《满铁调查月报》（日文），第11—21页。

羊群混合、狼害等各项损失的通××负责。六，合同期满，交接羊群之时，必须保障羊群的羊膘和质量，如出现缺失、质量不符合的以同等质量的羊进行赔偿。七，合同履行过程中通××以自有的100只羊作为担保，保障合同的履行。八，合同期满为止，对所产之子畜与母畜同样对待放牧。）牧业税是牧区牧民承担的主要税收项目，以按养殖牲畜的头数交纳的一种税收。（牧业税的纳税人是牧区、半农半牧区从事牧业生产、牧养规定应税牲畜的单位和个人。牧业税的课税对象是指征收牧业税的牲畜品种，即放牧的牲畜。包括大牲畜中的马、牛、骆驼和小牲畜中的绵羊、山羊5种牲畜。2002年内蒙古自治区全面取消牧业税。）草原管理费（草原使用主体交纳的费用。征收标准不同，按牲畜头数或者草原面积征收），是为保障草原建设而收取的费用。这两项费用是公法意义上产生的负担，原则上由苏鲁克用益人承担。尤其双方对此无约定的情况下，应当由用益人承担。畜群本身的疾病防疫、抗灾措施原则上政府部门做指导，要求牧民必须采取措施。这些相关的费用由用益权人承担。苏鲁克用益权标的物之上产生的各种负担由用益人承担的规则是一种原则性的行为，苏鲁克所有人与用益人双方完全可以通过约定，对负担进行分担或者归某方承担。但无约定的情况下由用益权人承担。

《德国民法典》用益权制度中用益权人承担的义务主要为：一是维持物的原来用途，按照通常的经营方法使用标的物，不得对物进行改造和重大变更；二是不得过度收取果实。在因特殊情况而过度收取果实时，应负责恢复物的原状；三是负责注意保存物的义务，物有灭失和毁损的风险时，应及时通知所有权人；四是除因标的物的基本价值的正常增加而产生的私法上或公法上的负担由所有人承担之外，用益权人应当承担其他一切物的负担，包括各种税收等（另外，《德国民法典》还规定：对设立用益权之前已经存在标的物之上的各种限制物权，如抵押权等，用益权人也必须承受）；五是期限届满时返还标的物的义务。①《法国民法典》规定的用益权人的义务基本与《德国民法典》相同。《法国民法典》对牲畜之损失规定为：一是如用益权人仅仅是对某个牲畜设立，在该牲畜死亡的情况下，用益权人并无任何过错时，无需以另外的牲畜替代返还，也无需作价赔偿。二是如设立用益权的牲畜畜群因发生事故或疾病全部受损失，且用益权人对于其中并无过错，用益权人仅负向所有权人如数返还畜皮或者按返还之日估计的兽皮的价值。三是如畜群未全部受到损失，用益权人有义务以繁殖的牲畜补足损失的牲畜头数。② 大陆法系民法典用益权人的赔偿责任的认定上基本以过错原则作为归责原则。但根据第三项的规定，畜群未全部损失的用益人有义务以繁殖的牲畜补足损失之牲畜的规定很特殊。这可能与《法国民法典》规定的用益权设定之期间比较长有一定的关系。这一点上与苏鲁克用益权有所区别。大陆法系民法典对用益权人的义务针对不同种类财产，作了详尽的规定。作为一项民事习惯，苏鲁克用益权的规制需要可借鉴的内容很多。

苏鲁克民事习惯中的苏鲁克所有人的权利可以归纳为以下几个方面：

其一，苏鲁克所有人按约定要求返还畜群的权利。苏鲁克所有权人的返还请求权是基于其畜群在苏鲁克民事关系中不转移给用益人的体现，也是所有权权能的表现。根据苏鲁克民事习惯的实践，在两种情况下苏鲁克所有人可以行使返还请求权：一是苏鲁克合同期满，苏鲁克所有人以打印之牲畜记号、数目、质量要求苏鲁克用益人返还畜群之权利；二是苏鲁克用益人不当使用畜群或者管理不善畜群可能受损之时，根据约定有权要求苏鲁克用

---

① 孙宪忠：《德国当代物权法》，第249页，法律出版社，1997年。
② 罗结珍译：《法国民法典》，第185页，中国法制出版社，1999年。

益人返还畜群。如内蒙古乌珠穆沁旗巴达日胡嘎查与牧民那××之间签订的苏鲁克合同第5条中约定："接苏鲁克的一方不履行合同或者对畜群不尽心管理的情况下，放苏鲁克一方随时可以要求接苏鲁克一方返还畜群"。（该合同由东乌珠穆沁旗法院提供，原合同为蒙古文。）又以呼伦贝尔市新巴尔虎左旗两户牧民之间签订的苏鲁克合同为例，在合同第5条第2款中规定："在承包期内因乙方管理不善，放牧方式有问题，甲方有权收回羊群，并有终止合同的权利"。（即解雇权，该合同由新巴尔虎左旗法律援助中心提供，原合同为蒙古文。具体内容见前文。）因此，如果苏鲁克用益人没有按约定使用畜群或从畜群收益不当时有权提出异议，并可以通过救济途径收回用益权。从此意义上讲，苏鲁克所有权人对用益人使用和管理畜群的情况有权进行监督。

其二，苏鲁克所有人保留用益权的前提下有处分畜群的权利。畜群是集合物，每一个单独的牲畜都可以成为独立的财产，在畜群之上设定用益权之后，在不影响整体畜群的用益权的情况下苏鲁克所有权人可以处分个别牲畜的权利。如东乌珠穆沁旗牧民额××与肖××在2001年间签订苏鲁克合同，额××给肖××放了239头。2001年额××从所放苏鲁克的畜群中吃了1头母羊，冬季又吃了10只羊，所放苏鲁克剩下228只羊。（合同内容依据东乌珠穆沁旗法院提供的案件卷宗整理。卷宗内容为蒙古文，在法院的判决中承认这一处分行为并不违反合同，并且双方同意和有约定为前提。）在内蒙古牧区，苏鲁克用益权的设定上允许苏鲁克所有人在不影响畜群结构、用益等价值的前提下处分其部分牲畜。但这一处分权必须以不影响整个畜群用益功能为前提，否则以违约论处。

其三，苏鲁克所有权存在受到侵害的可能时有权要求苏鲁克用益人提供担保。在过去，中华人民共和国成立之前的苏鲁克契约中很少见到苏鲁克所有人让苏鲁克用益人提供担保的情况。以社会保障、扶助义务为目的的苏鲁克合同中一般不要求苏鲁克用益人提供相关的担保。但当今的苏鲁克合同中苏鲁克所有人让用益人提供担保的情形比较普遍。以营利为目的的短期苏鲁克合同中经常见到担保条款。在苏鲁克民事习惯实践中一般在签订合同之时为了合同的履行得到相应的保障，直接在合同中约定担保条款。如呼伦贝尔市新巴尔虎左旗阿穆古朗镇牧民白××与甘珠尔苏木牧民通××之间签订的苏鲁克合同为例，合同第7条规定："合同履行过程中通××以自有的100只羊作为担保，保障合同的履行"。（该合同由新巴尔虎左旗法律援助中心提供，合同原文为蒙古文。具体内容见前文。）又如中国人民解放军六六三七九部队与呼伦贝尔市新巴尔虎左旗阿穆古朗镇居民魏××之间签订的苏鲁克合同为例，在其合同第13条第1款、第2款中规定："担保单位和财产抵押：1.担保单位为乙方担保，如乙方在履行合同方面出现违约，甲方可追究乙方和担保人的责任。2.乙方以自己的200只羊作抵押"。（该合同由新巴尔虎左旗法律援助中心提供。具体内容见前文。）苏鲁克所有权人要求用益人以自有畜群作担保的规定是近年出现的一种新的迹象。担保物权是为债务的履行而设定的一种从属于主合同的制度。依据我国《物权法》第170条规定："担保物权人在债务人不履行到期债务或者发生当事人约定的实现担保物权的情形，依法享有就担保财产优先受偿的权利，但法律另有规定的除外"。苏鲁克用益权中的担保制度是为苏鲁克所有人所有权的风险而设定的担保，与传统的担保物权不同，这一现象可能与苏鲁克用益权日益债权化的倾向有关系。苏鲁克用益人担保给所有的自有畜群，并不因设立其担保而转移给苏鲁克所有人，类似于抵押担保。但在畜群这一类集合物、动产上设立抵押的做法不符合我国《物权法》规定的抵押担保物权。《物权法》第179条："为担保债务的履行，债务人或者第三人不转移财产的占有，将该财产抵押给债权人的，债务人不履行到期债务或者发生当事人约定的实现抵押权的情形，债权人有权就该财产优先受偿"。抵押担保有严格的法律规定的公示程序，而苏鲁克用益权中出现的上述担保行为并没有严格的公示过程。其形态比较特殊，在司法实践中担保物权的效力问题没有个案支撑，需要进一步观察其发展情况和形态。

其四，苏鲁克民事关系中苏鲁克所有权人主要承担以下义务：

首先，苏鲁克所有人不得妨碍苏鲁克用益人对畜群的使用、收益的权利。尤其畜群之上设定的整体用益权不能妨碍，否则视为违约。

其次，苏鲁克合同期间届满，按约定接回苏鲁克用益权标的物以及所产之仔畜的义务。牧区民事习惯实践中苏鲁克所有人对标的物畜群一般是合同期间届满，以双方约定的方式（按打印之标记）、时间接回。苏鲁克标的物畜群之上产生的子畜的接回方式、时间原则上是每一年的子畜在次年的春季羊群能吃饱青草后根据约定的数额，所有人把属于自己的子畜接回。[①] 如果苏鲁克所有人对标的物所产生之子畜不按上述规则接回，苏鲁克用益人则在第2年以相同子畜补之，对已经是2岁的牲畜不能提出所有权主张。如果订立3年的苏鲁克合同，以此类推，最后1年的子畜也应当是当年的子畜，既不能主张畜群前一年产生的子畜，也不能把其归入到苏鲁克原标的物中。苏鲁克用益权所有人对不按时收回分成子畜的承担相应的责任。[②]

再次，承担苏鲁克用益权标的畜群的增值而产生的负担的义

[①] 参布拉敖日布：《蒙古族与畜牧经济文化》（蒙古文），第110页，内蒙古人民出版社，1999年。

[②] 参布拉敖日布：《蒙古族与畜牧经济文化》（蒙古文），第110页，内蒙古人民出版社，1999年。

务。在苏鲁克合同中，通常双方对负担的承担均有一定的约定。在苏鲁克用益权中，苏鲁克用益人习惯上如果明知畜群上已经设立了限制物权，又愿意设立苏鲁克用益权的视为承受畜群上设立的限制物权。

　　大陆法系民法典用益权所有人的权利和义务没有专门加以规定。对用益权人承担的义务和享有之权利进行归纳、梳理可以总结出所有权人的权利和义务，有以下几点：一是用益权所有人按约定要求返还用益物的权利，这是用益权基本规则之一。二是对标的物中的埋藏物行使所有权。用益权人的权利不能扩及于标的物中的埋藏物。埋藏物无论何时被发现，均应返还给物的所有人。① 三是所有权人的利益可能受到侵害时有权要求用益权人提供担保。当用益权人行使权利的行为有明显损害所有权人利益的危险时，所有权人及其继承人可以要求用益权人提供担保。② 这也是所有权人对用益权人进行监督的一种方式。四是所有权人不得妨碍用益权人行使用益权，必要时承担用益权标的物之上产生的负担。如《法国民法典》第 609 条规定："对用益权期间可能加在财产所有权上的负担，由用益人与所有权人按照以下规定分担之：所有权人负担支付义务，用益权人应向所有权人支付利息。如应负担的费用已由用益权人垫付，用益权终止之时，有权请求返还本金"。③ 五是承担修缮之义务。如《法国民法典》第 605 条第 2 款规定："大型修缮仍由所有权人负担；但如此重大修缮系因用益权设立后缺乏维修保养所引起，则不在此限；此种情形，用益权人亦应负担之"。④

---

① 孙宪忠：《德国当代物权法》，第 249 页，法律出版社，1997 年。
② 孙宪忠：《德国当代物权法》，第 249 页，法律出版社，1997 年。
③ 罗结珍译：《法国民法典》，第 183 页，中国法制出版社，1999 年。
④ 罗结珍译：《法国民法典》，第 183 页，中国法制出版社，1999 年。

总之，大陆民法典规定的用益权种类较多，各种财产上均可以设定用益权，从而对用益财产所有权人的权利和义务的规定比较详尽，有些规则，如用益权所有人的要求担保之权利、修缮的义务，承担用益物之上产生的负担的规定与苏鲁克用益权有一定的区别。这种差异性的主要原因是苏鲁克用益权的标的物单一，用益权标的则相对比较复杂，从而其权利、义务的规定也不尽相同，但其基本规则是一致的。

4. 小结

通过对苏鲁克用益权和大陆法系用益权制度的比较分析，我们可以看到，苏鲁克用益权在法律实质上与用益权制度相同。苏鲁克制度是蒙古族游牧经济中产生发展起来的一整套制度，与游牧社会的各种习俗、习惯紧密联系在一起。用益权制度则是以农耕基础发展起来的规则体系。二者在文化基础上虽有差异性，但都具有浓厚的乡土气息的物权制度，对乡土社会的社会保障、物的物尽其用方面发挥着不可替代的作用。所有土地的开发利用是与其他因素相关，而这些因素对于法学家更为重要。① 苏鲁克用益权就是以牧场公有制为基础、游牧群牧经营方式结合而产生和发展的规则。大陆法系的用益权制度则是土地的私有制与农场经营方式相互作用的物权习惯的总结。大陆法系民法典的用益权制度原有的社会功能虽然已被其他社会保障制度所替代，但用益权目前仍然是一种有意义的权利。② 苏鲁克制度也在发生变化：一方面，广大的内蒙古牧区，虽然国家和社会相关保障制度正在建立，但当前还无法代替苏鲁克制度的独特作用；另一方面，以畜群的纯粹利用和收益为目的的苏鲁克用益权设定普遍的展开，成

---

① [奥]欧根·埃里希著，张菁译：《法社会学方法——关于"活法"的研究》，载《山东大学学报》，2006年第3期。

② 孙宪忠：《德国当代物权法》，第249页，法律出版社，1997年。

为主流价值趋向。中国是一个发展中的国家，也是一个极具变革的国家，把国家和社会的两种规则体系如何融合在一起，更好地释放积极意义的社会规则体系，成为法学研究领域的一个热门问题。对社会发展有益的社会规则体系发挥其更重要积极作用方面，苏鲁克用益权给我们提供了一个个案。希望类似于这样的个案被法学家们多多地挖掘、整理、归纳和研究，并论证其功能的释放途径和方法。人类的生存方式有一定的共性，因此，可以借鉴域外相关制度的经验，给我们传统制度的解读和分析提供理论支持，并且吸收其符合我国国情、民情的制度，充实传统制度的不足，也给传统制度与国家相关法律制度的对接提供理论平台。

四、迷失的知识传统及其解决进路选择

诚如"民间的习惯并不总是陋习,也并不是固定不变"[①]一样,苏鲁克民事习惯作为游牧经济中产生的民事习惯,已经经历了近千年的实践,在蒙古族游牧经济史进程中随处可见其身影。苏鲁克民事习惯有如此顽强的生命力,除了依靠传统的游牧生活方式之外,还有一个不容忽略的一个因素,这就是不同历史时期的民众或者官方给它注入了新的适应社会发展的积极要素。"作为上层建筑之一部分的习惯一定会并总是会随着社会生产、生活方式的变化,随着社会制约条件的变化而不断流变"[②]。苏鲁克民事习惯大概经历了三个关键发展阶段:第一个关键阶段是15世纪北元时期社会改革中援用苏鲁克制度,纯粹社会保障为目的的制度转变成以营利和社会保障双重功能的制度,刺激了畜牧业大发展的同时也获得进一步发展的机遇。第二个关键阶段是20世纪40年代内蒙古自治区成立初期,苏鲁克制度给社会主义改革提供了制度资源,实现了社会公正。内蒙古自治区建区初期对苏鲁克制度的规制行为给苏鲁克制度在改革开放初期的复活埋下了伏笔。第三个关键阶段为20世纪改革开放之后,伴随市场经

[①] 苏力:《当代中国法律中的习惯——一个制定法的透视》,载《法学评论》(双月刊),2001年第3期。

[②] 苏力:《当代中国法律中的习惯——一个制定法的透视》,载《法学评论》(双月刊),2001年第3期。

济的发展退回到民间。退回民间的苏鲁克制度的发展虽然有了更大的空间，但也增加了很多不确定的因素。漫长的发展进程中苏鲁克民事习惯几经沉浮，不断适应社会的发展，但从来没有人对此给予更多的法学视角的关注。今天它遇上了法学研究多元的时代，从而有幸被人们所理解和解读。市场经济因素、内蒙古牧区各项社会改革以及传统游牧生活方式的转变使苏鲁克民事习惯发生了前所未有的变化。但其法律实质仍然没有发生根本性的变化。作为一种民事习惯，中国法制环境（不重视民事习惯）以及法学研究状况（不承认法律多元）等各种因素决定了苏鲁克民事习惯在国家（政府）、司法及民间三者之间徘徊游离，因此对其新的发展、变化加以研究和解读是非常重要的问题。这一研究对中国传统民事习惯在国家民事法律制度中的角色定位、司法机关面对民事习惯的态度以及民间生活中民事习惯的调整作用等热点问题的研究提供一个范例。

（一）苏鲁克用益权新动向

1. 苏鲁克标的变化

苏鲁克民事习惯从改革开放之初开始，其最显著的变化之一是苏鲁克用益权的标的物——畜群结构发生了根本性的改变。在历史上，游牧社会的生存、发展基本上依赖于畜群。作为一项重要的社会保障和扶助为目的发展起来的苏鲁克民事习惯，在其早期发展阶段特别注重游牧社会发展所需的畜群结构。蒙古人所饲养的五畜，其种类不同，对生产生活所发挥的作用也不同，这一点在文章前面已大概地交代过。马匹在传统游牧社会中用途主要有5个方面：一是在战争中发挥重要作用。在冷兵器时代，乘骑马匹的游牧部队的机动性发挥到极致，马镫的发明提高了骑射效

四、迷失的知识传统及其解决进路选择　　237

率,因为它可以让人在奔驰中很准确地回射①;二是作为日常生活中的交通工具;三是作为放牧乘骑之用;四是用马匹鬃毛等捻绳子。五是挤马奶制作马奶酒。马在传统游牧社会中的特殊角色决定了游牧人特别喜爱马匹。拉第尔在《人类的历史》一书中描绘中亚马背民族时谈到:"草原上可以找得到大量的强壮、长颈的马匹。对蒙古人和土库曼人来说,骑马并不是一种奢侈,连蒙古牧羊人都是在马背上看管羊群的。孩子们很小就学会骑马,3岁的男孩经常在一个安全的童鞍上学他第一堂的骑术课"。② 马匹同样在游牧社会中以群放牧,并且不是每天都照看,几日之内照看即可。马群由一匹雄马,以及若干数量的母马和马驹构成,雄马是整个马群的领头马,马群中不允许存在两匹雄马。马对游牧经济中的特殊作用及放牧方式的松散两方面因素,决定了历史上基本见不到私人之间以马群为标的物的苏鲁克契约。马匹在官方苏鲁克民事习惯中比较普遍。如《阿拉善蒙古律例》道光17年(1837)5月12日的判决中,出现了放官方马群苏鲁克的记载。(这是一件抢劫案件的判决。判决中犯罪人供述,自己是札兰忠马群苏鲁克的承揽者。见奇格:《古代蒙古法制史》,第210页,辽宁民族出版社,1999年。)《阿拉善蒙古律例》道光2年3月19日的规定中也有官方苏鲁克的记载。具体为:"查近数年来,本王(指阿拉善札萨克王爷)苏鲁克绵羊增多,水草感到缺乏,如能将和希格图木伦河沿,除原有仓里种的地以外,将其余我旗属下家人等所种之地永远禁止。将河水下放,以供苏鲁克绵羊饮用,在后日对绵羊及马群苏鲁克有莫大之利益。为此,规

---

①　[美]拉铁木尔著,唐晓峰译:《中国的亚洲内陆边疆》,第43页,江苏人民出版社,2005年。
②　转引自孟驰北:《草原文化与人类历史》(上卷),第109页,国家文化出版公司,1999年。

定今后禁止在该河沿种田地。永为定例遵行，记入印文档册"。①官方的马群苏鲁克、绵羊以及骆驼等苏鲁克带有公共所有的味道。马群虽然不能作为苏鲁克用益权之标的物，但为了放牧等需要，可以与其他畜群一起放苏鲁克，几匹马可作为苏鲁克标的物，让用益权人使用。苏鲁克期限届满的，连同畜群一同返还给苏鲁克所有权人。以中国人民解放军六六三七九部队与呼伦贝尔市新巴尔虎左旗阿穆古朗镇居民魏××之间签订的苏鲁克合同为例，在其合同第1条中规定："一，甲方将牧场牲畜、资产及设施交给乙方使用、管理，自2003年8月1日起至2004年8月1日止。甲方现有畜群情况如下：绵羊458只（其中基础母羊260只、2岁母羊15只、2岁及2岁以上羯羊120只、当年母羊30只、其他体魄健壮羊33只）、山羊32只，共计490只；另有马4匹"。（该合同由新巴尔虎左旗法律援助中心提供。具体详细内容见前文。）按蒙古人的习惯，苏鲁克制度在社会保障为目的设立之时必须要考虑苏鲁克用益人的生产和生活所需。因此，马群在私人之间的苏鲁克用益权中始终没有成为占主导的标的物。

牛群是苏鲁克用益权中经常见到的标的之一。牛群是游牧生活中不可缺少的生产资料和生活资料。牛群不仅给牧民日常饮食生活提供资源，而且还是传统游牧经济生产中的动力资源，即牛给游牧经济提供畜力。牝牛是传统游牧牧民日常生活中不可缺少的畜种，牝牛除满足牛群繁殖之外，其牛奶是牧民饮食的主要构成部分，牧民高营养价值肉食的一部分还来自牛群。犍牛是传统游牧生活中最重要的畜力资源，游牧生活的日常移动、长短距离的游移均需要犍牛畜力。蒙古历史上大范围的移动、征战均需要数量庞大的犍牛组成的动力。牛皮等畜产品还给游牧社会其他日常生活提供重要的资源。如以牛皮制作靴子等。以牛群为标的苏

---

① 奇格：《古代蒙古法制史》，第201页，辽宁民族出版社，1999年。

四、迷失的知识传统及其解决进路选择

鲁克用益权给苏鲁克用益人解决了三个问题：一是通过牛群苏鲁克用益人可以获得日常生活所需的乳制品。苏鲁克合同中，牛群所产乳制品是归苏鲁克用益人占有、使用和所有；二是牛群之上设定用益权可以解决苏鲁克用益人牧业生产所需畜力；三是牛群苏鲁克可以给苏鲁克用益人提供繁殖牛群的机会；四是牛群所产生之牛粪给牧户提供生活所需之燃料。以内蒙古科尔沁右翼中旗高力板地区的牛群苏鲁克契约为例，双方在合同中约定：预托牲畜头数通常为 5～200 头不等，其中性别上有一定的比例（牝、牡、阉）；畜群所产子畜归预托者，但成绩好的受托者也可以获得有限的子畜；牲畜死亡的受托者不予赔偿，畜皮要上交给预托者；去势之犍牛可以自由役使；畜产之物（乳制品和牛粪）归受托者。① 只要是苏鲁克用益人需要，并且苏鲁克所有人能够提供，以牛群为标的物的苏鲁克合同中的畜群结构就得合理安排，满足游牧生产和生活需求。牛群在游牧社会的特殊地位决定了在改革开放之前的苏鲁克合同中，以牛为标的物的合同比较常见。但伴随传统牧业生产力的提高，尤其机械动力的发展，以及20世纪90年代之后生态的恶化，以牛群为标的物的苏鲁克合同基本上消失了。牧区牧民传统饮食结构也发生了一定的变化，乳制品日益市场化的情况下，牧民除了满足自身日常生活所需的母牛之外，拥有完整畜群结构的牧户日益减少。以内蒙古自治区乌兰察布市察哈尔右翼后旗乌兰哈达苏木阿来乌苏牧民家畜结构为例：从前，他们饲养马、牛、羊和山羊3种家畜。马群则在进入20世纪90年代以后基本上消亡了。就是牛，现在也变得十分稀少了。马的消亡可以看做是经济规律在起作用，而牛的减少则无疑是因为生态环境方面的影响。因为牛这种家畜，其经济价值在

---

① ［日］大渡政能：《关于东部蒙古地带家畜预托惯例》，《满铁调查月报》（日文），第 11—21 页，第 182—183 页。

目前并没有降低,其减少实际上是因为环境变化而使牧草减少引起的。牛这种动物由于其生物学上的特征所限,无法采食稻草茎较低的牧草。因而,牛越来越变得无法适应变化了的环境。① 以该高特1997年畜群结构为例,牛的数量由于环境压力而急剧减少。

阿来苏木高特牧民家畜拥有状况一览表(1997年)②

人口	羊头数	人均头数	牛头数
2	250	125.0	19
3	150	50.0	5
2	110	55.0	6
4	100	25.0	5
2	80	40.0	7
4	50	12.50	0
2	40	20.0	3
2	6	3.0	0
合计	21	786		45

牛群的急剧减少在内蒙古各地的情况基本与上述阿来苏木高特相同。植被较好地区的牛群头数也在急剧减少。这种整个游牧畜牧业畜群结构的变化给苏鲁克用益权的设定带来了很大影响。苏鲁克用益权标的物向单一化的方向发展。苏鲁克民事习惯标的物结构性的变革对苏鲁克合同的法律特质、功能以及履行方式的影响甚大。

驼群是游牧经济中主要运输力量之一。中华人民共和国成立

---

① 阿拉腾:《文化的变迁——一个嘎查的故事》,第196页,民族出版社,2006年。
② 阿拉腾:《文化的变迁——一个嘎查的故事》,第196页,民族出版社,2006年。

四、迷失的知识传统及其解决进路选择

之前，内蒙古西部地区交通不发达，驼群是给牧民提供运输力量的重要工具。在戈壁和沙漠地区由驼群组成的驼队成为交易的主要形式。驼群的分布主要是在内蒙古西部地区，东部地区不具有普遍性。使用骆驼的技术可以自由地在最贫瘠的草地上来往，也可以利用它到达距离较远，但是水草较好的地点。① 在传统游牧社会中，骆驼是综合运输功能的重要组成部分。当今驼群由于环境压力、经济价值、传统运输功能让位于机械运输等原因，同样也迅速地退出了苏鲁克用益权标的物范围。在历史上，只有内蒙古西部阿拉善地区的官方苏鲁克中偶尔见到驼群苏鲁克用益权，当前所收集到的资料中基本不见私人之间驼群苏鲁克用益权。清咸丰四年十二月二十二日阿拉善王爷给清廷呈报批准的谕令中记载：遵命用私力开采哈拉津胡查的银矿，任务紧迫。估计用开挖的人工达尔汗、箭丁等 1200 人及汉人 100 人，预支工资需要 3000 至 4000 两银子，乌拉驼用 700 多只。为此，需向伊贺（蒙古语，"大"的意思）苏鲁克（阿拉善王爷苏鲁克），公协理台吉、官员等，胡图克图喇嘛及沙毕那尔（蒙古语：徒弟）等，苏木、台吉们的哈力雅图（蒙古语：属民、治下）等普遍摊派乌拉驼。② 再以中华人民共和国成立之前内蒙古自治区乌拉特中旗扎萨克王爷之诺颜仓苏鲁克为例：据 1943 年不完全统计，共有骆驼三群（分为空胎群和怀胎群），约有 600 峰，驼群内有畜群长 1 人，放牧员若干人，马 5 群（分为大、小群），约 1500 匹。③ 内蒙古自治区成立初期的苏鲁克改革中也见到驼群苏鲁克合同。内蒙古自治区成立后以驼群为标的物的苏鲁克合同中一般

---

① ［美］拉铁木尔著，唐晓峰译：《中国的亚洲内陆边疆》，第 48 页，江苏人民出版社，2005 年。

② 奇格：《古代蒙古法制史》，第 201 页，辽宁民族出版社，1999 年。

③ 中共乌拉特中旗委员会党史资料征集办公室、乌拉特中旗地方志编纂办公室：《乌拉特中旗史料》（第 4 辑），第 176 页，1988 年。

约定：如果接活 8 峰驼羔，放驼者可得 1 峰驼羔，不到 8 峰，工钱以现金计算，驼毛属于放驼者，放驼者有使用权并可以雇给他人租放。① 在一些地方，政府对苏鲁克合同之双方驼群之子畜分成、畜产品、运输所得等内容做出了强制性的规定。

以内蒙古自治区建立初期乌拉特中旗驼群苏鲁克为例：②

级别	放牧数目	工资（以 2 岁驼计）
一级	25～35	1
二级	40～55	2
三级	60～75	3
四级	80～100	4
五级	101～150	5
备考	1. 驼皮一律归资方 2. 运输运费劳资双方平分，但驼毛一律归劳方	

羊群是苏鲁克用益权中最具有普遍性的标的物。羊群是传统游牧经济中最主要的生活资料。上述牲畜中没有一种能像羊那样能对草原游牧民族提供较高经济价值。③ 传统游牧社会的羊群给牧户提供三个方面的主要供给：一是解决牧户日常生活所需奶制品和肉类食物；二是羊毛等畜产品是蒙古包、毡帐、毡子等游牧社会居住所需的原材料，也是蒙古人毡帐建筑物的主要建筑材

---

① 转引自中共乌拉特中旗委员会党史资料征集办公室、乌拉特中旗地方志编纂办公室：《乌拉特中旗史料》（第 2 辑），第 178 页，1988 年 6 月印刷。另外这是所收集到的唯一一个苏鲁克用益人获得畜群用益权之后可以给他人再进行放苏鲁克的契约。这一现象的出现可能与驼群结构以及放牧方式有关。驼群结构主要是公驼、母驼、驼羔等畜群放牧结构所需。

② 中共乌拉特中旗委员会党史资料征集办公室、乌拉特中旗地方志编纂办公室：《乌拉特中旗史料》（第 4 辑），第 72 页。

③ ［美］拉铁木尔著，唐晓峰译：《中国的亚洲内陆边疆》，第 48 页，江苏人民出版社，2005 年。

料；三是羊皮可以制作成各种皮袄、帽子等衣物，尤其寒冷的冬季更需要羊毛、羊皮等材料制作衣物。羊群是游牧社会日常生活中不可或缺的生活材料，从而一直在游牧社会生产、生活中占有重要的地位。在传统社会保障和扶助为目的设立的苏鲁克用益权中，羊群是经常性的标的物。苏鲁克用益权人通过羊群苏鲁克用益权可以解决日常生活所需的一切需求，并根据约定对羊群所产之仔畜享有大部分或者全部的所有权，从而可以短时间之内摆脱赤贫，生存和生活有了保障。山羊与绵羊同样，其奶制品、羊绒、羊皮、羊肉等畜产品是牧民生活资料的主要组成部分。山羊比绵羊更耐寒、抗灾能力更强，因此有句谚语"有急需就要养山羊"。

当前，随着生态、经济等各种原因，牛群、驼群已经退出苏鲁克用益权之标的范围，羊群则依然是当前苏鲁克民事习惯的重要标的物。传统"蒙古草原生活的技术是永远依赖马、牛、骆驼的综合运输功能，依赖作为基本财富准则的羊群。其成分的组成比例，则根据从西伯利亚森林到戈壁中心的各地环境的不同而有所区别。即使是拥有最好的马场部落的军事优势，如果不是为了保护羊群和牧羊地，也没有持久性价值"。① 在今天的内蒙古，统一政权的建立、狼等自然灾害的消除使得马匹对畜群的保护功能已经没有存在的价值了。各种发达的机械运输工具的普及使马群、驼群、牛群（犍牛）的运输功能退出历史舞台。尤其马群、驼群的传统功能已经丧失。苏鲁克用益权标的物变迁是与传统游牧经济中的畜群结构变化紧密相连的，即传统游牧经济中的畜群整体结构性的需求已经没有存在的经济基础了，其功能结构发生了根本性的变化。这一变迁的经历对苏鲁克民事习惯产生了很大

---

① ［美］拉铁木尔著，唐晓峰译：《中国的亚洲内陆边疆》，第48页，江苏人民出版社，2005年。

的影响。

首先，伴随苏鲁克用益权的单一化，苏鲁克用益权日益向债权化方向发展。在历史上形成的对畜群的使用功能日益减弱，取而代之的是通过苏鲁克用益权获取利益的作用凸现出来。在当前苏鲁克用益权中，苏鲁克双方均以通过羊群之上设定用益权的形式各自获利为主要目的。除养老、扶贫、生态恶化等原因无偿设定苏鲁克用益权之外，大部分苏鲁克均是有偿用益权。羊群在牧区传统生活中的饮食、穿戴、生活供给日益减弱，作为小牲畜，其商品化的性质凸现出来，双方在羊群之上设定用益权的目的从原有的使用、收益两种目的简化为单一的收益为目的。双方设定用益权而获得的仔畜不再是简单的满足日常生活所需，而是直接进入市场，成为重要的畜产品。这种标的物的变化使苏鲁克用益权债权化的表现是：一是作为集合物的畜群，其单个的独立物的债权化比较明显，也就是说，双方约定而获取的牲畜均可以以相同质量、性别、种类的牲畜替代；二是苏鲁克用益权标的物损失的可以以金钱进行赔偿；三是苏鲁克用益权设定期间在缩短，从当前收集到的苏鲁克合同分析，大部分苏鲁克合同的期间为1年时间，只有因社会保障、养老、生态恶化等原因设定的苏鲁克合同的期间一般约定3~5年时间。

其次，传统公示方式的公示作用在减弱。在大型牲畜退出苏鲁克用益权标的物之后，苏鲁克用益权的使用功能减弱，烙印技术日趋简化，印记制度中最主要的烙印文化存在消失的危险。公示的作用只有在第三人侵权之时才可以体现出来。

最后，苏鲁克用益权标的物的单一化还导致苏鲁克所有权人与用益人对畜群的处分权发生了变化。在传统苏鲁克用益权中所有权人原则上不能处分苏鲁克用益物，但羊群这一单一化的标的物可以以同种类、质量和数量的其他牲畜代替，从而苏鲁克所有权人经苏鲁克用益人的同意，在不影响苏鲁克用益权的前提下可以处分部分标的物。这在以往的苏鲁克用益权中并不常见。与此相对应的，苏鲁克用益人在不违背约定的情况下，还可以有一定的处分权。

2. 苏鲁克内容变化

苏鲁克民事习惯在转型时期其内容与传统的苏鲁克用益权相比较而言也发生了一定的变化。苏鲁克用益权内容的变化可以归纳为以下几个方面：

首先，苏鲁克合同内容的规定更加细化。传统苏鲁克契约内容相对比较简单，主要是畜群的使用、收益方面的粗略的规定，其他未规定之事通常以习惯法进行处理。以中华人民共和国成立之前的科尔沁左翼后旗公营子附近的蒙古人苏鲁克合同内容为例：一群（苏鲁克）为20头（牝13、牡1、犍6）牛；牲畜失踪的情况下由受托者（苏鲁克用益人）补充；自然灾害而牲畜死亡的受托者（苏鲁克用益人）无义务补偿，牛皮由预托者享有；牧畜税由预托者来承担；预托者每三年精算一次，生产牛犊存活的（包括失踪、死亡）的1/10由受托者享有；苏鲁克用益人对犍牛的使用、牝牛的挤奶不受限制等。① 从合同内容文本分析，可以归纳出1947年前苏鲁克合同的主要内容：一是标的物的种类、数量以及结构比例；二是苏鲁克用益人承担赔偿责任的情形、免责条款和保管责任；三是苏鲁克标的物之上产生的负担的分担规则；四是合同的有效期间；五是畜群之上产生的各种孳息的用益分配方法和方式；六是畜群使用权。当前苏鲁克合同中上述条款在内容上均日益细化，责任的承担方式以及免责条款等方面均有了一定的变化。如对苏鲁克合同中标的物的种类、性别、质量的要求更加详细。以中国人民解放军六六三七九部队与

---

① ［日］大渡政能：《关于东部蒙古地带家畜预托惯例》，《满铁调查月报》（日文）第11—21，第183—184页。

呼伦贝尔市新巴尔虎左旗阿穆古朗镇居民魏××之间签订的苏鲁克合同为例，在其合同第 2 条中规定："畜群按基础母羊数的 8%增长，合同期满羊达到 510 只（其中不包括 2003 年冬储期间乙方向甲方所交羊数），合同期满时甲方畜群结构为：绵羊 477 只，山羊 33 只，其中绵羊包括基础母羊 275 只、2 岁母羊 30 只、2 岁羯羊 27 只、3 岁羯羊 15 只、4 岁以上羯羊 10 只、当年母羔 60 只、当年羯羊羔各 60 只。马匹保持原有 4 匹。另外 2003 年冬储期间（12 月底前）乙方向甲方交羊 120 只，所交羊平均出肉要在 30 斤以上，羯羊比例大于 70%。若乙方帮助甲方宰杀，羊皮及下水归乙方。"（该合同由新巴尔虎左旗法律援助中心提供。合同主要内容见前文。）

其次，苏鲁克合同免责条款外延日益缩小，用益权人的保管义务增加。苏鲁克合同免责条款是苏鲁克合同双方当事人对标的物——畜群的损失进行分担的规则，也是确定苏鲁克用益人赔偿范围的重要根据。当前用益权人的保管义务以及免责条款的规定与 1947 年前的苏鲁克合同相比较，也发生了重大转变。以往苏鲁克民事习惯中，苏鲁克用益人尽到保管人的义务，在自然灾害、狼害、疾病等原因产生损失的，用益权人不承担赔偿责任。自然灾害、狼害、疾病等自然灾害是免责条款的法定原因。但在当前的苏鲁克民事合同中上述免责条款有的已经不再是免除苏鲁克用益人赔偿责任的条款了。狼害在当前苏鲁克合同中已经不再是免除苏鲁克用益人赔偿责任的法定原因。由于苏鲁克用益权人看管不善，畜群受到狼群袭击的均要承担赔偿责任。以呼伦贝尔市新巴尔虎左旗阿穆古朗镇牧民白××与甘珠尔苏木牧民呼××之间签订的苏鲁克合同为例，合同第 5 条中约定："合同履行过程中羊群丢失、羊群混合、狼害等原因造成的损失均由呼××承担"。（该合同由新巴尔虎左旗法律援助中心提供，合同原文为蒙古文。具体内容为：甲方白××，乙方呼××平等自愿的前提

四、迷失的知识传统及其解决进路选择　　247

下签订了苏鲁克合同。呼××接养白××250只基础母羊。一，承包放牧期间为一年，自2005年10月11日—2006年10月11日。二，呼××接养白××250只基础母羊在自己的草场上放牧。250只羊的子畜归呼××所有，到秋季，呼××给白××60%羔羊。三，放苏鲁克期间的一切费用均由苏鲁克用益人呼××承担。四，呼××负责羊群防疫、抗灾所需饲草料等各项费用。五，出现羊缺失、羊群混合、狼害等各项损失的呼××负责。六，合同期满，交接羊群之时，必须保障羊群的羊膘和质量，如出现缺失、质量不符合的以同等质量的羊进行赔偿。七，合同履行过程中呼××以自有的250只羊作为担保，保障合同的履行。）

　　在中华人民共和国成立之前的苏鲁克契约中由于狼害而造成畜群损失的，苏鲁克用益人通常以下列规则处理：一是不承担赔偿责任；二是苏鲁克用益权人与所有人按比例承担损失。如中华人民共和国成立之前的昆都地方爱根庙苏鲁克契约中约定："狼害或其他受托者的不注意而牲畜伤亡的赔偿一部分或全部"，并规定了具体赔偿办法。［大渡政能：《关于东部蒙古地带家畜预托惯例》，《满铁调查月报》（日文），第11—21页，第184—185页。据调查资料，具体办法是：①家畜时价的1/3由受托者负担的，牲畜尸体归预托者（苏鲁克所有人——作者注）所有；②家畜时价的1/2由受托者负担的，牲畜尸体归受托者（苏鲁克用益人——作者注）所有；③偿还的方式可以是柴草、牛粪、劳动，牛、马毙死或受到狼害袭击死亡的，受托者承担。毙死牲畜时价1/3的，提供100日的赋役劳动，受托者承担毙死牲畜时价1/2的，提供150~200日的赋役劳动；④羊、山羊毙死2头的，受托者偿还幼畜1头（不管是牝还是牡），20头羊（或山羊）毙死的承担50~60日的赋役劳动。］自然灾害、病害等原因造成畜群损失的，在以往苏鲁克契约中苏鲁克用益权人不承担赔偿责任,免除其保管义务。这种自然灾害、疾病灾害是过去内蒙古牧区所无法有效抗衡的天灾,天然放牧的因素占有重要比重,畜牧业的抗灾能力较低。内蒙古自治区自治政府建立之前,内蒙古自治区东部、西部以及中部地区受不同政治势力所控制,不能形成有效的畜牧业管理机制,影响了畜牧业生产力的提高。以中华人民共和国成立之前阿鲁科尔沁旗哈都拉克沁附近的苏鲁克契约为例,在其第7条中规定:"家畜病死、饿死的情况下,牲畜耳朵、畜皮或者尸体交给预托者([日]大渡政能:《关于东部蒙古地带家畜预托惯例》,《满铁调查月报》(日文),第11—21页,第184—185页。合同具体内容为:1.预托畜群以7到29头形成一群;2.受托者给预托者劳动5～30日;3.受托者可以以牧草6～10车或柴木8～10车可替代劳役;4.畜牧税以及附加努图克费由预托者负担,或者双方分半承担。税费负担可以以劳动或者其他事物分担;5.生产之子畜,牛犊放到3岁,牛犊归受托者,其他牲畜所产之子畜归预托者;6.羊、山羊的情况下,1头羊产双只的1只归受托者,其他情况下全部归预托者;7.家畜病死、饿死的情况下,牲畜耳朵、畜皮或者尸体交给预托者;8.狼害或其他受托者的不注意而牲畜伤亡的赔偿一部分或全部)",苏鲁克用益人一般不承担赔偿责任。

当前内蒙古牧区的畜牧业基础设施逐年在改善,自然灾害和流行性疫情在苏鲁克合同中的免责条件有了更详细的规定。如中国人民解放军六六三七九部队与呼伦贝尔市新巴尔虎左旗阿穆古朗镇居民魏××之间签订的苏鲁克合同为例,在其合同第11条中规定:"如遇不可抗拒的自然灾害并造成重大损失时(必须和当地绝大多数牧户牲畜损失相当),双方协商解决"。(该合同由新巴尔虎左旗法律援助中心提供。主要内容见前文。)自然灾害是一种不可抗力事件,一般视为不承担民事赔偿责任的法定理由。在内蒙古牧区,过去一场自然灾害可能使牧区遭受致命的损失。为了克服畜牧业这一脆弱性特点，牧民在政府指导、支持以及自身努力下采取了诸多措施，其中包括每年饲草料的储存、建立永久性的棚圈，每年指定的时间采取预防流行疫情的防疫措施等。从而在自然灾害的情况下牧业生产的抗灾能力不断提升，反映到苏鲁克制度层面时，除国家认可的特大自然灾害之外，一般不免除苏鲁克用益人的保管责任，自然灾害不再全部是免除用益人赔偿责任的免责条款。这一现象从侧面反映了苏鲁克用益权人保管义务的外延已经发生了微妙的变化。当前苏鲁克合同中苏鲁克所有权人会对用益权人的抗自然灾害的能力、设备以及相关的措施提出相关的要求，作为合同的一项重要内容，写进合同中。在2006—2008年调查活动中，法官和律师均认为：没有国家、政府认可的情况下，一般性的自然灾害中，畜群造成的损失苏鲁克用益人应当承担法律责任。社会转型时期的苏鲁克用益权中苏鲁克用益权人的保管义务扩大了，与此对应的苏鲁克用益权人的风险也增加了。

再次，苏鲁克合同标的物与草场使用权相联系的条款逐步引起重视。苏鲁克民事习惯不是孤立存在的制度，他与我国的草场所有权、使用权制度、畜牧业管理制度以及其他的农村牧区的社区管理制度紧密相连。从而畜群放牧牧场的内容也成为苏鲁克用益权设定合同中一项必须解决的问题。实行家庭承包制之前，牧场实行公有制，放牧是自由的。实行草场家庭承包制后，牧场成为牧区重要的生产资料，因此，苏鲁克民事合同中对畜群的放牧之用的牧场均需要作出约定。牧场用途约定内容的出现有几个方面的重要原因：一是为了保护生态，政府严格控制草场的使用状况，单位牧场放牲畜的数量受政府的调控，违者受到行政处罚。因此一般牧民在自己承包的牧场上接放他人之苏鲁克的，必须经过嘎查（村）、苏木（乡）的批准方可。二是牧民也逐渐认识到草场作为有限的资源其经济价值日益提高，但依靠畜群生活又没有草场的，在内蒙古牧区将无法展开其生产和经营。牧民对草场所有权、使用权和承包经营权意识有所增加，其财产观念已经发生了重大变化。三是一些个人、社会组织和企业虽有资产、资金但没有相应的可供放牧的牧场也是一个必须面对的问题。因此草场的使用权问题开始在合同中加以约定，这对苏鲁克用益人而言是一个占有优势的条款。但从当前的苏鲁克合同中还不能看到这一优势，对牧民需要加以正确的引导和管理。以呼伦贝尔市新巴尔虎左旗阿穆古朗镇牧民白××与甘珠尔苏木牧民呼××之间签订的苏鲁克合同为例，合同第2条规定："呼××接白××250只母羊，在自己的牧场内放牧，250只羊的仔畜由呼××所有，到秋季，60%的仔畜交给白××"。（合同由新巴尔虎左旗法律援助中心提供。合同具体内容见前文。）又如从中国人民解放军六六三七九部队与呼伦贝尔市新巴尔虎左旗阿穆古朗镇居民魏××之间签订的苏鲁克合同第5条、第9条规定的内容分析，魏××是在部队牧场上放牧。第5条规定："甲方和乙方发展牲畜的牧业税、草场管理费由甲方负责解决，其他费用均由乙方负担，每年生产的羊毛、羊绒归乙方"。第9条中又规定："乙方与当地牧场和牧民处理好关系，如有草场纠纷等问题，应及时通知甲方，甲方帮助乙方交涉处理"。① 从上述合同内容文本分析，随着牧区牧场生态恶化，土地制度的进一步规范化，苏鲁克用益权合同中畜群用益权与草场经营承包权捆绑在一起，这种捆绑式的情形下如何分配苏鲁克用益权，双方的权利和义务以及这种权利分配给苏鲁克民事习惯会带来哪些变化，有待于进一步观察，这是需要研究的一个新问题。在大陆法系民法典中，土地所有人与牲畜之关系的规定很早就出现。

最后，苏鲁克所有权人处分权强化。在文章的前部分也谈

---

① 合同由新巴尔虎左旗法律援助中心提供。合同具体内容见前文。

到，苏鲁克民事习惯标的物的单一化是苏鲁克所有权人在苏鲁克合同有效期间使用、处分苏鲁克用益权标的物的权利得以发展的重要原因。当前的苏鲁克合同中，有的情况下苏鲁克双方约定，苏鲁克用益人不得妨碍所有权人的处分权。以呼伦贝尔市新巴尔虎左旗两户牧民之间签订的苏鲁克合同为例，在合同第5条第1款中规定："在承包期内，甲方有权使用及处理羊，但必须经乙方留字据作为期满验收结算的依据"。[①] 苏鲁克所有权人在苏鲁克合同有效期间对畜群的处分权的行使，必须遵循以下两个方面的规则：一是苏鲁克所有权人行使对畜群的处分权不得影响苏鲁克用益权的设定为前提。如果苏鲁克所有权人行使对畜群的处分权危及整个苏鲁克用益权设定之目的时，苏鲁克用益权人有权拒绝，由此而造成的损失不承担赔偿责任，并且因此而造成损失的有权要求苏鲁克所有权人进行赔偿。二是苏鲁克所有权人在苏鲁克合同有效期间对苏鲁克标的物的处分必须经过苏鲁克用益权人的认可或同意，否则以侵权对待。苏鲁克用益权人认可的情况有两种形式：一是在合同中约定，认可苏鲁克所有权人的处分权；二是在合同履行过程中可以认可所有权人的处分权。上述两种情况在苏鲁克合同中均已经出现，并得到司法机关的认可。伴随苏鲁克民事习惯标的物单一化的趋势，民事责任承担的方式从原有的相同种类、质量、数量、性别的牲畜承担责任的形式，向传统手段为主、以金钱赔偿方法为补的形式发展，苏鲁克用益权的履行方式也在发生变化。

3. 苏鲁克民事习惯功能变化

苏鲁克用益权最初是以社会保障和扶助为目的发展起来的。在当前蒙古族牧民之间以此为目的，在畜群之上设定用益权的现象依然还存在。过去，牧区天然放牧，依靠自然的因素很大，遇

---

① 合同由新巴尔虎左旗法律援助中心提供。合同具体内容见前文。

到白灾（雪灾）、流行性疫情等原因很容易导致牧民财产损失殆尽，因此牧民之间互助为目的，家境较好的牧户给受损失的牧户提供生活所需的畜群，让其渡过难关，3年之后接畜群一方按约定返还畜群。这是早期苏鲁克制度的扶助社会功能。

当今苏鲁克民事习惯的功能跟随时代的发展，已经向多元化方向发展。这种多元化方向发展的影响因素是复杂的，我认为至少以下几个方面的因素是不容忽视的。

一是传统畜牧业中，畜群结构发生了重大变化，这种畜群结构的重构对苏鲁克民事习惯的社会功能带来的变化是显现的。畜群结构的变化又是与传统游牧经济中五畜的作用发生变化联系在一起的。换句话说，蒙古族传统畜牧业中的五畜的功能已被其他社会资源所替代。这是不可逆转的时代发展规律。畜群结构的变化使得原有的部分社会扶助功能已经退出历史舞台。例如，犍牛给传统畜牧业提供畜力的作用已经被机械动力所替代，其犍牛之上以畜力为目的设定用益权的基础已经基本不存在了。驼群之上设定用益权现象的消失也是与机械运输动力的发展相联系的。

二是商品经济的发展对牧区的生活方式产生了巨大的影响。牧民可以通过畜产品的商品化来获得日常生活、生产所需的一切法律允许的资料，完全依赖五畜之上的生活方式已经不复返。这种畜产品商品化、市场化的特点决定了苏鲁克用益权的设定从最初单一的社会扶助和保障的目的，逐渐演变为以利益的最大化、交易为目的的符合商品化、市场化的苏鲁克用益权形式，成为当今苏鲁克民事习惯的主流模式。苏鲁克民事习惯对苏鲁克所有权人以及用益权人而言，已经成为一种扩大再生产的主要途径之一。所有权人可以通过苏鲁克用益权的设定每年可以获得自己所需的畜产品，苏鲁克用益权人则发挥自己牧场使用权优势，可以满足自己畜牧业生产在不扩大畜群规模的前提下不断获得生产、生活所需的畜产品。

三是农村牧区和城市二元结构不断瓦解，牧区劳动力的流动也是苏鲁克民事习惯功能向多元化方向发展的不能忽略的重要因素。向现代化迈进是一个不可阻挡的规律，年青一代牧民已经由于各种原因不再喜欢田园牧歌式的生活，他们追求更现代的东西。另外，草场资源的日益退化和紧缺也是牧民走出草原融入现代化都市的另一个重要的原因。这些原本有自己畜群的牧民有的从20世纪80年代末陆续地走出草原，以传统的蒙古族饮食、艺术、旅游等资源为谋生手段，把畜群给他人以苏鲁克形式代放，摆脱畜群束缚，走向城市。在这里苏鲁克制度又演变成为另一种类似于长期畜群用益权的方式，给这些城市中的牧民提供了一种安全感。财产不仅是生活的谋生基础，它也是获得独立人格、给人提供安全感的重要物质基础。

四是政府部门的介入以及调控机制对苏鲁克用益权的社会功能的变化产生重要的影响。政府部门虽然对当前苏鲁克民事习惯没有直接的规制和调整，但相关政策和制度的推行，影响了苏鲁克民事习惯的价值取向。例如，为了维护草原生态，内蒙古自治区下令，任何党政机关、社会组织以及国家公务人员不得以任何形式占有草场，占有的必须退出。这种举措，其目的是为了维护牧区牧民合法的草场所有权以及使用权，也是对草场过度放牧与过去党政机关占有草场行为的纠正，以采取措施改善生态为最终的落脚点，限制了党政机关及其公务人员占有、使用集体所有草场的行为。党政机关及其公务人员退出牧场后，其所有的畜群流向哪里了？这是需要回答的问题。有的全部变价卖掉；有的则以苏鲁克形式交给牧民经营，保障每年还有所增长，给本单位或者个人生活提供福利或经济利益。单位草场内的牲畜载畜量的强制性规定，依然也是影响苏鲁克制度发展方向的重要因素之一。[单位草场载畜量的规定，根据地区、草场和自然气候的不同，要求不一致。例如，草甸草原载畜量（羊/亩）6只羊；干草原

24～10羊；荒漠草原24～14羊等。]牧民的传统意识中牲畜的多寡是衡量财富的重要象征。因此在政府和有关部门的强制规制下，牧民把自己牲畜增值部分以苏鲁克形式交给他人（用益权人整体牲畜头数，不超过政府规定限额），以保障自己牲畜头数有稳定的增长。还有政府部门对生态严重恶化的地区采取圈养的政策，圈养的成本较高，而且对畜产品的质量产生很大的影响，因此有人宁可把畜群放苏鲁克也不进行圈养。

苏鲁克民事习惯功能的变化是多种因素相互作用的结果。

其一，苏鲁克民事习惯的社会保障、扶助功能。苏鲁克民事习惯最初是以社会扶助措施而登上历史舞台的。这一问题在文章的前面部分有多处论述。但当前的苏鲁克民事习惯的社会保障和扶助功能与以往苏鲁克民事习惯相比较而言，其诱因是复杂的。依据历史资料记载，苏鲁克制度产生的时间可以最早推到蒙古帝国时期，也就是13世纪的蒙古立法中已经存在了苏鲁克制度。当时的苏鲁克制度官方以法律形式规定为一种社会扶助办法。官方以征集的方式从每百只羊群中征集一只羊，形成羊群之后给贫乏者放牧，贫乏者生活、生产条件改善之后就可以把羊群返还给所有权人。这种简单的方式一直持续到15世纪。官方的这一措施也逐渐被游牧民所熟知和内化，成为当今牧民之间以互助为目的放苏鲁克习惯的源头。15世纪的北元时期，为了加快畜牧业的发展，把苏鲁克民事习惯援用于社会经济改革，从简单的社会扶助扩大到有畜者均可以给其阿拉巴图放给苏鲁克，封建领主通过苏鲁克形式保障牲畜头数稳定的增长，阿拉巴图则通过苏鲁克制度可以进一步的改善、甚至拥有大量的牲畜。这是苏鲁克制度在历史上一次重大的转变。这种转变使苏鲁克制度的社会功能向社会扶助和繁荣畜牧经济二元方向的发展奠定了基础。这一变革一直持续到内蒙古自治区成立初期。清朝末年和民国之初苏鲁克民事习惯的兴起，尤其是社会调查资料中以经济利益为目的的苏鲁克制度，与15世纪蒙古人把苏鲁克制度作为畜牧业发展的改革措施有密切的联系。但苏鲁克制度的社会扶助功能依然没有退出历史舞台，寺庙、牧民之间的苏鲁克民事习惯依然以社会扶助为主要目的，"富人把家畜借给穷人的情况屡见不鲜……含有扶助穷人生活的意义"。①

内蒙古自治区建立初期对苏鲁克民事习惯的援用和改革，依然是建立在苏鲁克民事习惯的社会保障和扶助功能的基础之上，并对苏鲁克双方的分成比例作了强制性的调整，对不可抗力、纠纷的解决等方面也做出了规制。在当时的历史条件下，为了恢复和保护脆弱的畜牧业经济，鼓励牧民之间相互扶助，甚至是两个行政区划之间也可以通过这一形式互助。如内蒙古自治区镶黄旗的一位老人在20世纪50年代初给赤峰市的克什克腾旗放了1万多头牲畜，帮助其发展畜牧业。（该材料是镶黄旗法院法官向笔者咨询时提供的信息。）

改革开放之初，苏鲁克制度退回民间后，传统的社会扶助功能并没有完全消失，而是适应社会发展，形成主体多样、动机不同的社会保障和扶助结构。这主要体现在：一是苏鲁克制度成为集体经济组织、基层自治组织、机关事业单位和人民团体进行扶贫的方式之一。少数民族地区是我国特别贫困县（旗）集中地，分布在滇、黔、湘、桂、川、青、新、陇、宁、蒙、渝共11个省区（西藏全区已列为国家特殊扶持区）的77个特困县，约占民族自治地方县的11%、民族自治地方贫困县的29%。② 内蒙古牧区的扶贫任务依然很严峻。内蒙古自治区一对一的扶贫工作中

---

① ［日］利光有纪著，晓克译：《蒙古的家畜寄养惯例》，载《内蒙古近代史译丛》（第2辑），第153页，内蒙古人民出版社，1988年。

② 葛忠兴主编：《中国少数民族地区发展报告2004》，第51页，民族出版社，2005年。

有的也采用苏鲁克用益权的形式进行扶贫。集体经济组织以苏鲁克制度为形式,针对性的扶贫较多,双方要签订苏鲁克用益权合同,集体所有的畜群交给贫困牧民承包放牧,一般所产之仔畜以及畜群之上产生的其他孳息全部归苏鲁克贫困户。集体经济组织扶贫性质的苏鲁克合同中对畜群之上产生的负担通常也是双方分担的。集体经济组织或者群众性自治组织在职权范围之内的各项费用,还可以约定免除用益权人承担相应的责任。如内蒙古自治区东乌珠穆沁旗巴达尔虎嘎查与贫困牧民那××签订的苏鲁克合同第4条中约定:"各种税费方面,嘎查负责牧业税和屠宰税,其他税费、兽医药费、饲草料费用等由牧户负责。"〔该合同由东乌珠穆沁旗法院提供,原合同为蒙古文。合同具体内容为:《嘎查畜群承包经营合同》,1.嘎查把466头繁殖期母羊承包给牧民那×××(集体经济组织成员);2. 接苏鲁克的那×××加强饲养和管理,保障仔畜成活率达到98%;3. 仔畜的65%归嘎查所有,35%归承包人那×××;4. 各种税费中牧业税、屠宰税由嘎查承担,其他税费和兽医疗等费用、储草等费用由承包人承担;5. 承包人不履行合同或不好好管理畜群的,嘎查随时可以有权收回所放畜群;6. 遇到普遍性的自然灾害或疾病的情况下双方协商解决;7. 合同有效期限为1年(1999.8.20—2000.8.20),本合同签订之日起生效。〕二是生态恶化,草牧场无法承载牲畜的情况下,为了生活有所保障,把畜群转移到其他草场较好的地区放苏鲁克。以内蒙古自治区西苏尼特旗、东苏尼特旗为例,连续几年的干旱、虫灾等各种原因,草牧场严重沙化,牧民把牲畜转移到邻近西乌珠穆沁旗、乌兰察布市旗(县)进行放苏鲁克,以求畜群能够保存下来。为生活保障而设立的苏鲁克用益权,除日益贫瘠而经济价值贬值的草牧场之外,成为牧民唯一的生活依靠。苏鲁克用益权成为牧民保障子女教育、医疗的主要经济来源。部分牧民也有生态条件改善后收回自己畜群,

四、迷失的知识传统及其解决进路选择

继续经营畜牧业的计划。三是劳动力的流动，草牧场等土地资源的紧张使劳动力不断从牧区向城市转移，劳动力的输出也促进了财产保值为目的的苏鲁克制度持续发展。内蒙古牧区与我国其他地方相同，牧区的劳动力不断向城市转移，牧区留守的年轻人已经逐渐减少，外出打工或者经营其他行业是一种趋势。以乌兰察布市察哈尔右翼后旗乌兰哈达苏木阿达日嘎嘎查为例，高特里一共有年轻人30人，在这30人当中，出嫁到他处的有7人，在中专等学校毕业后留在城里工作的有9人，在中专就读的有4人，将户口留在高特进城做工的有3人，在高中以下就读的有3人，服刑1人，而目前在高特里的仅有3人。已经进了城的人估计是不会再返回高特里了，而目前留在高特里的3人，只因为年龄低的缘故，估计将来会通过各种渠道进入城里的。[1] 这种劳动力输出有多种原因，其中有限的草牧场资源是必须要面对的实际问题。要保持牲畜头数，劳动力必须要加以转移。劳动力转移之后留下的牲畜则以苏鲁克形式转给他人，这是解决畜群保值、保增的重要途径之一。留守于牧区的牧民年迈体弱者也是通过苏鲁克形式把畜群放给他人，以求日常生活有所依靠。以上述阿达日嘎嘎查牧户王氏为例，举家迁往邻县县城经营零售业。王氏的家业包括近100只羊、几亩耕地、每年秋后分得的一块打草地和一处住房。王氏迁移到邻近县城之后把畜群放给曹氏苏鲁克。按照约定，曹氏在维持原有头数的基础上，每3年另外提供王氏5只羊，而羊毛、农产品与牧草则全部归曹氏支配。这样一种分配方式，对双方来说都是有利可图的。对王氏来说，委托他人经营虽然会减少收入，但他不用经营产业就可以保住原有的头数，另外还能略有增加，就可以住在城里经营零售业，享受市民生活。而

---

[1] 阿拉腾：《文化的变迁———一个嘎查的故事》，第206页，民族出版社，2006年。

对曹氏来说则是凭空得来一份产业经营权，而且提供给王氏的"利息"也不算很高的。王氏之所以招来农民经营而不信托给本村人，一是因为农民经营农田有经验，可以保障他的牲畜不会因饲草料问题而减少；二是可以保持其住房的完整，一旦在城里待不下去了，可以马上返回来恢复原有的生活。① 畜群是牧民赖以生存和发展的主要依靠之一，牧民对畜群依赖的心理短时间内不会消失，国家城乡二元结构以及社会保障体系的不平衡，短时间之内也还无法完全消除，这就需要苏鲁克用益权这样传统制度，弥补国家、社会保障制度之不足。这是社会转型时期苏鲁克民事习惯依然保留社会保障、扶助为目的新的动因。苏鲁克制度不断在适应社会发展和变迁中，依然对牧区的社会保障提供制度支持。历史是生动的，人民群众的智慧是闪亮的。

其二，苏鲁克民事习惯促进了畜产品的交易，发挥了物尽其用的作用。苏鲁克民事习惯在商品经济条件下，适应内蒙古牧区畜牧业经营方式，从单纯的社会保障和扶助为目的的设立，进一步地转型为以畜群的收益为目的广泛的设立，促进了畜产品的商品化效率，成为畜产品经营的重要方式之一。在社会保障和扶助为目的设立的苏鲁克用益权中，双方的权利和义务具有浓厚的物权制度特质，一般苏鲁克期间比较长，通常是3年至5年。而短期的，一般为1年时间的以畜群的收益为目的设立苏鲁克用益权的盛行，使得苏鲁克制度债权化的倾向日益明显。以畜群的收益为目的设立苏鲁克用益权是从苏鲁克民事习惯的社会保障和扶助功能，即发挥畜群的用途转化出来的，在制度运作层面上并没有根本上的差别，但其目的却与传统苏鲁克民事习惯相反。社会保障为目的设立苏鲁克用益权通常以无偿为前提要件或者对仔畜的

---

① 阿拉腾：《文化的变迁———一个嘎查的故事》，第188页，民族出版社，2006年。

分成比例上照顾苏鲁克用益人的生产和生活。从当前社会调查资料获取的信息证明,这一收益为目的设立苏鲁克用益权的现象广泛推展开来还是与近代商品经济的导入有直接关系。清末民初内蒙古自治区封闭的盟旗制度被打破,禁令被解除,内地商品的涌入以及商人的参与使苏鲁克民事习惯从单一社会保障和扶助的目的被改变,演化出了畜群之上设立用益权的形式,苏鲁克双方获利的情况急剧增多,在中华人民共和国成立之前达到了空前的发展水平。但由于人身权的不平等、政治特权的存在使得苏鲁克用益权的设定对贫者极其不利。内蒙古自治区成立之后,消除了封建特权,在民事主体资格上确立了平等地位。这使苏鲁克民事习惯的用益功能进一步发挥、创造了制度上的社会公正和平等的环境。20世纪80年代的改革开放以及国家相关民事制度的健全也促进了苏鲁克用益权在收益为目的发展。苏鲁克用益权在当前,成为一项促进畜产品增值、丰富畜产品市场的重要途径之一。短期苏鲁克用益权的设定加速了畜产品的出栏率以及进入交易领域的效率,给人民群众畜产品需求提供了一个有效的途径。

效率的背后必然会带来物权制度所需的公示制度、苏鲁克用益人的占有权、使用权、收益权等必须符合市场经济的效率原则。从而传统苏鲁克制度的重塑也是不可避免的。这种重塑的最大特点就是苏鲁克用益权向债权化方向发展。债是解决财产交易的最主要的制度,苏鲁克用益权的物权特质则有的已经不能适应市场经济发展所需。如苏鲁克用益权的传统公示模式原来是熟人社会中的一项民事习惯,苏鲁克用益权标的物的单一化使得其公示规则受到前所未有的挑战。苏鲁克所有人对畜群的处分权的出现以及用益人以自有畜群抵押制度盛行从另一个侧面反映了苏鲁克民事习惯的变化。以收益为目的设立苏鲁克用益权已经成为苏鲁克民事习惯发展的主要方向。功能的转化必然会带来一系列的问题。如通过自有畜群作抵押习惯的出现,就是法学领域我们需要认真对待和研究的一个问题。在物权法还不承认类似这样的抵押权制度的情况下如何处理,这不仅是一个司法问题,也是一个学术问题。也许某一种新的习惯正在形成。苏鲁克用益权早先受习惯法之调整,因此牧民恪守习惯的前提下,问题的解决并不复杂,在中华人民共和国成立之前的苏鲁克用益权中基本见不到书面契约。我们今天了解到的中华人民共和国成立之前的苏鲁克民事习惯的信息是国内外社会学家做田野调查的结果。当今的苏鲁克合同则是书面的,并且对权利和义务的约定既要满足国家法律的规定,又要遵守早已习惯了的习惯法。在这里,难免会出现国家法律与习惯法不一致,甚至是冲突的情况出现。人民群众的习惯从来不是固定的,人民群众的(而不是某个人的)习惯从来不固守什么意识形态的信条,因为,任何习惯都必须适应当地民众生活的需要,必须让人们"习惯",如果不习惯,那么人们不会遵守,就会放弃。①

4. 传统公示习惯法的弱化

公示制度是物权变动所必需的程序。作为一项民事习惯,苏鲁克用益权公示方法是与传统游牧经济相联系的。苏鲁克民事习惯中的畜群印记制度是具有悠久历史的财产所有权符号,也是财产占有的一种公示性步骤。苏鲁克用益权的设定依然遵循这一传统公示规则。畜群印记制度是早期游牧"熟人"社会民事习惯,是一种"生活共识"制度,在漫长的历史发展进程中被内蒙古牧区民众所知悉、习惯和内化。新中国建立之后由于各种主客观的原因,内蒙古牧区传统生产、生活方式发生了很大的变化。蒙古人原有四季轮牧,在勒勒车上游荡的游牧生活有了根本性的改变。定居和封牧放牧已经在牧区普遍建立。游牧社会经营方式、

---

① 苏力:《当代中国法律中的习惯——一个制定法的透视》,载《法学评论》(双月刊),2001年第3期。

畜群结构、生态环境等条件与往昔比较，均有了实质性的变革。作为游牧文化重要构成部分之一，传统公示制度在这一变革中也在作自我调适。传统生活方式的转变使蒙古族传统游牧文化迅速开始丢失。伴随游牧生活的消失，内蒙古牧区传统牲畜印记文化正在消退。牲畜印记制度不仅是一种文化，也是传统财产所有权的标记。财产标记形式的蜕变是与财产结构的变化相联系的。蒙古人的传统财产意识在市场的冲击下有了很大的改变。牧民日益意识到畜群这一重要的财产之外，草牧场的所有权、使用权是畜群生存、发展的基础性权利。生态环境破坏中无奈地放弃了大型牲畜的饲养，向以小型牲畜为主的单一畜群结构方向发展。这一系列变化决定着牲畜印记制度的命运。牲畜印记制度的变革投射到苏鲁克民事习惯是必然的。牲畜印记制度是苏鲁克民事习惯的构成要素的习惯法。要素性的构成要件的缺失会影响整个苏鲁克用益权的走向，甚至还有可能影响到其法律实质。

其一，大型牲畜退出苏鲁克用益权标的物的结果，使传统牲畜印记制度的公示性因素在减弱。大型牲畜的烙印制度是由一整套的具有较高文化含量的习俗构成的。大型牲畜在牧区的日益减少，严格的封牧措施等原因，对大型牲畜的烙印逐渐在减少。烙印习俗又是由烙印规则、烙印礼、烙印赞、烙印禁忌等系列习俗构成的。烙印的减少或者简化导致上述习俗中的很多文化被人们所忘记，影响了烙印制度的公示性效果。小型牲畜做印记的方式也在简化而再简化。羊和山羊等耳记标记在一些地方也简化成直接在其身上涂不同颜色替代。以畜群收益为目的的短期苏鲁克用益权中因时间较短，干脆省去了一些繁琐的做印记程序。当然，这些变化从形式而言适应效率原则的，但成本也是较高的，一旦牲畜印记不明或者印记问题上发生争执，双方对此支出的费用是昂贵的。内蒙古自治区东乌珠穆沁旗有两家人因一峰骆驼的所有权发生争执，由于牲畜印记不明，双方做了两次司法鉴定，一方当事人依然不能接受。（东乌珠穆沁旗法院民事审判庭法官提供的信息。）在这里，传统公示制度弱化了，但国家法律规定的公示制度并没有有效地、及时地补充习惯法的位置，导致交易的成本反而增加了。

其二，以羊群等小型畜群为标的物设定苏鲁克用益权的，通常不重新作印记，以原有旧印记为公示方式的比较普遍。社会保障、扶助为目的的苏鲁克用益权中重新做印记的较多，但以收益为目的设定的苏鲁克用益权时间比较短，为了提高效率，一般不重新做印记，以旧有牲畜印记作为公示的方式。这一情况的出现主要是一些个人、社会组织和企业长期对外放苏鲁克，自身却不拥有放牧之草场的缘故，短期设定苏鲁克用益权，今年可能在某甲处放苏鲁克，明年可能是在某乙处放苏鲁克，永远是一个牲畜印记。这种简化方式更多考虑的是对牲畜之间的相互区别，尤其与苏鲁克用益权人的畜群相区别为主要目的。传统苏鲁克用益权的设定在邻里、亲属、官员或者德高望重者参加下经过一定的仪式，双方协商牲畜的印记，往往是重新做印记，以免出现不必要的纠纷。传统苏鲁克用益权设定行为中的牲畜印记制度具有强烈的公示效应。简化的牲畜印记习俗虽然符合效率原则，但与传统苏鲁克用益权设定中的牲畜印记习惯相比较而言，其公示性效应不断在减弱，只有双方发生纠纷或者第三人利益相联系时，其公示性效应才能得以充分的体现。

其三，苏鲁克用益权传统公示制度虽有弱化的趋势，但其公示效应还没有完全丧失。牲畜印记习惯在内蒙古农村牧区正在被简化乃至丢失，但苏鲁克用益权是一种财产上设定用益权利的制度，在相关其他制度没有替代之前他还会继续发挥其作用，否则财产权的归属、占有权、使用权、用益权和处分权将处于混乱状态。当前，苏鲁克合同中畜群印记公示制度所发挥的作用可以通过两种形式得到印证。

一是在苏鲁克用益权合同中约定畜群印记内容。以呼伦贝尔市新巴尔虎左旗两户牧民之间签订的苏鲁克合同为例，在合同第4条第2款第4项中规定："牧放期间内羊证号不得随意变动，要保持原标记（总数）"。（该合同由新巴尔虎左旗司法援助中心提供，合同具体内容见前文。）又如中国人民解放军六六三七九部队与呼伦贝尔市新巴尔虎左旗阿穆古朗镇居民魏××之间签订的苏鲁克合同为例，在其合同第3条中规定："乙方要制定切实可行的管理措施，保证畜群在数量、质量上的正常发展，要建立档案，提高经营水平。严格按照季节要求，认真做好防病、防疫工作，因疫病和人为的原因造成的牲畜损失由乙方负责"。（该合同由新巴尔虎左旗司法援助中心提供，合同具体内容见前文。）这里指的"原有标记"和"建立档案"均指的是包括牲畜印记制度在内的相关措施。

二是苏鲁克合同中不直接约定苏鲁克畜群印记内容，依然遵循习惯法规则进行处理，也就是保留畜群原有印记或者重新做印记。以内蒙古自治区东乌珠穆沁旗两户牧民签订的苏鲁克合同为例，双方在合同中并没有直接约定苏鲁克畜群印记，但事后发生纠纷，诉至法院时双方均认可苏鲁克用益权标的物的印记。双方签订的合同内容是：今革××接朝××200只母羊畜群放牧。革××保障100%的基础母畜，子畜双方平分。次年初冬，革××要给朝××交100只羔羊，其中母羔羊60只，公羔羊40只。合同期间为2年。合同签订日期为2001年8月24日。双方签字。（东乌珠穆沁旗法院提供，案件材料原文为蒙古文。）这份苏鲁克合同的内容简单得不能再简单了。双方权利和义务无免责条款的约定、无公示方式的约定、无畜群质量的约定、无畜群其他孳息的约定，总之除了合同框架内容之外其他条款均省去。其实在这里当地苏鲁克习惯法的功能被遮蔽起来，外行是无法知道其中蕴含的一整套的规则体系，这是牧民之间非常熟知的知识传统，无需进一步地描述。例如苏鲁克所有权人的返还请求权、畜群的一定处分权、对苏鲁克用益人的监督权等内容均是双方心照不宣的事实。苏鲁克用益人对畜群的占有权、使用权、收益权或一定的处分权均是当地民众所共识的知识。依习惯法规则，建立苏鲁克民事合同就意味着你必须遵循上述规则。传统的印记等公示制度也包含在其中。革××和朝××之间签订的合同履行到2003年时发生了问题。这一问题也不是直接出在革××和朝××之间，而是由于第三个人的原因导致的。2000年，革××从康××处又接了300多只羊，在自己牧场上放牧。2003年，康××听说革××偷卖了自己122只羊，为此，康××直接到革××的牧场，拉走了300多只羊，朝××听说后找到革××，发现自己的羊被拉走了120只。为此朝××认为，革××和康××侵害其财产权为理由，以革××为被告，以康××为第三人诉至法院，请求法院保护其合法的财产权。朝××提出主张的主要根据是上述一份合同以及自己放给革××的畜群印记。法院在审理案件过程中审查和询问了朝××牲畜的印记状况，朝××也向法院陈述了放给革××的畜群印记状况。但最后以证据不足为理由驳回了朝××向康××要求返还畜群的诉讼请求。（该案件资料由内蒙古自治区东乌珠穆沁旗法院档案室提供，该案件的卷宗资料为蒙古文）法院认为：原告人对第三人康××把印有自己印记的畜群拉走的事实除了个人陈述之外并没有提供相关其他证据，并且与被告人革××给第三人康××出具的"拉走了自己的羊"等证据相矛盾，不能作为定案的有效证据。从案件的审理中发现，法院并不是不认可传统牲畜印记的公示作用，而是相关诉讼证据规则的缘故而失去证明力。物权变动公示原则的主要功能在于通过公示，让第三人知晓，在特定财产之上设定物权，从而取得对抗第三人的效力。在特定畜群之上设定苏鲁克用益权之时，第三人不得以善意第三人为由对抗。内蒙古东乌珠穆沁旗呼××诉林×

四、迷失的知识传统及其解决进路选择 265

×、特××侵犯财产权纠纷一案［案情简介：2001年11月25日原告人呼××与被告人林××之间签订苏鲁克畜群承包合同，在合同中约定，102只羊和8头牛，放与林××处，作为报酬，给其拉500亩草场的铁丝围网。合同期间为3年时间。2003年9月1日被告人林××与特××（第三人）之间签订了一份苏鲁克畜群用益权合同。合同中约定，基础母羊（110只母羊，50只山羊）要保证98%的成活率，每年被告林××不向第三人特××缴纳畜群子畜，子畜以现金进行结算，以基础母羊之数，每年被告向第三人缴纳17500元。合同有效期间为1年。2003年11月第三人特××与被告林××之间因缺少基础母羊引起纠纷，第三人特××从被告人林××处拉走了118只羊和山羊，15头牛。原告人认为第三人拉走的118只羊中有自己的26只羊，12头牛，因此诉之法院，请求法院依法判令被告人、第三人返还其财产，原告从林××处拉走了自己的21只羊。法院的判决：法院认为，公民合法财产权受法律保护。任何组织和个人均不得侵犯。被告人林××与第三人签订的合同有效期间为1年，虽然在合同履行期间，第三人以合同标的物丢失，合同无法履行的情况下收回自己的财产具有正当性，但明知是他人的财产而赶走羊群是一种侵权行为。因此第三人特××承担返还财产的民事责任。法院判令第三人特××返还原告人呼××26只羊、12头牛。原卷宗材料为蒙古文。［2003］东初民字第303号民事判决书］中，被告特××在答辩中辩称："从林××处赶走的畜群是善意行为，当时被告人特××并不知道另一被告人林××处还有其他人，即原告人呼××的畜群，因此占有原告人呼××的财产属于善意行为。"但被告人的辩解并没有得到法院的认可，其中最主要的原因在于随意拉走有印记牲畜的行为是一种不合法行为，牲畜印记的公示效应得到法院的认可，第三人的对抗性辩解因畜群公示效力而未得到司法机关的认可。因此，合同的表面文本中有时无法查知相关公示规则的存在以及发挥的作用。

习惯法作为地方性知识体系,只有深入了解当地民众的风俗习惯以及处事规则,才可发现其重要的法律价值。在苏鲁克合同实践乃至司法案件中,从未出现过羊群之上产生的子畜以外收益的纠纷,也无人在诉讼中提出相关请求。例如,羊毛的归属、羊粪的使用、挤的羊奶等。在规则上上述孳息全部要归于苏鲁克用益人,无约定的情况下苏鲁克所有权人无提出此项诉讼请求的权利,原因很简单,大家都认为这些孳息归苏鲁克用益权人所有。

(二) 当代司法中的苏鲁克民事习惯

苏鲁克民事习惯是一种调整财产关系的习惯法。作为民事习惯,它最终还会不可避免地投射到司法过程中,接受司法程序的检验,并通过司法的操作而予以更好地贯彻和实施。民法的意思自治原则给民事习惯进入司法程序敞开了一条阳光大道,但这仅仅是一条阳光大道,民事习惯进入司法程序的大门虽然是敞开的,但门槛的确很高:一是不把它视为一种法源;二是苏鲁克民事习惯是具有物权特质的习惯法,与物权法定原则相违背;三是公示制度不符合物权法规定的规则;四是要认定其为习惯法还要认定其他相关的民事习惯。当然,作为民事习惯,当前国家立法体制所决定,它还不能获得直接的法源地位,还没有被司法机关认可为一种行之有效的"习惯法"。基层司法机关也没有相关的权能。因而对司法中的苏鲁克民事习惯运行情况的分析,主要还依赖于所收集到的相关案例以及从司法机关法官的访谈中归纳、总结和提炼。苏鲁克民事习惯是内蒙古自治区牧区普遍存在的制度。因此在调查点的选择上以纯牧区的锡林郭勒盟东乌珠穆沁旗和呼伦贝尔市新巴尔虎左旗为两个重要的调查点,收集相关的案例、统计案件数量、法官访谈三个方面做了较详细的调查工作。这些案例和访谈调查基本能够反映出基层司法机关对苏鲁克民事习惯的态度、理解和判断。基层司法机关对苏鲁克民事习惯的态度、理解和判断，可以折射出司法机关对民事习惯的矛盾心理。一方面，不得不承认民事习惯的存在，依据国家法律规定的原则，法官不能以无法律依据为理由拒绝当事人起诉，必须受理苏鲁克民事合同纠纷。另一方面，国家法律制度并没有给他们提供此类针对民事习惯问题的经验方案。这恐怕是基层司法机关涉及民事习惯案件的审理中普遍存在的问题。但苏鲁克民事合同与其他民事习惯相比较，其自身的特质，尤其其物权特质对苏鲁克民事案件的审理中带来了很多不确定性的因素。

1. "事实"与"法律"之间

事实与法律的关系永远是法哲学乃至司法实践所无法回避的问题。两者的关系由于法律传统、司法理念、制度差别而永远纠缠不清，二者的关系越来越有一种"搅浑水"的感觉。"在搅浑水中运作较差并没有太多的疑问。但是毫无疑问，越来越多的运作将在浑水中进行"。[①] 在现代民法理论上，某种民事习惯被称之为"习惯法"时它是具有法源地位的，具有国家强制效力的规则体系。这一问题涉及一个国家对整个社会规则体系的认可态度，有些国家直接承认民事习惯具有法源地位；有些国家则否认民事习惯具有法律效力；还有一些国家则必须经过司法的审查使民事习惯获得法源地位。中国当前《立法法》规定的法的渊源来看，习惯法显然是不具有法源地位的。因此，从逻辑上分析，这里需要强调的仅仅是逻辑上的推理，司法机关在审理依据民事习惯建立的各种民事行为之时，首先审查这一民事习惯是否合法。换句话讲，以国家制定法的高度去审查建立民事关系所依据的民事习惯，这一审查是司法机关对"民事习惯事实"的审查。

[①] 克利福德·吉尔兹著，王海龙，张家瑄译：《地方性知识》，第276页，中央编译出版社，2004年。

因为在相对意义上，"法律"是作为裁判依据而存在，"事实"却是作为裁判对象而存在的。①

苏鲁克民事习惯对民众而言它一直是"法律"，从来没有人怀疑过它不是"法律"。包括基层法院司法机关的法官也认为苏鲁克民事习惯是蒙古族游牧经济中产生、发展起来的民事习惯，被人们所普遍遵守。但涉及具体案件之时，法官又如何面对这一传统规则体系，与上述逻辑那样法官是否把民事习惯作为一项"事实"进行审查的？我们可以从法院的案例中窥视到苏鲁克民事习惯（法）与案件的"事实"之间到底有什么关系。以内蒙古自治区锡林郭勒盟东乌珠穆沁旗（2003）东初字第76号民事判决书所认定的事实的描述为例："本院认为，原告人额××与被告人肖××之间签订的苏鲁克（羊群）承包合同以及被告人肖××与被告人王××签订的苏鲁克（羊群）承包合同是自愿、平等、互利基础上签订的，因此认定为有效"。（该案件的相关材料由东乌珠穆沁旗人民法院提供。原判决书为蒙古文。）又如内蒙古自治区新巴尔虎左旗人民法院（2005）新左民初字第2号民事判决书中认定："本院认为，原告魏××与被告六六三七九部队于2000年3月21日签订的牧场承包合同（这是有错误的表述，合同内容主要是苏鲁克出群协议，但合同的题头却表述为"草牧场"合同。这里予以更正）真实、合法、有效。2003年8月11日原告与被告六六三七九部队续签为期1年至2004年8月1日的牧场承包合同中所列畜群统计数是对前三年合同期满后的结算，是双方当事人的真实意思表示，本院予以确认"。（该案件的相关材料由新巴尔虎左旗法律援助中心提供。）这是任何涉及苏鲁克用益权纠纷的判决书中出现的一段表述。这一表述可能

---

① 杜宇：《重拾一种被放逐的知识传统》，第242页，北京大学出版社，2005年。

在任何合同纠纷的判决中均应当认定的一个基本的事实。但在苏鲁克用益权纠纷的解决中，出现上述表述却与众不同。其他合同是根据国家法律的规定而签订的，对其审查需站在相关国家法律立场，是纯粹的法律与事实的关系。苏鲁克用益权合同内容并不是依据国家法律的规定而得出的，它的背后是传统习惯法的规制，是民事习惯所确认的双方权利和义务关系的分配规则运作的结果。因此，从某种意义上讲，把苏鲁克用益权合同作为一种"事实"看待时，苏鲁克用益权合同未发生纠纷，未提交法院之前它是依赖习惯法的，诉之法院之后，司法机关实质上已用国家法律对其内容进行审查，它已经成为司法中被审查的一种"事实"。这就是说，苏鲁克用益权合同在成立之初它要受传统习惯法的审查，这些合同的内容要符合民事习惯规则体系，甚至这种审查是内化了的规则，双方均明白，从而可能会出现简单得不能再简单的苏鲁克用益权合同。一个苏鲁克用益权合同没有发生纠纷，或者发生纠纷之后双方以传统解决办法在"阿差"聚会而得到解决，那么，苏鲁克用益权合同与国家法律基本上不发生任何关系。苏鲁克用益权合同履行过程中发生纠纷之时，国家司法机关审查合同的有效性时其所依据的规则已经发生了变化，从原来的民事习惯已经变成了国家的法律。"事实和法律或许到处都有，但二者远远分离的情况却或许是没有的"。①

一个进入司法程序的苏鲁克用益权合同，实质上接受了二次两种不同品质的规范的审查。在这一层面，司法中的苏鲁克合同与民间的苏鲁克合同的规制性规则是二元结构的，各自在自己的领域发挥作用。吉尔兹说过："法律上的事实不是自然产生的，而是如人类学者会有的看法：它是由社会构造的，从有关证据的

---

① 克利福德·吉尔兹著，王海龙、张家瑄译：《地方性知识》，第232页，中央编译出版社，2004年。

规定、法庭上的规矩礼仪和法律报告传统直到辩护的技巧、法官的辞令及法学院教育的墨守成规中的一切东西都是这种社会构造的来源"。① 但苏鲁克用益权合同这一"事实"的法律描述首先它来自于传统的民事习惯法,与上面讲的吉尔兹所说的描述没有关系,在诉讼中又被吉尔兹所说的描述方法重新被描述了一次,但这回描述的法律来自于国家。司法机关在审查苏鲁克用益权合同的主要依据为《民法通则》第 4 条,即"民事活动应当遵循自愿、公平、等价有偿、诚实信用的原则"。《合同法》第 3 条"合同当事人的法律地位平等,一方不得将自己的意志强加给另一方"。其实《民法通则》和《合同法》的上述两个条款的规定已经充分包含在苏鲁克民事习惯中,国家法律的规定并没有直接的规制苏鲁克用益权合同的成立。在民间苏鲁克用益权合同双方必须遵循上述平等、自愿、等价有偿、诚实信用原则。否则合同无法建立,这是近上千年的制度经验(在平等的人身权确立之前,也没有出现过把苏鲁克用益权的设定强加给他人的情况),无需从现有的国家法律的规定去寻找签订合同的依据,司法机关对其合法性的审查显然是改变了它所成立之初的规则体系。很显然,司法机关在对苏鲁克用益权合同这一"实事"进行审查时,需要从国家法律以及苏鲁克用益权合同二者之间寻找契合点,否则无法完成案件的审理。换句话说,司法机关要从苏鲁克用益权合同中的"实事"结构中寻找某一个现行规范的吻合。而这一现行规范不是来自于苏鲁克用益权合同建立之初的规范体系。有人会问,苏鲁克用益权合同建立之初的民事习惯规范体系到哪里去了?老实说,这一问题也让笔者困惑了好长时间。苏鲁克用益权合同诉之法院,进入司法程序之后,原来赖以建立的规范体

---

① 克利福德·吉尔兹著,王海龙,张家瑄译:《地方性知识》,第 228 页,中央编译出版社,2004 年。

系，也就是民事习惯已经魂不附体，离它而去。不是它想离开，而是神通广大的国家法律，运用一整套的司法程序规则、实体法原则以及训练有素的法官等这一"魔鞭"把它打出去了。说到此，大家应该明白了。

法院在审理苏鲁克用益权合同纠纷中，并没有审查苏鲁克民事习惯是"法"还是"事实"这一"敏感"的问题，以不接触、不理会的方式回避掉了。因此，法院司法程序中民事关系依民事习惯建立之时并不一定就要对其赖以建立的民事习惯是"事实"或者"法"的问题做出回答。所以我们可以说，"事实"和"法律"之间虽然事实从哲学上讲应当是唯一的，但对其描述的"法律"可能会出现多元的，而且有时相互排挤。描述的"法律"是不同的，因此得出的"事实"结论也可能是不同的，这里我讲的是"可能"，有时是一致的。国家法律所描述的"事实"与民事习惯所描述的"事实"二者之间一致的情况下，就是我们经常讲到的民事习惯符合国家法律，法院完全可以依据国家法律对案件作出裁断。反之，问题就麻烦了。就实践经验而言，司法机关有很多种解决方法：一是运用诉讼法的一整套证据规则让坚持民事习惯的一方付出惨痛的代价，让他服从国家法律；二是运用诉讼程序中的调解制度，让双方各自做出让步，获得"三方"均满意的"皆大欢喜"的结果（仅适用于民事案件，刑事案件的附带民事部分也可以适用，行政诉讼中不可用）；三是对民事习惯取舍之用，符合国家法律的用之，不符合国家法律的弃之。这三种结果在习惯法理论研究领域有专门"术语"可以描述，按顺序"国家法律与习惯法之冲突"、"国家法律与习惯法之互动"和"国家法律与习惯法之妥协"。从近代民法开始，民事习惯进入司法程序成为解决纠纷的法律依据，通常要具备的条件之一就是在国家法律没有规定的情况下，可以依据习惯法作出裁判。因此，习惯法和国家法律对同一个"事实"的描述是一致的，依据国家法律作出裁判是天经地义的事情，对此不进行讨论。苏鲁克民事习惯进入司法程序之后国家司法机关并没有审查其"事实"还是"法律"，这是否意味着苏鲁克民事习惯所描述的事实与国家法律所描述的事实是重合的，也就是说，苏鲁克民事习惯与国家民事法律制度所规定的基本原则相一致，从而司法机关直接可以依据国家法律对苏鲁克用益权合同纠纷作出裁断，无需对民事习惯本身进行必要的司法审查？我们可以以法院的案例为材料，分析上述疑问，并以司法实践中司法机关对苏鲁克民事习惯的态度来说明这一问题。司法调查中收集到的两个相类似案件的审理及其结论，可以对上面问题的答案给予重要的启示。

第一个案件：额××诉肖××、王××侵犯财产权案件。（本案的卷宗材料由东乌珠穆沁旗人民法院提供，案卷材料全部为蒙古文。）

案情简介：王××和肖××在2000年8月8日签订了一份苏鲁克用益权合同。合同约定的大概内容为，肖××保障王××在其给他放的苏鲁克畜群母畜100%，子畜的成活率保障100%，每一年230只基础母羊所产之子畜，双方平分；肖××在合同有效期间承担畜群之上产生的一切负担；230只母羊所产之羊毛归肖××所有。合同有效期间为5年，子畜之分成和基础母羊每年结算1次。2001年5月15日，肖××与额××又签订了一份苏鲁克畜群用益权合同。合同约定额××把239只母羊放与肖××处，但对子畜的分成、畜群之上产生的孳息的归属问题没有约定。案件卷宗中也没有反映出来。2003年3月，由于政府规定，羊群要进行禁牧，3月19日，王××就到肖××处，拉回自己的羊。额××得知情况，赶到现场并发现王××所拉的羊中有自己标记的羊，当场提出了异议，但王××没有理会，拉走了455只羊。额××认为王××和肖××侵犯了其财产权，以侵权为理

四、迷失的知识传统及其解决进路选择　273

由，把二人告上法庭，请求法院判令王××和肖××返还自己的羊群。

法院的判决：法院认为，原告人额××与被告人肖××之间签订的苏鲁克（羊群）承包合同以及被告人肖××与被告人王××签订的苏鲁克（羊群）承包合同是自愿、平等、互利基础上签订的，因此认定为有效。王××由于客观原因，合同未到期之前拉走自己的羊是合法的，原告主张被告人王××拉走的羊群中有自己的228只羊，要求返还的请求除肖××的认可之外没有其他有效证据加以证明，对其诉讼请求不予支持。鉴于肖××承认原告人额××的228只羊的存在，肖××返还原告人额××的228只羊。

第二个案件：呼××诉林××、特××侵犯财产权纠纷一案。（本案的卷宗材料由东乌珠穆沁旗人民法院提供，案卷材料全部为蒙古文。）

案情简介：2001年11月25日原告人呼××与被告人林××之间签订苏鲁克畜群承包合同，在合同中约定：102只羊和8头牛，放与林××处，作为报酬，给其拉500亩草场的铁丝围网。合同期间为3年时间。2003年9月1日被告人林××与特××（第三人）之间又签订了一份苏鲁克畜群用益权合同。合同中约定，基础母羊（110只母羊，50只山羊）要保证98%的成活率，每年被告林××不向第三人特××缴纳畜群子畜，子畜以现金进行结算，以基础母羊之数，每年被告向第三人缴纳17500元。合同有效期间为1年。2003年11月第三人特××与被告林××之间因缺少基础母羊引起纠纷，第三人特××从被告人林××处拉走了118只羊和山羊，15头牛。原告人认为第三人拉走的118只羊中有自己的26只羊，12头牛，因此诉之法院，请求法院依法判令被告人、第三人返还其财产，原告从林××处拉走了自己的21只羊。

法院的判决：法院认为，公民合法财产权受法律保护。任何组织和个人均不得侵犯。被告人林××与第三人签订的合同有效期间为1年，虽然在合同履行期间，第三人以合同标的物丢失，合同无法履行的情况下收回自己的财产具有正当性，但明知是他人的财产而赶走羊群是一种侵权行为。因此第三人特××承担返还财产的民事责任。法院判令第三人特××返还原告人呼××26只羊、12头牛。

　　上述两个案件在事实上是基本雷同的，当事人提出的诉讼主张在性质上也是相同的，当事人之间的法律关系也是相同的，但法院判决得出的结论是相反的。首先，第一个案件中法院把纠纷定性为合同纠纷，第二个案件中法院把三方的争议定性为侵权纠纷。两种纠纷的定性不同，所依据的法律规则也不同，最后得出结论也可能不同。对苏鲁克用益权合同的定性可谓名目繁多。笔者在呼伦贝尔市新巴尔虎左旗调查期间，对法院从2000~2005年受理案件登记簿上查到的苏鲁克用益权纠纷的表述有：牲畜赔偿、牲畜纠纷、放牧费用给付、放羊合同、放牧承包、放牧合同、放养合同七种名称。（新巴尔虎左旗法院案件受理登记簿的摘录，新巴尔虎左旗法院提供。）很显然，法院对苏鲁克用益权合同的定性问题上是模糊的、摇摆的。这种定性的模糊性本身来自于国家法律的标准，是一种法律上"格式化"的事实套用"非格式化"的事实的真实写照。[①] 定性的模糊性带来了规则选择上的摇摆，从而这一类的案件事实相同，但得出的结论却可能是相反的。其次，两个案件中传统印记制度发挥的作用不同。在第一个案件中法庭审判过程中已经注意到牲畜印记的重要性。下面是法庭调查和辩论中的一段对话：

---

　　① 苏力语。见苏力：《中国当代法律中的习惯——从司法个案透视》，载《中国社会科学》，2000年。

原告代理人：第二被告的羊群的印记是什么样的？

第二被告人（王××）：没有印记，我也没有看过。

……

原告代理人：证人刘××也确实承认（其）9只羊被第二被告拉走，这也可以证明被告（王××）拉走的羊群里有别人的羊，拉走羊也可以，但看印记，但被告（王××）不知道自己羊的印记，乱拉，这是不对的。

……

被告（王××）代理人：对本案的原告主体资格有异议，他也拿不出来羊的所有权证明（牲畜印记——笔者注）……

第一个案件中虽然出现了牲畜印记这一关键的问题，但法官没有进一步地追问，原告代理人很清楚，牲畜印记在此案中的重要性，但他拿不出相关证据，法官也很清楚谁主张谁举证的证据规则。因此法官得出结论：原告主张被告人王××拉走的羊群中有自己的228只羊，要求返还的请求除肖××的认可之外没有其他有效证据加以证明，对其诉讼请求不予支持。这里法官虽然对牲畜印记问题没有直接表明自己的态度，但判决表明了法官的态度。这是牧区所有民众所熟悉的传统，自己的牲畜不做印记，对此只能自己承担相应的责任。在此案中被告人王××也利用原告对自己畜群未作印记的漏洞，要求原告提供畜群所有权证明，但原告始终未能拿出相关牲畜印记证明。因此，对第一个案件的判决结果从技术层面而言，传统牲畜印记习惯发挥了至关重要的作用。在这一点，实际上法官以"隐形"的方式援用了民事习惯，其外表是"证据规则"，实质则是牧区"大家熟悉的习惯"。第2个案件中原告在其诉状中称："特××赶回去的羊群（包括山羊）中若干头也是我的私有财产，第三人特××从被告林××处赶回自己的畜群虽然是一种正当行为，但把印记清楚的他人的牲畜一起赶回去是侵犯他人合法权益的行为。"法院判令"第三人特××返还原告人呼××26只羊、12头牛"的判决事实根据是牲畜印记这一关键的证据。在第二个案件中原告的诉讼主张因牲畜印记的完整，并得到被告人林××的认可而得到支持。两个案件中传统的牲畜印记习惯均对案件事实的认定以及判决结果的产生发挥了重要作用，当然结果是相反的。从这一层面而言，法院虽然没有直接地认可传统民事习惯的法律效力，但"隐性"的"间接"的方式认可了牲畜印记制度是畜群财产所有权标记这一事实。从规则援用角度而言，实质上民事习惯补充了国家法律制度之不足，为司法机关解决纠纷提供了制度方面的支持。但若认为司法机关已经认可苏鲁克民事习惯为处理苏鲁克用益权合同纠纷的法律依据之一，那就大错特错了。司法机关在审理苏鲁克用益权合同纠纷案件时对习惯法是有所取舍的，取舍的标准有两个：一是是否符合国家法律的规定；二是是否有利于解决纠纷。前者而言，以国家法律的规定为参照系，司法机关决定对民事习惯是否"隐性"或者"间接"的援用，与国家法律规定不一致的尽力回避掉，一致的以国家法律作出裁断。后者而言，有利于解决纠纷的民事习惯间接援用，不利于解决纠纷的弃而不用。有利与不利的判断标准是国家法律制度预先设置的一整套程序规则及实体法原则。如牲畜印记制度在苏鲁克实践中是一项设立畜群用益权制度之公示规则，但司法判断中从未承认过它是一种物权公示模式，原因很简单，这种公示模式是国家法律所没有规定的方法，它的公示规则与国家物权法原则不同。苏鲁克民事习惯整体上还是没有被司法机关所认可。

综上所述，司法中的苏鲁克民事习惯的地位是非常模糊的，它不能为其建立的民事关系的处理提供完整的制度支持，司法机关可以根据案件审理的需要对其可以进行裁剪。学者们对民事习惯在司法审判中的作用、援用的必要性、"事实"还是"法律"这些问题争论不休的时候，司法机关早已有了针对民事习惯的一套办法。中国司法的理念不允许民事习惯成为法院审断民事案件的依据，法学院的教育也从没有给法官系统地灌输过习惯法的理念，更没有能力传授法官在司法中运用习惯法的技巧。在民事习惯理论研究中，对民事习惯是"事实"还是"法律"而争论之时，司法机关对其"事实"还是"法律"的问题都懒得表态，总体而言对民事习惯是回避的。无法回避的情况下，那就可以裁剪，选择性地间接援用。

2. 司法公正与民事习惯

司法公正是一个模糊的概念，但大部分人认为司法公正指的是审判的过程和结果在整体上为当事人以及社会上一般人所接受、认同和信任的性质，这一概念并不限于审判所实现的纠纷解决在实体内容上的正确性。[①] 依这一司法公正的标准，民事习惯是当事人之间均认可的规则体系，从而依民事关系所赖以建立的民事习惯规则体系审断案件更能够体现司法公正。但司法机关回避民事习惯态度、裁剪民事习惯的方法使得不仅不能够体现司法公正，而且影响了民事习惯对民众民事关系调整的指引作用，本属于秩序井然的民事关系则反而无所适从。还是以事实来说明上述判断。苏鲁克民事习惯是处理财产归属问题和用益问题的一整套规则体系，司法机关对其物权属性认定的回避态度以及裁剪适用的方法不仅让本属于整体的民事习惯七零八落，还打乱了牧区传统财产用益权属关系。苏鲁克用益权合同纠纷中畜群权属问题发生争执所占比重非常大，此类纠纷多发生于短期畜群收益为目的设立的苏鲁克用益权合同中。这种纠纷的增多与传统苏鲁克用益权的公示规则的弱化有密切的联系。对传统公示模式的弱化司法机关有不可推卸的责任。司法机关对牲畜印记制度的模棱两可

---

① 王亚新：《论民事经济审判方式的改革》，载《中国社会科学》，1994年第1期。

的态度直接影响了其发展的方向。另外，苏鲁克用益权合同纠纷案件的审理中，对苏鲁克用益人的占有权、使用权、收益权等物上权利的回避态度，使得处于弱势的苏鲁克用益权人的正当权利没有得到有效保护。这些论断可以从以下一个案件的审判得到佐证。

案件：朝××诉革××、康××侵犯财产权案。（该案件的卷宗材料由内蒙古东乌珠穆沁旗人民法院提供。原卷宗为蒙古文。）

案件简介：2001年8月24日，朝××把自己所有的200只母羊放给革××，革××要保障100%的基础母羊，生产之仔畜双方平分，给朝××的仔畜（性别比例为2∶3）为50只。合同有效期间为2年。朝××和革××签订苏鲁克用益权合同之前，在2000年康××租用革××的草场，并把自己的422只羊牧放在所租赁草牧场。2003年3月18日，康××听说革××把自己的120只母羊偷偷地卖掉了。于是开着车，到革××的草牧场，拉走了313只羊。事后革××通知康××，他所拉的羊中有他人的羊，康××没有理会。朝××得知这一情况，赶到革××家里，核对自己的羊时发现缺了300只，革××告知是康××不听劝阻拉走的。于是朝××以革××为被告，康××为第三人，把二人告到法院，要求二人返还财产。

法院的判决：法院认为原告人和被告人之间签订的苏鲁克承包合同是建立在平等、自愿、公正、诚实信用原则之上，从而认定为有效。在合同履行期间由于被告人违反合同，合同标的物无法实现，原告人解除合同，请求返还财产是合理的。被告人作为合同一方当事人违约在先，因此应承担违约责任，返还原告的羊群。第三人康××不是合同一方当事人，并且原告人对主张第三人针对其财产实施了侵权行为的主张没有提供有效证据，从而第三人不承担民事责任。

这一案件中原告人和被告人之间均承认，其300只羊在被告那里放养，并且有合同和统计数字为证，案件的焦点在于第三人有无权利拉走原告人放予被告处的羊群。从法院判决结果分析，法院回避了苏鲁克所有权人对苏鲁克用益权标的物畜群的所有权。也没有承认苏鲁克用益权人的占有权。第三人康××是因草场租赁而与被告产生法律关系。依苏鲁克用益权规则，第三人不得妨碍原告与被告之间形成的畜群之上设定的用益权，即物权优先原则没有得到认可。法庭调查中法官与原告之间的一段对话可以证实法官对被告占有原告畜群的事实调查得很清楚：

法官：你（原告）为何把200只羊放与被告人革××处？

原告：被告革××找到我，想要苏鲁克，因此我给了他200只羊的苏鲁克。

法官：放苏鲁克的200只羊全部是你的吗？

原告：是的，我的羊一共有800多只。

法官：你们家的羊有几种印记？

原告：只有一种印记。

……

法官：原告还有没有补充的？

原告：我所放给被告的羊有双耳后阿日干吉嘎印记（羊群耳记的一种形式）。

……

法官：还有没有相互提问的？

原告：被告人，我给你所放的羊有什么印记？

被告：有双耳后阿日干吉嘎印记。

法庭所调查的相关事实又被法庭对第三人康××拉走的羊群做财产保全时所做的记录证实：

法官：我们现在对你处的278只绵羊、22只山羊进行（财产）保全，保全以后任何人不能在保全期间处理，否则负法律责任，听清楚了吗？

第三人：听清楚了。

法官：保全的278只绵羊中有标记（双耳后阿日干吉嘎）的149只。

第三人：属实。

从上述记录中可以得知，法院对原告放于被告处的羊群所有权的存在是认可的。原告对此也提供了相关印记方面的证据，法庭在财产保全措施中也查明，第三人拉走的羊群中总共有149只相同印记的绵羊。但判决书中以"原告人对主张第三人针对其财产实施了侵权行为的主张，除了有双耳后阿日干吉嘎印记的陈述之外没有提供有效证据，并且与被告人给第三人出具的'拉走了自己的羊'这一凭据相矛盾，从而不能认定为有效证据"。从而得出了"第三人不承担民事责任"的结论。这是典型的苏鲁克用益权受第三人的侵权行为而产生的纠纷。但遗憾的是，司法机关对苏鲁克民事关系双方权利义务关系基本没有认可，如苏鲁克所有权人的所有权、用益权人的占有权、收益权，不给予承认。反而把受严格控制的苏鲁克用益人的一定处分权加以认可，从债权角度出发，认为苏鲁克用益人以违反合同为理由，把所有责任推给苏鲁克用益权人，苏鲁克所有权人和用益权人依习惯法所享有的权利均被排除在外。传统牲畜印记制度也没有发挥所有权标记的作用，总之，此案的最后判决结果与苏鲁克民事习惯的规则毫不相干。法官在处理此案的过程中完全是按现行国家法律规定的程序操作的。第一步认定原告与被告之间存在合同关系；第二步被告人没有履行合同约定的保管畜群的法律责任；第三步给原告造成的损害与第三人无关，谁直接造成损害谁承担，第三人不是合同关系的一方当事人。完全符合我国民事诉讼法以及合同之债的承担责任的规则。但回过头反思一下就会发现，原告的财产权受到的损害不是因为被告管理不善导致的，而是被告人与第三

四、迷失的知识传统及其解决进路选择

人之间的债权、债务纠纷殃及原告人财产所有权。被告与原告之间的苏鲁克用益权合同还没有履行完毕,合同的标的物已经不存在了,合同应当终结,造成的损失由谁承担?让被告全部承担责任是否合理、合法?原告的财产所有权又如何保障?并且在该案中被告已经没有可履行的财产了。司法的运作虽然把苏鲁克民事习惯排除在外,并依国家法律做出了完全符合国家法律规定的判决,但没有达到司法公正的目的。原告和被告均很郁闷,不接受,外界看来这是不公平的,尤其对原告而言国家司法机关通过一纸判决书,实质上剥夺了他300多只羊。法院认为它也没有错,完全符合《民法通则》、《合同法》以及《民事诉讼法》的规定。但国家司法机关的司法公正的信赖基础受到影响,民众所遵循的民事习惯的指引作用受到质疑,社会财产关系的归属和用益规则被否定,进而开始怀疑国家的法律的公信力,法律信仰的基础在这里可以说荡然无存。如果该案件依所建立的民事习惯规则进行处理问题就简单得多。首先,作为第三人不得妨碍苏鲁克用益权人与所有权人之间设定的畜群用益权;其次,第三人按牲畜标记返还给苏鲁克用益人或者所有权人;最后,第三人的债权债务关系另案进行起诉。这样处理的结果使得原有的原告与被告之间的合同关系依然存续(法律上),维护了正常的财产隶属关系和用益关系,肯定了民事习惯所指引的财产关系处理规则。原告和被告的合法权益得以保障,实现了司法公正,维护了"法律"的权威。

总之,司法实践中的苏鲁克民事习惯并没有预先想象式的被司法机关所援用。司法机关对其基本态度是回避的。这恐怕也是其他民事习惯的命运。司法机关受理苏鲁克用益权合同纠纷案件不是因为它是当地地方性民事习惯,而是一种无名合同,而且不违反公序良俗原则,符合《合同法》和《民法通则》规定的成立民事合同关系的要件。但受到严格"国家法定主义"训练的

司法工作人员本能地从国家法律中去寻找处理规则，并套用于苏鲁克用益权合同。殊不知它所建立的制度基础并不是国家法律，而是千百年来大家所遵循的古老的民事习惯。因此在司法中苏鲁克民事习惯被扭曲了。苏鲁克民事习惯在民间和司法中的地位是倒置的，从而使它迷失了方向。从苏鲁克民事习惯在当代司法中的命运可以看到，司法公正的实现远没有我们想象的那样用提高效率、实现正义、立法的科学化等大话、套话所能解决。民事习惯成为法律渊源的一种，服务于社会，需要做的相关工作还很多。其中最主要的两项事情必须引起注意：一是民事习惯必须经过详细的调查，让法官及其他法律服务人员掌握某地方主要的民事习惯或者能够让其有条件查找相关民事习惯。二是对重要的地方性的民事习惯民法学家倾注必要的精力去解读、梳理和法理的分析，从理论高度有所归纳。这两项工作并不是主张把地方性的民事习惯写进民法典，而是为将来的民法典能适合民情、为民众所接纳奠定基础。

（三）传统问题与规则选择

苏鲁克民事习惯是产生于传统游牧经济中的规则体系，它所要解决的问题也是畜牧经济中的传统问题，即如何在畜群之上设定一种用益物权，让畜群这一牧区最主要的财产充分发挥其用益价值，促进畜牧社会的发展。苏鲁克民事习惯历经千年的时间，20世纪40年代末被内蒙古自治区自治政府作为解决牧区社会改革的制度资源之一，从民间进入政府规制范围。由于各种复杂的运动以及后来的商品经济的发展，苏鲁克民事习惯回归到民间，依然作为处理牧区财产归属和用益问题的制度而被民间的广大民众所适用。国家法律渊源的形式以及司法机关不认可民事习惯的法源地位的态度，决定了苏鲁克民事习惯在民间的调适作用与司法机关的适用法律规则之间脱节。牧区苏鲁克用益权财产关系的

四、迷失的知识传统及其解决进路选择 283

处理,在民间和国家司法中分别是两张皮,不仅没有处理好牧区苏鲁克用益权财产关系,也影响了国家司法机关公正处理纠纷、实现司法公正的预期目标。因此,上述问题的解决进路和途径我们有必要进行建设性地探讨。鉴于苏鲁克民事习惯是少数民族地区的民事习惯,我们可以从民族区域自治制度的视角来探讨处理问题的路径。苏鲁克民事习惯又是一项财产归属、用益问题的物权民事习惯,因此我们也可以从国家物权立法角度探讨解决问题的办法。苏鲁克民事习惯是以苏鲁克用益权合同形式体现的,司法机关对此类纠纷有管辖权,从司法机关的判解模式也可以讨论其定位问题。因此下面分三个视角来探讨苏鲁克民事习惯这一传统制度的定位问题:

1. 传统规则与传统问题

苏鲁克民事习惯是传统的、民间的、地方性的、民族性的规则体系,它所要解决的问题也是游牧经济中的传统的畜群用益问题。依中国地方制度,少数民族聚居区实行民族区域自治制度。实行民族自治的少数民族地方在不违背国家法律基本原则的前提下,可以制定自治法规。苏鲁克民事习惯又是内蒙古蒙古族游牧经济中孕育发展的地方性制度,因此,民族自治地方可以把本地方的习惯法吸收于所制定的自治法,更进一步地引导习惯法的健康发展。根据《民族区域自治法》第4条规定:"民族自治地方的自治机关行使宪法第三章第五节规定的地方国家机关的职权,同时依照宪法和本法以及其他法律规定的权限行使自治权,根据本地方的实际情况贯彻执行国家的法律、政策"。《民族区域自治法》第19条中规定:"民族自治地方的人民代表大会有权依照当地民族的政治、经济和文化的特点,制定自治条例和单行条例。自治区的自治条例和单行条例,报全国人民代表大会常务委员会批准后生效。自治州、自治县的自治条例和单行条例报省、自治区、直辖市的人民代表大会常务委员会批准后生效,并报全国人民代表大会常务委员会和国务院备案"。从理论层面而言，少数民族习惯法在立法体制上获得国家《立法法》所规定的法源形式的大门是敞开着的。民族地方的立法进程中也有把少数民族习惯法纳入自治法规的范畴，承认其法律效力的先例。以苏鲁克民事习惯为例，在20世纪40年代末，内蒙古自治区成立初期，把它作为解决牧区社会改革的重要制度之一，政府以文件形式对其内容作适当调整，推广到整个内蒙古牧区。在20世纪80年代，内蒙古自治区政府又一次把苏鲁克民事习惯作为在牧区实行家庭承包制的形式。（这一次时间比较短，很快被作价归户、户有户养的措施所替代。）但进入20世纪90年代之后，随着国家经济一体化进程以及市场经济的推行，一些民族地方自治法规中的少数民族民事习惯纷纷退出，回归到了它的发源地，即民间。导致这一情况的原因非常复杂，有国家法制整体向西方看齐的立法思路缘故，也有对少数民族习惯法等本土规则的认识原因，还有法学研究对少数民族习惯法的关注不够等。总之，上述的原因大致可以用一句话进行概括：少数民族习惯法是落后的、传统的，从而大部分少数民族习惯法被排挤在民族地方立法之外。民族地方的自治法规从此也变得内容差不多，没有体现地方、民族的特点。当前把少数民族习惯法纳入民族自治地方自治法规范畴，加以规范和整理是难上加难的事。

首先，回归到民间的少数民族习惯法从未有过官方的系统调查、整理和研究。对少数民族习惯法的研究，尤其是实证研究还处在个别少数民族习惯法的20世纪50年代民族调查获取的第二手资料的阶段。改革开放之后，尤其是自推行市场经济以来的少数民族习惯法变化的情况，我们掌握得少之又少。对现行的少数民族习惯法研究的滞后性，也是少数民族习惯法无法进入民族地方立法进程的一个重要的因素。现代的立法越来越讲究体系化、逻辑上更加严密性，语言、文字表述上越来越精密、专业化，从而散见于民间的，经过多年的革新已经变得七零八落的少数民族习惯法进入正式国家（包括地方）立法进程，其条件今非昔比，难度是很大的。

其次，当今是变革的时代，现代化已经成为一个不可怀疑的强势话语，你今天可以看到，到中国任何地方，都是在磨掉自己不同于其他地方的棱角，向现代化迈进。这种意识深深地影响了立法理念，长期以来被人们认为落后的少数民族习惯法进入国家（包括地方）立法进程的希望是渺茫的。五大自治区的自治条例从1982年宪法颁布至今，一个自治区的都没有搞出来，甚至有人认为没有自治条例照样不是挺好的，为何要搞自治条例。很显然，这种认识的背后，肯定有一种强烈的与大家不同就不是现代化的观念，现代化是世界大一统的认识。这种认识不仅是学者的，而且是官员的，甚至是民众的，你在任何民族地方均可以听到，如果你强调本民族语言、文字、文化的重要性，有些群众就会发牢骚，世界都变成地球村了你还这么落伍。这种认识忽略了西方所创造的"现代化"是一种渐进式的进程，也忽略了对"现代化"本身的解读。西方的发展过程中西方社会本身的自生、自发秩序，对西方国家的现代化进程的影响是不可低估的，这一因素的忽视显然是把民间相关规则体系排挤出现代化，并且错误地认为这是影响现代化的障碍，从而我们的现代化的法律、法规失去这些内生秩序的支持而得不到有效的实施。在西方的理论和观念未经分析和批判以及理论预设未经中国经验验证的情况下就把它视做当然，进而对中国的种种问题做非彼即此的判断。（邓正来：《中国法学向何处去——建构"中国法律理想图景"时代的论纲》，第88页，商务印书馆，2006年。作者对中国现代化范式导致的问题归纳了五种，分别是：第一，把西方国家发展过程中的问题及西方理论旨在回答的问题虚构为中国自己发展进程中的问题；第二，把西方论者迈入现代社会以后所抽象概括出来的种种现代性因素倒果为因地视做中国推进和实现现代化的前提性条件；第三，把中国传统视为中国向现代社会转型的基本障碍而进行整体性的批判和否定；第四，忽略对西方因其发展过程的自生、自发性而不构成问题但对示范压力下的中国发展却构成问题的问题进行认真且仔细地研究。第五，在西方的理论和观念未经分析和批判以及理论预设未经中国经验验证的情况下就把它视做当然，进而对中国的种种问题做非彼即此的判断，等等。）

最后，苏鲁克民事习惯是内蒙古牧区广泛存在的解决畜群归属、用益问题的民事习惯，这一类社会关系专门进行立法是不可能的，在其他处理财产关系的单行法规中也无法归入。苏鲁克民事习惯是调整牧区财产归属关系和用益关系的习惯法，因而是国家法律、政府的管理行为必须要面对的一个问题。例如，当前的苏鲁克用益权的设定不得违反单位草牧场的载畜量，从而基层群众性自治组织、基层草原、畜牧等行政管理机关具有监督苏鲁克用益权设定的权力。笔者所收集到的苏鲁克用益权合同中一般牧民均报给基层群众自治组织或者接受草原管理部门的监督。又如，内蒙古自治区为了维护草原生态，清除社会组织、党政机关占有草场，维护牧民集体草场所有权以及牧民的使用权，禁止党政机关在牧民草场上放苏鲁克。这一禁止性的规定限制了苏鲁克用益权设定之主体范围。但这些相关的措施、文件的规定均不是站在整体苏鲁克民事习惯的视角对其进行规范的，因此对苏鲁克民事习惯的规制不产生实质性的影响。

苏鲁克民事习惯的物权属性也是苏鲁克用益权进入地方立法的一个不可逾越的障碍。我国《物权法》第5条规定："物权的种类和内容，由法律规定"。因此，当前的物权法实行严格的物权法定主义原则。我国《立法法》第66条规定："自治条例和单行条例可以依照当地民族的特点，对法律和行政法规的规定作出变通规定，但不得违背法律或者行政法规的基本原则，不得对宪法和民族区域自治法的规定以及其他有关法律、行政法规专门就民族自治地方所作的规定作出变通规定"。地方性法规或者自治条例和单行条例中认可苏鲁克民事习惯就意味着违反《立法法》有关不得违背法律、行政法规基本原则的前提要件。《物权法》与《立法法》的相关规定结合在一起，从制度层面已经排除了通过地方性法规、自治条例和单行条例形式对类似于苏鲁克民事习惯的具有物权特质的民事习惯加以规制的可能性。

因此，制度层面，虽没有对少数民族习惯法进入国家立法设置障碍，但立法理念、少数民族习惯法研究、整理和调查的不足以及对少数民族习惯法的特质等主、客观原因，使得少数民族习惯法被民族自治地方立法所吸收是很困难的。

2. 传统问题与现代规则

苏鲁克民事习惯不但是调整财产关系的制度，而且是一种具有物权特质的民事习惯。从法理上而言，调整财产归属关系、用益权关系的规范属于国家立法的范畴。《立法法》第7条第2款规定："全国人民代表大会制定和修改刑事、民事、国家机构的和其他的基本法律"。《物权法》第5条规定："物权的种类和内容，由法律规定"。我国物权法坚持了大陆法系传统物权法的"物权法定主义"原则。因此，类似于苏鲁克用益权的物权制度按现行法律的规定，应当在国家法律中规定。在《物权法》颁行之前，物权法定主义原则的"法"究竟如何理解，在学术领域做了广泛的讨论。物权法定原则中的"法"渊源的讨论是伴随物权法定原则的争论中被提出来的。物权法定原则是自罗马法以来大陆法系民法所普遍坚持的原则。物权法定原则的含义学术界有不同的理解，多数学者认为物权法定原则是指物权种类、内容的设定依法律设定。如台湾学者王泽鉴认为：台湾地区民法典

第757条[1]规定的"本法"系指"民法典"而言,命令不包括在内。所谓"不得创设",其含义有二:1. 不得创设民法或其他法律所不承认的物权;2. 不得创设与物权法定内容相异的内容。[2] 持有相同观点的还有大陆学者孙宪忠,孙认为:物权法定原则对民法立法的具体要求是:1. 物权的具体类型以及数目限制必须在法律中明确地确定下来;2. 权利人可以享有的各种物权的内容,至少是这些权利的基本方面必须由法律做出强制性的明确规定。[3] 日本学者也持有相同的观点,认为物权法定原则包含两个内容:"1. 民法及特别法规定以外的物权种类——如新型或异型物权——不得创设;2. 民法及特别法规定的物权,不得赋予其与法律规定不同的内容。"[4] 还有学者认为物权的种类、内容、效力和公示方法应当由法律明确规定。如大陆学者王利明认为:"1. 物权必须由法律设定,而不得由当事人随意创设;2. 物权的内容只能由法律规定,而不能由当事人通过协议设定;3. 物权的效力必须由法律规定,而不能由当事人通过协议加以确定;4. 物权的公示方法必须由法律规定,不得由当事人随意确定。"[5] 还有其他学者认为,物权的种类、效力、变动要件和保护方法必须由法律加以确定。[6] 在学术领域虽然对物权法定原则

---

[1] 台湾地区民法典第757条规定:"物权,除本法或其他法律有规定外,不得创设"。

[2] 王泽鉴:《民法物权1通则·所有权》,第46页,中国政法大学出版社,2001年。

[3] 孙宪忠:《德国当代物权法》,第79页,法律出版社,1997年。

[4] [日] 近江幸治著,王茵译,渠涛审校:《民法讲义Ⅱ物权法》,第6页,北京大学出版社,2006年。

[5] 王利明:《物权法论》,第77—79页,中国政法大学出版社,2003年7月修订版。

[6] 周林彬:《物权法新论——一种法律经济分析的观点》,第235页,北京大学出版社,2002年。

内涵的理解上有所差异，但基本上认可物权的种类和内容由法律确定，当事人之间不得通过协议创设。但物权法定原则自20世纪以来成为受到批判最多的物权法原则之一。究其原因，有以下几点：一是物权法定原则过于保守和僵化，影响了新型物权的创设，不利于社会经济的发展；二是随着经济的发展，物权与债权的区别日益模糊，正逐渐趋于合流，没有必要坚持物权法定原则；三是认为物权法定原则实质上增加了交易成本，而不是相反的减少，并且随着公示手段的现代化，物权法定原则没有必要再坚持。当然，从理论上也有人提出了相反的观点，认为以上理由均不构成取消物权法定原则的理由，比如保守、僵化的问题，不独物权法存在，单单用来作为反对物权法定的旗帜，是缺乏说服力的，而物权与债权的区分日益模糊，物权法定已丧失理论前提的说法，纯粹是只看到事物的表面现象，并被表面现象所迷惑，而未深入其实质作客观分析的结果。至于交易成本的问题，不具有普遍性，公示手段现代化的问题由于缺乏实证的支持目前还是一个假命题。①

学术争论归学术争论，我国《物权法》还是坚持了物权法定原则。理论领域，针对物权法定原则所存在的问题，提出了废弃物权法定原则说与物权法定原则缓和说。

物权法定原则废弃说首先是在日本学者的论著中出现的。日本学者我妻荣等倡导"物权法定无视说"，认为物权法定原则根本不发挥法定的作用。其主要理由为："物权法定主义整理旧物权制度以及防治封建时代旧物权之机能业可实现，而习惯法乃是社会生活自然发生，不仅无阻止可能，且如横加阻止反将有害，况保护土地之利用人，既为物权法之趋势，则自保护土地利用人

---

① 敬从军：《物全法定主义存废论》，载《西南政法大学学报》，2006年第2期。

之立场,亦应承认习惯法上的物权,此说认为习惯法有废止强行法之效力"。① 这是习惯法冲破强行法而获得创设物权之观点,也是无视物权法定原则的立场的主要根据之一。持这一立场的日本学者认为:习惯法物权的承认上,应无视日本民法《法例》第 2 条(日本《法例》第 2 条承认两种习惯,即"法令规定中承认"的习惯和"法令中未规定"的习惯)与《日本民法典》第 175 条(《日本民法典》第 175 条规定:"物权,除本法及其他法律所规定者外,不得创设")的存在。② 在日本民法的司法判例中,的确出现了"流水利用权"、"温泉权"、"田面权"等习惯法之上的物权。有的被司法判例所承认,有的没有被承认。因此,日本民法学家以习惯法无视强行法的存在而创设物权的理念,基本上怀疑物权法定原则的存在。

还有部分日本学者坚持物权法定缓和说,提出了习惯法包含说、习惯法物权有限承认说。习惯法包含说认为《日本民法典》第 175 条包含了《法例》第 2 条的习惯法。该说认为:"'与法律未规定事项相关'的习惯已由《法例》第 2 条赋予了'与法律相同的效力',故此这种习惯(法)已经被涵盖在第 175 条所云的'法律'范围之内"。③ 习惯法物权有限承认说认为"习惯法与第 175 条的'法律'无关,专指《法例》第 2 条承认效力的习惯法"。④ 因此,日本学者主张通过承认习惯法创设之物权

---

① 转引自谢在全:《民法物权论》(上),第 46 页,中国政法大学出版社,1999 年。

② [日] 近江幸治著,王茵译,渠涛审校:《民法讲义 II 物权法》,第 6 页,北京大学出版社,2006 年。

③ [日] 近江幸治著,王茵译,渠涛审校:《民法讲义 II 物权法》,第 11 页,北京大学出版社,2006 年。

④ [日] 近江幸治著,王茵译,渠涛审校:《民法讲义 II 物权法》,第 11 页,北京大学出版社,2006 年。

种类和权利来弥补物权法定原则僵化、保守等不足之处。日本学者的这一主张也带来了一个问题,那就是物权法定原则的"法"的外延是什么?在台湾地区,学者们大多主张通过习惯法可以弥补物权法定原则之僵化的弊端。例如,谢在全认为:"自因物权制度之存在,本即由于人类生活之需要而生,倘民法所提供之物权不能满足社会之需要,则于社会生活之长久酝酿,习惯之反复践行,必然产生物权之新种类或新内容,例如工商界现采用之让与担保。但此却见容于物权法定,于是相互激荡,法定之物权制度与社会脱节因而更甚"。[1] 台湾学者郑玉波也持有类似观点。认为"物权法定主义过于硬化,难以适应现时社会经济之发展。倘于习惯上能有适宜的公示方法之新物权之生成,自不妨予以承认,同时旧习惯之物权,虽因不合现行法之规定,而被抹杀,但行之自若者,亦非无有,对此种社会事实,若绝对严守物权法定主义而不予承认,则法律将不免与社会脱节,若竟视若无睹,不加可否,则又将贻人以掩耳盗铃之讥"。[2] 王泽鉴认为,台湾地区《民法》第757条规定的所称法律,依其文义、立法理由和规范目的,应系指成文法而言,并不包括习惯法在内,亦不得类推适用而创设物权,实务上一向采用此见解。但为缓和物权法定原则的僵硬,宜认为新成长的物权具有一定公示方法时,宜将其纳入现行物权体系,承认其效力。[3] 并同时提出,台湾地区《民法》第700条明定采取物权法定原则,不得依习惯(法)创设物权,但此并不表示台湾地区忽视习惯在形成物权关系的技能。

---

[1] 谢在全:《民法物权论》(上),第45—46页,中国政法大学出版社,1999年。

[2] 转引自敬从军:《物全法定主义存废论》,载《西南政法大学学报》,2006年第2期。

[3] 王泽鉴:《民法物权1通则·所有权》,第47页,中国政法大学出版社,2001年。

关于相邻关系、地上权、用典权和典权等，"民法"设有不少"另有习惯，从其习惯"的规定。须注意的是，此等习惯系通常的惯行，非属"民法"第1条所称习惯（法）。[①] 因此台湾学者普遍赞同为克服物权法定原则保守、僵化之弊病，通过习惯法来创设新型物权制度。

在台湾地区，对民间合会的争论就是典型的涉及物权法定原则的个案。对民间合会的特质，台湾学者持有不同的观点，有消费借贷说、合伙说、无名契约说。[②] 因而台湾学者主张通过形成的习惯法来克服法律之漏洞，深入探讨了习惯法对法律漏洞进行补充的可能性。但台湾学者并不认为物权法定原则之"法"包括习惯法，原则上不赞同把物权法定原则中的"法"作更宽泛的解释。并且强调《民法》第1条规定的习惯（法）与一般民事习惯的区别。这就是说，习惯法所创设之物权制度要经过国家司法机关或者立法机构的认可而获得物权法的法源地位。我国的民法学界也有不少人主张通过各种途径克服物权法定原则的僵硬问题。其中梁慧星教授也赞同通过习惯法来克服物权法定原则的僵化。他认为："从宽解释的方法，在一定程度上认可了反映社会经济需要的习惯，这不仅能满足社会经济发展的需要，而且维护了法律的权威。"[③] 王利明教授也认为："物权法定主义在运用中不能过于僵化，以至于认为物权只能由法律确认，对任何以行政法规以及最高人民法院的司法解释所创设的物权都不予承认，这就不利于规范和调整新型物权法律关系和保护当事人的利益。事实上，仅仅通过法律确认物权是不够的。所以对物权法定主义

---

① 王泽鉴：《民法物权1通则·所有权》，第47—48页，中国政法大学出版社，2001年。

② 黄茂荣：《法学方法与现代民法》，第516—519页，中国政法大学出版社，2001年。

③ 梁慧星：《中国物权法研究》，第70页，法律出版社，1998年。

不宜过于绝对化，不能对实践中存在的物权一概不予承认。承认依习惯所创设的物权，以补充法定物权的不足具有一定的合理性。"（王利明：《物权法论》，第 94—95 页，中国政法大学出版社，1997 年。作者的观点对其著作《物权法论》进行修订时发生了微妙的变化。作者认为：我国正处于转型时期，社会经济生活发生变化十分迅速，各种新型物权也将随之应运而生。法律因其具有稳定性的特点，难以及时地通过修改、补充来反映实践中已广泛存在的新的物权现象。如果我们严格按照物权法定主义，不承认人们在现实生活出现的一些新的对物权的利用方式，也会妨碍社会资源的最优配置。加之成文法与日益变化的现实需要相比总是具有一定程度的滞后性，如果完全恪守物权法定主义原则，则必然造成物权法对社会发展的限制，扼杀了制度创新的空间。为此，在确定物权法定原则的同时，应当保持一定的灵活性，规定一些软化法律僵硬性的条款。所以，对于行政法规所创设的物权，如具有相应的公示方法，应当予以承认。因此，作者对其修订后的著作中没有明确提出依习惯创设之物权。见王利明：《物权法论》，中国政法大学出版社，2003 年 7 月修订版。第 84 页。）因此，中外学者基本上认同物权法定原则所带来的一些弊端，并支持习惯法创设新型物权的机能。

  民法学家研究视野中物权法定原则中的"法"基本上指的是狭义的国家立法机关所制定的法律。但不反对根据社会生活的需要通过习惯法来创设新型物权种类及物权内容。当然，也有一些学者对习惯法创设新型物权的机能持有怀疑的态度。一是由谁来承认习惯法的效力和由谁对物权法定内容作从宽解释？二是如何来判断是否已形成习惯？按什么标准来判断某些习惯已达到能被认可为物权要求的程度？三是进行从宽解释依据何标准？有无界限，其界限在哪里？① 学者们的怀疑也属正常。中国当前的民事法律制度以及国家机关职能分工的模糊，没有给民事习惯创设新型物权创造相关的机会。日本和中国台湾地区司法体制以及民事法律渊源制度给民事习惯创设新型物权提供了必要的途径和进路。如《日本民法典》虽没有把民事习惯列为法律渊源，但在后来的《法例》中承认习惯（法）是法源的一种形式。日本《法例》第2条规定的习惯（法）的法源形式为司法机关民事习惯创设新型物权制度做了良好的铺垫。日本司法体系中法院还可以通过判例形式认可习惯法的法源地位而给习惯法创设新型物权敞开了大门。日本民法颁行之后出现的新的物权种类均是通过这一形式所创设。如流水利用权是在大审院（日本语法学辞典中大审院是指法院法施行的同时被取消，依法院组织法中规定的，在终审法院中设置的组织。按若干刑事部、民事部所设，审判由5人判事所组成的合议体，在现在的最高法院中设置。日本大审院是日本最高法院的审判组织，其判例形成《判例集》，对下级法院审理同类案件具有指导作用。（见末川博主编：《新订法学辞典》[日文]，第689页，昭和三十一年十一月十日第1版）大正六年二月六日的判决中确认的"新"（这里讲的所谓的"新"种类的物权是法律层面而言的，在习惯法上这些物权是早已存在的物权种类，法院只是根据物权规则对这些物权加以认可而已）的物权类型。水利权（流水利用权）是指在农村特指引河流或池塘之水灌溉水田的——习惯上的——物权性权利。日本学者形容流水利用权对农村的重要地位时用了"生死攸关"这一词语。② 温泉权这一物权类型是在昭和十五年九月十八日大审院对

---

① 敬从军：《物全法定主义存废论》，载《西南政法大学学报》，2006年第2期。
② [日] 近江幸治著，王茵译，渠涛审校：《民法讲义Ⅱ物权法》，第11页，北京大学出版社，2006年。

"鹰之汤温泉事件"所作的判决中承认的,跟日本人泡温泉的习俗紧密联系在一起的一种"新"的物权类型。台湾地区民法中民事习惯本身作为一种法源形式加以规定,并在司法中通过民事习惯案件诉讼而法院可以利用审判判例创立新的物权类型。通过上述日本和中国台湾地区民法中对有关习惯法对物权法定原则关系的安排中可以给我们以下几个方面的启示:

首先,习惯法创设新物权类型是以对物权法定原则的不足、缺陷的认可为前提的,如果对物权法定原则的包容性不产生怀疑和分歧就不会有所谓的通过习惯法创设物权种类的问题,也不会有对物权法定原则中的"法"的从宽解释等问题。埃德加·波登海默早就提出:"当已制定的法律同社会发展中的某些不固定的、有紧迫性的力量冲突时,它就不得不为这种稳定性政策而付出代价。"① 对法律稳定性的弊端有了认可,那我们就要寻找法律漏洞[学者对法律漏洞作解释时指出,所谓的法律漏洞是指法律体系上之违反计划的不圆满状态。法律漏洞主要有三种:1. 立法者思虑不周;2. 在法律上有意义之情况的变更;3. 立法者自觉对拟予之案型的了解还不多,而加以规范。见黄茂荣 著:《法学方法与现代民法》,第293页、第335页,中国政法大学出版社,2001年。梁慧星教授认为所谓法律漏洞,含义如下:其一,指现行制定法体系上存在缺陷即不完全性;其二,因此缺陷的存在影响现行法应有功能;其三,此缺陷之存在违反立法意图的填补方法。(见梁慧星:《法律漏洞及其补充方法》,载梁慧星主编:《民商法论丛》第1卷,第7页,法律出版社,1994年。)] 台湾地区和日本民法典中的有关民事习惯创设物权的经验具有很好的启发意义。台湾学者谢在全提出:"因民法制定时,

---

① 埃德加·博登海默著,张智仁译:《法理学——法哲学和方法》,第362页,上海人民出版社,1992年。

由于物权法之传统性和民族性,或无法将习惯法上物权,统于纳入,例如当铺,或提供之物权虽切合当时之社会需要,则于社会生活需要脱节,如用典权……倘民法所提供之物权不能满足社会需要,则于社会生活之长久酝酿,习惯之反复践行,必然产生物权之新种类或新内容。"① 物权法所规定的物权法定原则中的国家法律不可能穷尽社会生活中的物权现象,也不可能预见将来经济社会生活需要而产生的新的物权类型,这是法律本身所存在的缺陷,任何理性的人均会承认这一点。如果承认法律可能产生漏洞,那就需要通过一定的途径和方法克服。法律产生漏洞的情形不同,采用补充之办法也随之不同。台湾学者对法律漏洞之补充的方法提出了4种:一是类推适用;二是目的性的限缩;三是目的性的扩张;四是创制性的补充。② 这4种方法中第二、第三种补充办法实际上可以统称法律解释之方法补充法律之漏洞。4种补充办法中对补充法律渊源形式而言,除了类推适用之外的其他办法中,均可能需要习惯法对其提供重要的制度资源。类推是在现行法律中找到类似的规范依据而处理法律之漏洞的办法。因此排除了运用习惯法对法律漏洞补充的可能性。其他三种漏洞或两种漏洞的补充办法均可能需要从其法律事实产生的反复性、持续性的践行经验中寻找制度资源,这就是习惯资源支持。因此,在物权法定主义原则产生漏洞的前提假设之下,习惯法将会成为弥补这一漏洞的重要的制度资源,从而通过一定的途径,包括事实上的习惯在内的习惯法,可以获得与制定法相同的创设新型物权的法源地位。实际上物权法定原则的漏洞并不是什么假命题,而是实实在在的"漏洞"。日本民法中利用司法判例所创设的几种

---

① 谢在全:《民法物权论》(上),第47页,中国政法大学出版社,1999年。
② 黄茂荣:《法学方法与现代民法》,第292—404页,中国政法大学出版社2001年。

物权均是当时立法中所考虑不周全或者还没有发现的物权类型。显然,立法者对涉及民生的民法不可能有穷尽的考虑。这是法律自身所无法克服的"漏洞"。法律渊源多种类的选择性条款的设定或民法本身吸收多形式法律渊源,是弥补这一缺陷的最好方法。

其次,在司法体制上赋予法院创制新的物权类型的权能。民法是与民众生活关系最密切的基本法律。物权制度又是任何公民获得完全人格权利的有效前提条件之一。民法是法律所规定的正义理性在民众生活中的得以贯彻的最重要的法律。而民法的规定不能完全满足民众对正义的需求之时,就依靠司法机关的能动性来补充制定法之不足,这是多数国家的经验。维护法律所规定的正义要依靠司法机关这一国家机器,民众的正义要求最后还是反映到司法机关最具体案件的审理上。也就是法律的正义性要接受司法的检验。如果司法机关没有法律规定范围之内的能动性,法律正义的实现是无法想象的。司法能动主义的基本宗旨就是:法官应该审判案件,而不是回避案件,并且要广泛地利用他们的权力,尤其是通过扩大平等和个人自由的手段去促进公平——即保护人的尊严。[1] 这就是说,法院在面对一个涉及新型物权类型的案件时,它根据法律所赋予的法源形式的权力,在司法判例中可以创设新的物权类型。对此实际上不必恐慌,司法对任何新型物权的创设上也是谨慎的。日本民法颁行已经很多年,但通过司法判例所承认的新型物权却只有几个案例。台湾地区司法机关所认可的新型物权的判决更是少之又少。

最后,中国民事习惯,尤其少数民族习惯法中的民事习惯不适合在国家民法中直接承认。这是少数民族地区习惯之地方性、

---

[1] [美] 克里斯托弗·沃尔沃著,黄金荣译:《司法能动主义》,第6页,中国政法大学出版社,2004年。

民族性、特殊的经济习惯等因素决定的。中国少数民族习惯法的地方性是指各少数民族所在地域的居住环境、生存条件、生产状况、生活方式的制约和影响,习惯法也各有差异。[①]

少数民族习惯法除了上述地域性因素之外,更重要的是它所适用的地域范围仅限于少数民族聚居区。少数民族习惯法的地域性因素如果仅仅理解为对少数民族而言,那就大错特错了。少数民族习惯法,称之为习惯法时它已经有了法的确信这一事实。少数民族地方的任何人均可能要受到习惯法的支配。本文所谈到的苏鲁克用益权制度就是一个典型的个案,不仅蒙古人在畜群上设定苏鲁克用益权,汉族也有,个人有、社会组织也有。因此,这里所说的地域性更是对强调少数民族习惯法所适用之空间而言的。少数民族习惯法的民族性更是鲜明的。少数民族习惯法的产生、发展与其特定的经济模式、生活方式、民俗等有不可分割的联系。任何少数民族的习惯法均与其传统的经济生活相联系。

少数民族习惯法从属人原则而言,更强调本民族民众中间被遵守和适用。而民事习惯这一庞大的规范体系是与财产权紧密相连的规则,从而会或多或少地对生活在本地区的其他民族的民众产生影响。中国少数民族的经济生活也有很大的差异性,虽然经过改革开放以及推行市场经济制度,但少数民族传统经济方式却以自己独特的方式、方法在改变,其原有的经济习惯、习俗短时间内不可能消失。另外需要注意的是,习俗(习惯法)它本身也会不断地流变,以适应社会之发展,否则一个不适应社会发展需求的习惯(习惯法)很快就会被人们遗忘,成为历史。苏鲁克民事习惯的发展、变迁的进程就是很好的例子,到21世纪,在市场经济需求之下它很快地向债权化的方向演变,今天它依然也在变化当中,但本质上没有发生根本性的变化。少数民族习惯

[①] 高其才:《中国少数民族习惯法研究》,第222页,清华大学出版社,2003年。

法的上述特征决定了它不具有普适性。

　　对一个没有普适性的规则体系具体而直接地纳入国家法律体系显然是不可能的。对民事习惯而言，更没有条件在国家法律中直接加以规定，除非这一民事习惯所适用之主体、地域非常广泛。但另一方面，国家法律对重要的少数民族习惯法不能无视其存在，更不能回避它的作用。例如像物权习惯法，它是涉及少数民族地区民众财产归属和用益的规则体系。国家要像重视物权归属、交易、用益和担保一样，对物权性的少数民族民事习惯法给予同样重视，因为它也是财产归属和用益的重要制度。民族自治地方的自治法规中不适合对零散的、民间性的民事习惯作出规制，凭什么要求国家法律对其作出规制？这是否存在本末倒置之嫌疑？其实不然，在这里并没有要求国家法律直接承认少数民族民事习惯，也没有要求国家法律中直接吸纳少数民族习惯法，而是国家法律对少数民族习惯法必须留出一定的空间，通过司法途径或者其他进路，为少数民族习惯法的规制行为、调节作用创造有利条件，否则少数民族习惯法与国家法律会在某些领域"打架"，影响整个法治进程。这恐怕不仅是少数民族民事习惯所面临的问题，而是整个民事习惯的位置安排问题。这是中国将来民法典必须面对的重要问题。

　　大部分学者对《法国民法典》中的物权制度是否坚持物权法定主义存在争论或有不同意见。其实《法国民法典》中可以说对当时的物权民事习惯的认可程度是非常广泛的，后来的学者对《法国民法典》中的"用益权"制度的设置（在《德国民法典》中同样也是）之广泛感到吃惊。在大陆法系的民法典中除重要的用益物权之外，那些"鸡毛蒜皮"的用益物权基本上以用益权制度一网打尽，财产用益问题基本可以用一个用益权制度搞定。在《法国民法典》中，就连牲畜粪便的归属在内都有规定，其法典散发着浓浓的"泥土的气息"和"牛粪的味道"。详尽到这一程度的民法典，当时增加一条有关物权法定原则的条款简直就是"浪费"法律条款。这一切均归功于《法国民法典》、《德国民法典》制定过程中对民事习惯的重视、信任以及吸纳。因此建议我国民法典的制定必须慎重对待 9 亿农民以及占全国 64% 土地的少数民族地区等广大基层民众的民事习惯以及少数民族民事习惯，否则我们所制定出来的民法典就会充斥着混凝土、钢筋、水泥的冰凉和冷漠，最贴近民众的民法典则可能与它理应产生的土壤相分离，成为少数精英们施展才华的道具，经不住时间的检验而黯然退出历史舞台。这并不是毛骨悚然、信口开河的判断，中国法制进程中这样的经验和教训很多。

国家法律对民事习惯留有一定空间的最好的办法就是在民法典或者立法法中承认习惯法的法源地位，给未来的民法典的社会适应性提供必要的张力。这种民法典中提供的空间并不是简单的一个法律渊源形式的认可。根据民事习惯调查的情况，从司法实践和民法理论的视角给予必要的梳理、解读和理论的归纳，具有普适性的民事习惯适合吸收国家法律体系的，直接规定在民法中；不具有普遍性，但对地方性、少数民族地区具有重要意义的，并且符合民事法律基本原则的民事习惯，可以通过法源形式的认可，为司法机关援用民事习惯创造机会。司法机关根据民法授权的法源形式可以创设新型物权种类，可以克服民法物权法定原则的局限性。

我国《物权法》中对民事习惯的态度与以往《民法通则》、《担保法》、《合同法》等法律相比较而言，在民事习惯的认可上有所进展。《物权法》第 85 条规定："法律、法规对处理相邻关系有规定的，依照其规定；法律、法规没有规定的，可以按照当地习惯。"《物权法》第 85 条的规定是《民法通则》第 83 条，即"不动产的相邻各方，应当按照有利生产、方便生活、团结互助、公平合理的精神，正确处理截水、排水、通行、通风、采光等方面的相邻关系。给相邻方造成妨碍或者损失的，应当停止侵害，排除妨碍，赔偿损失。"这一规定的补充性内容。这是继《合同法》之后对民事习惯可作为法源形式，调整财产关系的又一次明确的规定。《合同法》中的"交易习惯"有学者也认为是一种民法意义上的习惯，即习惯法。①而《物权法》第85条规定的"当地习惯"毫无疑问是一种习惯法。相邻关系的处理是一项不动产相邻权利人对其不动产的所有权、使用权而产生的权利、义务关系。因此，这里的"当地习惯"要符合习惯法所具备的一切形式要件，即长期惯行、有法律之确信和不违反公序良俗原则之外，还应当是一种权利、义务关系的调整。处理相邻关系的有利生产、方便生活、团结互助、公平合理的原则是对民间相关习惯法的尊重。《物权法》中除了直接规定民事习惯是处理民事权利、义务关系的个别条款之外，其他相关条款中也对民事习惯进入物权法留出了一定的空间。如《物权法》第116条规定："天然孳息，由所有权人取得；既有所有权人又有用益物权人的，由用益物权人取得。当事人另有约定的，按照约定。""按照约定"的规定给相关民事习惯进入物权法视域留出一定程度的空间。当事人之间约定标的物孳息的规则通常来自于民间的民事习惯。如本文所谈的苏鲁克用益权的设定中，标的物所产生孳息的约定规则就是来源于苏鲁克民事习惯。《物权法》在第116条第2款中又规定："法定孳息，当事人有约定的，按照约定取得；没有约定或者约定不明确的，按照交易习惯取得。"把第116条第2款与第1款的规定相互结合起来分析，更能够体现《物权法》对民事习惯重视的程度。另外第六章业主的建筑物区分所有权中的有关业主管理规约的规定，对业主之间形成的习惯

---

① 程宗璋：《试论我国合同法中的"交易习惯"》，载《燕山大学学报》（哲学社会科学版），2001年第1期。

的吸收创造了一定范围内的自由空间。但总体而言，物权法对民事习惯所持的态度是谨慎的，认可的范围极其有限。

民法学界对物权法定主义原则所持的保留态度与物权法所规定的严格的"物权法定主义"原则成为鲜明的对照。这种反差其实有自身的客观性。

其一，对物权法定主义原则作检讨，主张从宽解释物权法定原则的学术界并没有给其自身的主张提供有效的实证性研究成果。物权法定原则的检讨还限于纯理论的探讨，对中国社会所存在的物权习惯，尤其对民间的相关民事习惯所作的实证研究材料严重地缺乏，致使物权法定原则的检讨内容空泛，不足以对牢固的物权法定原则构成撼动。

其二，物权法制定过程中缺少民事习惯调查，尤其对物权性质的民事习惯的调查没有展开，这是物权法无法承认习惯法法源地位的客观原因。只有对司法和民间的民事习惯做广泛的调查，并对其进行法理的分析、梳理才可能使民事习惯对民众生活中的作用以及司法实践中回避或模棱两可的态度浮现于水面，民事习惯的重要作用才可以进入立法者的视野。因此，在民事习惯调查工作未展开之前，对民事习惯的法源地位的认可显然是一种冒险行为。

其三，承认民事习惯法源地位就意味着对物权法定原则之"法"的外延作了宽泛的理解。而这一宽泛解释的相关理论问题还没有展开更进一步深入的探讨。理论上的准备工作不充足也是一个重要的原因。归根结底，我们对物权法定原则作出怀疑，并试图克服其漏洞的想法，或者说受到国外相关研究成果的启发而讨伐这一原则时，包括理论、实证以及信息在内的很多需要准备的东西还没有完全准备好。这是物权法没有认可习惯法法源地位的客观因素。在主观上对民事习惯的作用的认识不足，甚至认为是一种落后的、传统的、地方性的知识体系，不利于现代化的实现，会阻碍社会向现代化方向的迈进。这是对民事习惯迟迟不做调查的根本原因所在。立法者从主观方面而言，它会力所能及地去关注民众的基本生活，并把法律的正义贯彻到社会民众生活当中去。但是立法者的认知能力、手段和方法等多种因素会影响其立法计划的圆满状态。其中最关键的就是对民众生活考虑的不周全。物权法还要受到民众基本生活的检验，如果它不能有效解决民众基本生活中的财产归属关系、用益关系，或者避而不见，采取回避的态度，那就是脱离民众基本生活的法律。

3. 传统问题与司法能动

苏鲁克民事习惯是一种传统的物权习惯。由于其本身的民间性、地域性、民族性等各种复杂的原因，导致苏鲁克民事习惯这样的地方传统知识通过民族自治地方自治法规以及国家法律的直接规范的希望变得非常的渺茫。从而苏鲁克民事习惯的物权特质只有依靠司法这一唯一的进路了。苏鲁克民事习惯依赖司法而生成国家所承认的物权特质的民事习惯的可能性由以下几个关键因素所决定：

首先，苏鲁克民事习惯在外在的表述形式上是以一种合同形式出现。既然不能把它归到某个具体的合同，那只能把它视为一种无名合同。对其认定为无名合同，实质上并没有解决问题。苏鲁克合同所创立的双方的民事权利和义务关系究竟是什么性质的权利，这一问题没有得到回答，实际上就是需要国家（包括代表国家的司法机关在内）对其性质有一个明确的表态。由于苏鲁克民事关系是一种合同关系，又不违反法律禁止性的规定，符合公序良俗原则，依《合同法》和《民法通则》的规定，应当认定其法律效力（国家法律意义上），苏鲁克民事关系各方发生纠纷或权利冲突，那就可以诉诸法院寻求解决了。这是苏鲁克民事习惯进入司法视野的最主要的根据和理由，司法实践中也是这样处理的。国家司法机关（法院）与立法机关、行政机关相比较而言，它要必须直接面对苏鲁克民事习惯，也是最具有对其法律特质作解释的机关。

其二，苏鲁克民事习惯具有反复践行、对特定区域民众而言具有法的确信的规则体系，也就是民法意义上的民事习惯，法社会学、法人类学意义上的习惯法。苏鲁克民事习惯的这一特质进入司法领域之后，必然或多或少地对国家法律的相关规定产生这样那样的联系，对此，司法机关必须做出回应。从而司法机关更有资格对苏鲁克民事习惯的法律特质作出说明，并对其物权属性有认可的可能性。当今司法机关对苏鲁克民事习惯的复杂而矛盾的心态就是这一情况的真实写照。

其三，司法机关适用法律的特点，决定了在司法中对苏鲁克民事习惯的法律特质的解释变得有可能。美国学者罗斯科·庞德对司法中的法律适用作出解释时谈到"依法裁决争议涉及三个步骤：1. 找法，即在现行法律体系的诸多法律规则中寻找所要适用的法律，或者在没有可资适用的法律时，根据现行法律体系以某种方式提供的素材造它一个规则（不管是否就此为今后的案件确立一个规则）；2. 对所选定或者确定的规则进行解释，即根据立法意图或者指向的范围，定其含义；3. 将如此找到和解释的法律适用于争议"[①]。我国学者对法律的司法适用进行解释时谈到，法律司法适用有两种特征：一是司法机关居于超然的地位；二是司法机关维护法律秩序，实现正义。司法官对于任何诉讼案件，不能因法无明文，即拒绝审理，致令正义晦而不彰，社会秩序无法维持。详言之，在法律不明时，司法官应该运用解释权，阐明法的真意；当法无明文规定时，涉及刑事者，应依据罪行法定主义，宣告无罪；涉及民事者，应依据习惯或法理，为适当裁判。[②] 罗斯科·庞德所

[①] 转引自孔祥俊：《法律解释方法与判解研究——法律解释·法律适用·裁判风格》，第5—6页，人民法院出版社，2004年。

[②] 韩中谟：《法学绪论》，第91—92页，中国政法大学出版社，2002年。

讲的"造规则",实质上讲的就是英美法系国家法院法官的造法行为。中国学者所强调的法律解释、依据习惯、法理作出判决也是一种规则的认可和"创造"过程。研究人员所强调的"造规则"在大陆法系国家传统中,则更多指的是对法律漏洞进行补充而所作的司法解释。

调整财产关系的物权制度与债权制度中,债权根据合同法的原则,双方可以在平等、自愿、合法原则的基础上,设立各种债权、债务关系,法律对其限制相对较少。债权法虽然也明文规定了债的种类及各种债的基本内容,但有关债的规范多为指导性的任意规范,并不禁止当事人以契约形式创设法律没有规定的债。① 因此,债权法奉行和强调民法上的意思自治原则,只要当事人签订的契约不违反法律禁止性规定,其通过契约所设立的双方权利、义务关系均受法律保护。与债权法相比较而言,物权法则强调物权法定原则,物权法定原则是一种强制性原则。如果当事人之间通过契约形式设定了法律所没有规定的物权种类、内容、效力或者变更方式的,就会因违反法律规定的强制性规范而无效。但社会生活是复杂而多变的,随着经济的发展,可能会出现法律所没有规定的新的物权种类,物权法制定过程中未发现或者未曾调查的物权种类可能将反映到司法当中,因而,物权法定原则必须有一定的灵活性。例如,我国经济体制改革中出现的公有自然资源使用权、全民所有制企业经营权、农户承包经营权就是一个例证。② 物权法定原则虽然对维护整个社会财产权属关系的确立及有序发挥重要的作用,但其强行法的弊端也是显现的。

---

① 彭万林主编:《民法学》,第240页,中国政法大学出版社,1999年。
② 彭万林主编:《民法学》,第241页,中国政法大学出版社,1999年。在我国《物权法》中,自然资源的使用权、全民所有制企业经营权、农户承包经营权以国家所有权、集体所有权、土地承包权等形式被认可。

对新的物权种类,在法律没有得到修改之前无法进行有效的确认和保护,不利于促进经济、社会的发展。为了克服物权法定原则僵化的弊端,大多数国家通过对习惯法法源地位的认可,以司法判例形式认可新型物权类型和内容。这里司法机关有效地补充了法律本身的漏洞,物权法法定原则也变得灵活而富有生命力。在理论和实践上,习惯法法源地位以及司法机关能动性两个车轮不断地在推动物权制度向前迈进。在英美法系国家,习惯法是民事法律制度的最主要渊源之一,并且司法机关具有高度的"造规则"的能动性,从而物权法定原则一直没有发展起来。大陆法系国家则为了屏蔽封建财产制度,创设了物权法定原则。〔有学者认为"物权法定原则(主义)"并不是什么法律实践的产物,而是一种概念性的规则,财产法应当无视物权法定原则。在大陆法系国家,司法机关通过判例形式认可的新型物权制度的确早已突破了该原则本身,并且主张一些无视物权法定原则的学者的观点产生了很大的影响。〕但现代大陆法系国家民法典普遍承认了民事习惯(法)的法源地位,司法机关在判例中已经创设了物权法所没有规定的新型物权制度,这是一个不争的事实。物权性的民事习惯被司法机关的司法判例所认可为新型物权,需要严格的条件和程序。

首先,物权民事习惯必须符合国家宪法规定的基本所有权归属制度。宪法所规定的有关物权方面的基本制度是国家经济制度的基础之一,任何法律或者其他规则均不得违反宪法的规定。例如德国《基本法》第14条规定:"所有权受保护","德国法学家们认为,这一规定包括所有权的制度保证和公法的司法保证两个方面的意思。所谓制度保证,指的是国家的立法者虽然有权力对所有权的内容及其应受限制加以确定,但是法律制度却不能对所有权的本质内容(Wesensgehlt)有所损害。而司法保证指的是国家建立必要的司法体系对所有权自由进行保护。"① 因此，在德国，一般认为，德国《基本法》在所有权保护中发挥着率先的而且是核心的作用。德国民法学家认为，德国宪法对所有权的规定，可以适用于有关物权的保护②。在我国，宪法规定的所有权制度，尤其国家所有权制度、集体所有权制度、私有财产制，即宪法第 6 条："中华人民共和国的社会主义经济制度的基础是生产资料的社会主义公有制，即全民所有制和劳动群众集体所有制。社会主义公有制消灭人剥削人的制度，实行各尽所能、按劳分配的原则。"第 9 条："矿藏、水流、森林、山岭、草原、荒地、滩涂等自然资源，都属于国家所有，即全民所有；由法律规定属于集体所有的森林和山岭、草原、荒地、滩涂除外。"第 10 条第 1 款："城市的土地属于国家所有。"第 10 条第 2 款："农村和城市郊区的土地，除由法律规定属于国家所有的以外，属于集体所有；宅基地和自留地、自留山，也属于集体所有。"第 13 条："公民的合法的私有财产不受侵犯。"上述内容是我国物权制度的基础性宪法规范，对此，司法机关不能以习惯法为形式对其本质内容进行限制或者破坏。

其次，司法机关认可物权特质的民事习惯，创设新型物权制度时还要受到物权法基本原则的限制，不得违背物权法基本原则。大陆法系国家民法理论发展进程中，在早期，也就是近代民法学中概念法学盛行。概念法学起源于德国的潘得克吞法学和法国的注释法学派。其重要的特征之一是：在民法的法源问题上，独尊国家制定的成文法，特别是民法典，以成文法为唯一法源，排斥习惯法和判例，并强调法律体系具有逻辑自足性，即认为社会生活中无论发生什么案件，均可依逻辑方法从成文法中获得解

---

① 孙宪忠：《德国当代物权法》，第 98 页，法律出版社，1997 年。
② 孙宪忠：《德国当代物权法》，第 98—99 页，法律出版社，1997 年。

决,不承认法律有漏洞。① 到了现代,近代民法的概念法学受到猛烈的抨击,以埃尔利希、康托诺维齐等人为代表,提出了自由法学理念,其主要观点直接针对概念法学的理论基础。自由法学代表性的观点之一就是认为国家法律之外有自由法之存在,此自由法类似于自然法,但自由法之内容因时事而变化,因此异于亘古不变的自然法。承认法律必然存在漏洞,法官有发现自由法之权。② 现代法学方法论给司法机关补充法律漏洞开辟了理论上的准备工作,为司法机关的能动性创造了机会。西方发达国家在克服物权法定主义原则之时,正是运用了这一套理论体系。国家法律之外存在的,所谓的"自由法"大部分来自于"习惯法"。这里讲的"习惯法"可能是历史上形成的旧有习惯法,也可能是在社会实践中新形成的习惯法。理论上承认习惯法上的物权是德、法、日等国民法的趋势,但是在现实的司法实践中对此还是非常慎重的。③ 司法实践中对新型物权的认可或者创设(司法机关对新型物权的认可,在理论上分为两种情况:一是物权法颁行之前,对在习惯法上已经存在的物权民事习惯的认可不认为是一种新型物权,随着社会的发展产生的新的物权习惯的认可才称之为新型物权的认可,基本上不存在司法机关的创设问题,都是一种认可。但为了区分以往习惯法上存在的物权与社会发展而产生的物权习惯的认可相互区分,把前者称之为认可,后者称之为创设)不仅受到国家宪法所认可的有关财产权等公民基本权利的制约,还受到物权法本身相关基本原则之限制,甚至是物权法定主

---

① 梁慧星:《从近代民法到现代民法——20世纪民法回顾》,梁慧星主编:《民商法论丛》(第7卷),第233页,法律出版社,1997年。

② 梁慧星:《从近代民法到现代民法——20世纪民法回顾》,梁慧星主编:《民商法论丛》(第7卷),第247页,法律出版社,1997年。

③ 段匡:《德国、法国以及日本法中的物权法定主义》,梁慧星主编:《民商法论丛》(第7卷),第276页,法律出版社,1997年。

义原则本身的限制。如物权公示、公信原则、一物一权原则等物权法基本原则对司法机关认可或者创设新型物权发挥制衡的作用。在司法实践中对物权民事习惯的认可通常具备以下三个要件：

一是物权特质的民事习惯必须具备民法意义上的民事习惯的所有构成要件，即有事实上之惯行；对该惯行，其生活（交易）圈内的人对之有法的确信；惯行之内容不违背公序良俗。这是物权特质民事习惯被认可为新的物权类型所必备的前提条件之一。

二是被认可的物权性质的民事习惯要满足物权法基本原则的需求，即不得违背一物一权原则，并且具有稳定的公示制度，其公示效应被民众所认可，甚至是不得原则上破坏物权法定主义基本价值取向。其中的要件之一就是必须有相应的公示方法，并且这一公示方法具有公示效力。本文所探讨的苏鲁克民事习惯完全符合司法实践中认可物权规则的所有要件。它不违反国家宪法所规定的相关财产权基本权利，与宪法规定的财产权不发生任何的冲突。它也不违反一物一权原则，它是物权法颁行之前就存在的一种物权种类，对其认可不违背物权法定原则。苏鲁克民事习惯具有稳定的相应的公示制度，并被当地民众以及司法实践认可。因此，苏鲁克民事习惯最适合在司法实践中被认可为一种习惯法上的物权制度。

总之，在地方性的自治法规或者地方性法规中认可物权特质的民事习惯的法源地位，在立法技术以及立法权限上都存在较大的障碍。国家物权法通过国家性的基本法律对某个地方性的具体的习惯法意义上的物权类型加以规制，也不符合国家法律普适性原则。最佳途径在于国家普适意义的法律对民事习惯留有一定的空间，通过司法机关的能动机制认可地方性民事习惯意义上的物权类型，对传统的、地方的、民族的财产权归属、用益、担保等物权民事习惯更好地发挥其作用，创造制度上的便利条件，以便使国家法律更好地得到贯彻，培养民众的法律情感，提高法治的亲和力，实现真正的法治。

结　　语

从前文苏鲁克民事习惯的论述中，可以看到，一个民事习惯的产生、发展是与其特定的经济、文化相连的。从苏鲁克民事习惯变迁的经验中可以深刻地体会到，民事习惯作为习惯法重要组成部分，根据时代的发展，是不断作自我调适的，历史是生动的。苏鲁克民事习惯是调整内蒙古牧区民众主要财产——畜群用益关系的重要制度，是与牧民切身利益相关的财产制度，对内蒙古牧区的社会保障、财产用益、促进畜产品、活畜的流通和交易是不可或缺的。苏鲁克民事习惯的经验告诉我们：民事习惯是基层民众民事生活的归纳和总结，与民众的经济生活、生活保障、财产权利秩序以及人身权等息息相关的规则体系。由于缺乏大面积、扎实的民事习惯的调查，与民众生活相关的重要的民事习惯还没有发掘出来。基层民众的民事习惯不是可有可无的，而是民众生活的重要组成部分。民法学家以及习惯法学家在以往的研究基础上需要更扎实地实证研究，对最基层民众的利益关系调整状况做必要的归纳和总结，从理论上做指导性的研究。如苏鲁克民事习惯一样，民事习惯徘徊于国家与民间之间的状况，不利于国家整体法治进程。通过对国家地方制度、立法体制度以及司法体制的深入研究，从而探索出民事习惯被国家法律、地方性法规或者司法判例所吸收的途径和进路。国家基本的民事法律制度依赖于民众基层民事生活，如果我们国家将来的民法典忽视这些基层民事生活的人文关怀，将是当代法学研究人员的一大不可原谅的罪过。

诚如台湾法学家王伯琦所言："法律条文可以循着理想创造制定，而社会是有惰性的。尤其是像我们这样的古老民族，有其悠久的历史文化，要一旦改弦更张，来适应新法律所创造的一切，当然不是一蹴而就的事。历史法学派认为法律是民族精神的表现，只能自然的形成，无可人为的创造。从某一方面来讲，确是真理。"[①] 另一方面，中国是一个多民族国家，各民族民众基层民事生活习惯具有很大的差异性，国家制定法对少数民族地区基层民众民事生活的忽略也不符合国家所提倡的和谐、民族团结和民族区域自治制度等基本理念和基本制度。慎重对待民事习惯，深入展开民事习惯调查，在民法学界展开深入的民事习惯讨论，可能是创立具有中国特色民法典最必要的工作之一。

[①] 转引自张生：《中国近代民法法典化研究——1901至1949》，第108页，中国政法大学出版社，2004年。

参考文献

一、原始资料

[1] 苏鲁克合同。

[2] 法院案件卷宗。

[3] 法律服务所卷宗。

[4] 任子秀主编：《乌拉特中旗史料》，1988年1月。

[5] 中共乌拉特中旗委员会党史资料征集办公室、乌拉特中旗地方志编纂办公室：《乌拉特中旗史料》（第4辑），1990年，第145号。

[6] 内蒙古自治区档案馆编：《中国第一个民族自治区诞生档案史料选编》，远方出版社，1997年。

[7] 大渡政能：《关于东部内蒙古地带家畜预托惯例》，满铁调查月报（日文），第11—21页。

[8] 内蒙古自治区政协文史资料委员会编：《"三不两利"与"稳宽长"——回忆与思考》，内蒙古政协文史书店发行，2006年。

二、著作

[1]《史记》。

[2]《汉书》。

[3]《后汉书》。

[4]《魏书》。

[5]《北史》。

[6]《隋书》。

[7]《旧唐书》。

[8]《新唐书》。

[9]《金史》。

[10]《辽史》。

[11][明]宋濂等撰:《元史》,中华书局点校本。

[12]《元典章》,中国书店出版社,1990年。

[13]孟驰北著:《草原文化与人类历史》,国际文化出版公司,1999年。

[14]内蒙古自治区政协文史资料委员会编:《"三不两利"与"稳宽长"——回忆与思考》,内蒙古政协文史书店发行,2006年。

[15]梁治平:《清代习惯法:社会与国家》,中国政法大学出版社,1996年。

[16]杜宇:《重拾一种被放逐的知识传统》,北京大学出版社,2005年。

[17]宋蜀华、白振声主编:《民族学理论与方法》,中央民族大学出版社,1998年。

[18]费孝通:《江村经济》,江苏人民出版社,1986年。

[19]彭万林主编:《民法学》,中国政法大学出版社,1999年。

[20]张生:《中国近代民法法典化研究——1901至1949》,中国政法大学出版社,2004年。

[21]高其才:《中国少数民族习惯法研究》,清华大学出版社,2003年。

[22][美]波斯纳著,苏力译:《法理学问题》,中国政法大学出版社,1994年。

［23］克利福德·格尔兹著，纳日碧力戈等译：《文化的解释》，上海人民出版社，1999年。

［24］［美］E.A.霍贝尔著，周勇译，罗致平校：《初民的法律》，中国社会科学出版社，1993年。

［24］刘广安：《清代民族立法研究》，中国政法大学出版社，1993年。

［25］史尚宽：《民法总论》，中国政法大学出版社，2000年版。

［25］梁慧星主编：《中国物权法研究》，法律出版社，1998年版。

［26］黄茂荣：《法学方法与现代民法》，中国政法大学出版社，2001年。

［27］［德］罗尔夫·克尼佩尔著，朱岩译：《法律与历史——论〈德国民法典〉的形成与变迁》，法律出版社，2003年。

［28］卡尔·拉伦兹：《德国民法通论》，法律出版社，2003年。

［29］中国物权法研究课题组（课题组负责人梁慧星）：《中国物权法草案建议稿》，社会科学文献出版社，2000年。

［30］王利明主编：《中国物权法草案建议稿及说明》，中国法制出版社，2001年。

［31］王利明：《物权法论》，中国政法大学出版社，1998年版。

［32］孙宪忠：《德国当代物权法》，法律出版社，1997年版。

［33］尹田：《法国物权法》，法律出版社，1998年。

［34］［美］克利福德·格尔茨著，韩莉译：《文化的解释》，译林出版社，1999年。

［35］［美］克利福德·吉尔兹著，王海龙、张家瑄译：《地

方性知识》，中央编译出版社，2004年。

［36］［日］千叶正士：《法律多元》，中国政法大学出版社，1997年。

［37］田成有：《乡土社会中的民间法》，法律出版社，2005年。

［38］杨经德：《回族伊斯兰习惯法研究》，宁夏人民出版社，2006年。

［39］［德］马克斯·韦伯：《韦伯作品集》（法社会学），广西师范大学出版社，2005年。

［40］［德］马克斯·韦伯：《经济与社会》（上、下卷），商务印书馆，1997年。

［41］梁治平：《寻求自然秩序中的和谐》，中国政法大学出版社，2002年。

［42］苏力：《法治及其本土资源》，中国政法大学出版社，1996年。

［43］黄宗智：《法典、习俗与司法实践：清代与民国的比较》，上海书店出版社，2007年。

［44］［美］罗伯特·C 艾里克森著，苏力译：《无需法律的秩序》，中国政法大学出版社，2003年。

［45］邓正来：《哈耶克法律哲学研究》，法律出版社，2002年。

［46］［奥］弗里德里希·冯·哈耶克著，邓正来译：《自由秩序原理》，生活·读书·新知 三联书店，1997年。

［47］王学辉：《从禁忌习惯到法起源运动》，法律出版社，1998年。

［48］谢晖：《法的思辨与实证》，法律出版社，2001年。

［49］范宏贵：《少数民族习惯法》，吉林教育出版社，1990年。

［50］邓正来：《中国法学向何处去》，商务印书馆，

2006年。

[51] 梅因，H. J. S. 《古代法》，商务印书馆，1959年版。

[52] 张冠梓：《论法的成长》，社会科学文献出版社，2002年。

[53] [法] 卢梭：《社会契约论》，商务印书馆，2005年。

[54] 恩格斯：《家庭、私有制与国家的起源》。

[55] [法] 孟德斯鸠：《论法的精神》，商务印书馆，2005年。

[56] 徐中起，张锡盛，张晓辉主编：《少数民族习惯法研究》，云南大学出版社，1998年。

[57] 郑永流，马协华，高其才，刘茂林：《农民法律意识与农村法律发展》，武汉出版社，1993年。

[58] 张晓辉：《中国法律在少数民族地区的实施》，云南大学出版社，1994年。

[59] 杨一凡，田涛主编：《中国珍稀法律典籍续编，第九册，《少数民族法典法规与习惯法》，张冠梓点校，黑龙江人民出版社，2002年。

[60] [英] 爱德华·泰勒著，连树声译：《原始文化》，广西师范大学出版社，2005年。

[61] 吴海航：《元代法文化研究》，北京师范大学出版社，2000年。

[62] 奇格：《古代蒙古法制史》，辽宁民族出版社，1999年。

[63] 王建革：《农牧生态与传统蒙古社会》，山东人民出版社，2006年。

[64] 陈华彬：《物权法原理》，国家行政学院出版社，1998年版。

[65] 瞿九思：《万历武功录》，中华书局，1962年。

[66] 莫里斯著，王学文译：《法律发达史》，姚秀兰点校，中国政法大学出版社，2003年。

[67] 杨鸿烈：《中国法律发达史》（下册），上海书店出版社，1990年。

[68] 邢莉：《游牧中国》，新世界出版社，2006年。

[69] 峨岷山人：《华夷译语》，天津古籍出版社，1991年。

[70] 萧大亨著：《北虏风俗》，薄音湖、王雄编辑点校，《明代蒙古汉籍史料汇编》，第1辑，内蒙古大学出版社。

[71] 额尔登泰、乌云达赉校勘：《蒙古秘史》，内蒙古人民出版社，1980年。

[72] 亦邻真复原：《蒙古秘史》，内蒙古大学出版社，1987年。

[73] 巴雅尔撰写：《蒙古秘史》，内蒙古人民出版社，1980年。

[74] 道润梯步：《新译简注〈蒙古秘史〉》，内蒙古人民出版社，1979年。

[75] 罗布桑却丹著：《蒙古风俗鉴》，赵景阳译，辽宁民族出版社，1988年。

[76] 苏鲁格译注：《阿勒坛汗法典》，载《蒙古学信息》，1996年。

[77] [蒙古] 那楚克道尔吉：《喀尔喀七旗法典》，载《喀尔喀新发掘的珍贵法律文书》，乌兰巴托，1973年。

[78] 道润梯步校注：《卫拉特法典》，内蒙古人民出版社。

[79] [瑞典] 多桑著，冯承钧译：《多桑蒙古史》（上、下），上海书店出版社，2001年。

[80] 杜建录：《西夏经济史》，中国社会科学出版社，2002年。

［81］符拉基米尔佐夫著，刘荣焌译：《蒙古社会制度史》，中国社会科学出版社。

［82］李德英：《民国时期成都平原租佃制度初探》，中国社会科学出版社，2006年。

［83］李秀清：《日耳曼法研究》，商务印书馆，2005年。

［84］［英］F. H. 劳森，B. 拉登：《财产法》，中国大百科全书出版社，1998年。

［85］茨维格特，克茨著，潘汉典等译：《比较法总论》，贵州人民出版社，1992年。

［86］王泽鉴：《民法物权——通则·所有权》，中国政法大学出版社，2001年。

［87］王泽鉴：《民法物权——用益物权》，中国政法大学出版社，2001年。

［88］吕志祥：《藏族习惯法：传统与转型》，民族出版社，2007年。

［89］李可著：《习惯法——一个正在发生的制度性事实》，中南大学出版社，2005年。

［90］［美］拉铁木尔著，唐晓峰译：《中国的亚洲内陆边疆》，江苏人民出版社，2005年。

［91］［日］近江 幸治著，王茵译、渠涛审校：《民法讲义Ⅱ物权法》，北京大学出版社，2006年。

［92］［德］埃克哈特·施里特著，秦海、杨煜东、张晓译，秦海校：《习俗与经济》，长春出版社，2005年。

［93］［德］迪特尔·梅迪库斯著，邵建东译：《德国民法总论》，法律出版社，2000年。

［94］罗结珍译：　《法国民法典》，中国法制出版社，1999年。

［95］阿拉腾：《文化的变迁——一个嘎查的故事》，民族出

版社，2006年。

[96] 周小明：《信托制度比较法研究》，法律出版社，1996年。

[97] 内蒙古典章法学与社会学研究所编：《〈成吉思汗法典〉及原论》，商务印书馆，2007年。

[98] 史金波、聂鸿音、白滨译：《天盛改旧新定律令》，法律出版社，2000年。

[99] 任子秀主编：《乌拉特中旗史料》，1988年1月。

[100] 中共乌拉特中旗委员会党史资料征集办公室，乌拉特中旗地方志编纂办公室：《乌拉特中旗史料》（第4辑），1990年，第145号。

[101] 内蒙古自治区档案馆编：《中国第一个民族自治区诞生档案史料选编》，远方出版社，1997年。

[102] 郝维民主编：《内蒙古自治区史》，内蒙古大学出版社，1996年。

[103] 沈斌华：《内蒙古经济发展史札记》，内蒙古人民出版社，1983年。

[104] 叶新民等：《简明古代蒙古史》，内蒙古大学出版社，1993年。

[105] 史尚宽：《债法各论》，中国政法大学出版社，2000年。

[106] 曹为，王书江译：《日本民法》，法律出版社，1986年。

[107] 王家福主编：《民法债权》，中国法制出版社，1991年。

[108] 杨振山主编：《罗马法·中国法与民法法典化》，政法大学出版社，1995年。

[109] 吕世伦主编：《西方法律思潮源流论》，中国人民公

安大学出版社，1993年。

[110]王泽鉴：《民法物权2——用益物权·占有》，中国政法大学出版社，2001年。

[111]殷生根译，艾棠校：《瑞士民法典》，法律出版社，1987年。

[112]葛忠兴主编：《中国少数民族地区发展报告2004》，民族出版社，2005年。

[113]周林彬：《物权法新论——一种法律经济分析的观点》，北京大学出版社，2002年。

[114]谢在全：《民法物权论》（上），中国政法大学出版社，1999年。

[115]梁慧星：《中国物权法研究》，法律出版社，1998年。

[116]［美］克里斯托弗·沃尔沃著，黄金荣译：《司法能动主义》，中国政法大学出版社，2004年。

[117]孔祥俊：《法律解释方法与判解研究——法律解释·法律适用·裁判风格》，人民法院出版社，2004年。

[118]韩中谟：《法学绪论》，中国政法大学出版社，2002年。

[119]徐国栋：《民法基本原则解释》，中国政法大学出版社，1992年。

三、外文和蒙古文著作：

[1]［日］高木多喜男：《担保物权法》，有斐閣，1989年。

[2]［日］近江幸治：《担保法制度の研究——権利移転型担保研究序说》，成文堂，1989年。

[3]［日］后藤富男：《内陸アジア遊牧民し社会の研究》，吉川弘文館，1968年。

[4]［日］樹原正毅：《遊牧世界》，中公新書，1983年。

［5］［日］田山茂：《清代蒙古の社会制度》，1955年。

［6］［日］岛田正郎：《清代蒙古に対して立法と蒙古の習慣法》，法律論叢，第42卷—第54卷。

［7］达·查干：《蒙古族传统烙印文化》（蒙古文），内蒙古人民出版社，2005年。

［8］参布拉敖日布：《蒙古族与游牧经济文化》（蒙古文），内蒙古人民出版社，1999年。

［9］额尔顿扎布、萨日娜：《蒙古族土地所有制特征研究》，辽宁民族出版社，2001年。

［10］［俄］梁赞诺夫斯基著：《蒙古惯习法の研究》，满铁东亚经济调查局译，昭和十年。

［11］［日］东亚研究所：《内蒙古の农牧业（中间报告）——内蒙古の一般调查の一部》，东亚研究所，昭和十六年。

［12］奇格：《古代蒙古法制史》（蒙古文），辽宁民族出版社，2004年。

［13］末川博编：《新订法学词典》（日文），日本评论新社，昭和三十一年。

［14］［俄］库德里亚夫采夫著，蒙古研究所译：《布里雅特蒙古民族史》（日文），1943年。

［15］内蒙古日报社蒙文编辑部：《生态启示录》（蒙古文），内蒙古人民出版社，2004年。

［16］留金锁，奇格：《古代蒙古家庭法》，载《内蒙古社会科学》（蒙古文版），1998年第5期。

［17］勃尔只斤旺楚克：《蒙古历史上的科学技术发明》，载《科学与生活》（蒙古文），2003年，第6期。

［18］奇格，旺庆扎布：《卫拉特法典体系及其特点》，载《内蒙古社会科学》（蒙文版），1998年第1期。

［19］宝音乌力吉，包格校注：《蒙古——卫拉特法典》，内

蒙古人民出版社，2002年。

四、论文：

[1] 亦邻真：《中国北方民族与蒙古族族源》，载《内蒙古大学学报》，1979年第3、第4期。

[2] 云慧群：《浅析清代漠南蒙古地区"苏鲁克"制》，载《经济·社会》，1988年第4期。

[3] 戴双喜：《法律视野中的苏鲁克民事习惯》，载《蒙古学集刊》（教育部人文社会科学电子集刊），2006年第2期。

[4] 李建华，许中缘：《论民事习惯与我国民法典》，载《河南省管理干部学院学报》，2004年第2期。

[5] 程宗璋：《试论我国合同法中的"交易习惯"》，载《燕山大学学报》，2001年第1期。

[6] 李凤章，郝磊：《民法典法典化与习惯缺失之忧》，载《法制与社会发展》，2005年第1期。

[7] 陈伯礼：《论民事习惯在我国民法典中的角色定位》，载《学术论坛》，2005年第4期。

[8] 赵万一：《论民法的伦理性价值》，载《法商研究》，2003年第6期。

[9] 胡旭晟：《20世纪前期中国之民商事习惯调查及其意义》，载《湘潭大学学报》（哲学社会科学版），1999年第2期。

[10] 王轶：《民法价值判断问题的实体性论证规则——以中国民法学的学术实践为背景》，载《中国社会科学》，2004年第6期。

[11] 刘广安：《传统习惯对清末民事立法的影响》，载《比较法研究》，1996年第1期。

[12] 于语和，何苗：《试论当代民事立法中民间民事习惯的缺失》，载《宁夏社会科学》，2005年第7期。

[13] 梁慧星：《从近代民法到现代民法——20世纪民法回顾》，载《民商法论丛》（第7卷），法律出版社，1997年。

[14] 谢鸿飞：《论民事习惯在近现代民法中的地位》，载《法学》，1998年第3期。

[15] 韩冰：《近代中国民法法源及其适用原则简论》，载《法学论坛》，2005年第5期。

[16] 罗洪洋：《贵州少数民族习惯法对现代法和"法治"的启示》，载《贵州民族研究》，2000年第2期。

[17] 苏力：《当代中国法律中的习惯》，载《法学评论》，2001年第3期。

[18] 廖文升：《中国少数民族习惯法与现代化》，载《重庆交通学院学报》（社科版），2004年第12期。

[19] 徐晓光：《中国多元法文化的历史与现实》，载《贵州民族学院学报》（哲学社会科学版），2002年第1期。

[20] 周相卿：《文化模式原理对民族习惯法研究的几点启示》，载《贵州民族学院学报》（哲学社会科学版），2004年第1期。

[21] 张晓萍：《中国民间法研究学术报告》（2006年），载《山东大学学报》，2007年第1期。

[22] 田成有：《乡土社会中的国家法与民间法》，载《开放时代》，2001年第9期。

[23] 陶钟灵：《"送法进城"：中国法律现代化的价值取向——"2003年中国民族法文化与现代法治精神研讨会"观点综述》，载《贵州财经学院学报》，2004年第4期。

[24] 田成有：《"习惯法"是法吗?》，载《云南法学》，2000年第3期。

[25] 孙国华：《"习惯法"与法的概念的泛化》，载《皖西学院学报》，2003年第6期。

[26] 马长山：《中国法制进路的根本面向与社会根基——对市民社会理论法治观质疑的简要回应》，载《法律科学》（《西北政法学院学报》），2003年第6期。

[27] 马长山：《民间社会组织能力建设与法治秩序》，载《法学论坛》，2006年第1期。

[28] 吴团英：《略论草原文化研究的几个问题》，载《鄂尔多斯文化》，2006年第2期。

[29] 吴团英：《草原文化与游牧文化》，载《光明日报》，2006年7月24日。

[30] 《蒙古史研究参考资料》，第24集。

[31] 陈巴特尔：《试论蒙古民族传统文化的形成、变迁及其特点》，载《内蒙古大学学报》（人文社会科学版），2004年第5期。

[32] 章礼强：《民俗与民法》，载《民俗研究》，2001年第1期。

[33] 策·巴图：《〈蒙古——卫拉特法典〉与蒙古族传统的财产分配习俗》，载《新疆大学学报》（哲学·人文社会科学版），2005年第6期。

[34] ［日］大渡政能：《关于东部内蒙古地带家畜预托惯例》，载《满铁调查月报》（日文），第11—21页。

[35] 图雅：《涉及牧区未来的几个问题的思考》，载《内蒙古社会科学》（蒙古文版），2004年第4期。

[36] ［日］利光有纪著，晓克译：《蒙古的家畜寄养惯例》，载《内蒙古近代史译丛》（第2辑），内蒙古人民出版社，1988年。

[37] 房绍昆，丁海湖，张洪伟：《用益权三论》，载《中国法学》，1996年第2期。

[38] 米健：《用益权的实质及其现实思考》，载《政法论

坛》，1999年第4期。

[39] 屈茂辉：《用益权的源流及其在我国民法上的借鉴意义》，载《法律科学》，2002年第3期。

[40] [奥] 欧根·埃里希著，张菁译：《法社会学方法——关于"活法"的研究》，载《山东大学学报》，2006年第3期。

[41] 苏力：《当代中国法律中的习惯——一个制定法的透视》，载《法学评论》（双月刊），2001年第3期。

[42] 王亚新：《论民事经济审判方式的改革》，载《中国社会科学》，1994年第1期。

[43] 敬从军：《物权法定主义存废论》，载《西南政法大学学报》，2006年第2期。

[44] 梁慧星：《法律漏洞及其补充方法》，载梁慧星主编：《民商法论丛》（第1卷），法律出版社，1994年。

[45] 梁慧星：《从近代民法到现代民法——20世纪民法回顾》，载梁慧星主编：《民商法论丛》（第7卷），法律出版社，1997年。

[46] 陈洋：《论物权法定主义》，载《经济工作》，2006年第1期。

[47] 吴大华：《论民族习惯渊源、价值与传承》，载《民族研究》，2005年第6期。

[48] 文格：《藏族习惯法在部分地区回潮的原因分析》，载《青海民族研究》，1999年第3期。

[49] 苏力：《关于市场经济与法律文化的一点思考》，载《北京大学学报》，1993年第4期。

[50] 陆进强：《少数民族习惯法与民族法制建设》，载《广西民族学院学报》（哲学社会科学版），2004年第12期。

[51] 郑或：《从习惯到习惯法》，载《云南大学学报》（法学版），2001年第4期。

[52] 刘晓明：《论民族习惯法治社会功能》，载《贵州民族研究》，2004年第2期。

[53] 张明新：《民间法与习惯法：原理、规范与方法》，载《山东大学学报》，2006年第1期。

[54] 小林正典：《中国少数民族习惯法序论》，载《青海民族研究》，2002年第1期。

[55] 薛军：《略论德国民法潘得克吞体系的形成》，载《中外法学》，2003年第1期。

[56] 陆燕红：《论行政习惯法》，载《广西政法管理干部学院学报》，2002年第6期。

[57] 徐中起：《民族法研究的理论意义》，载《思想战线》，1994年第4期。

[58] 张晓辉：《民间法的变迁与作用》，载《现代法学》，2001年第5期。

[59] 渠涛：《中国民法典立法中习惯法应有的位置》，互联网。

[60] 王志海：《物权法定原则初探》，东方法眼网站，网址：http://www.dffy.com

[61] 段匡：《德国、法国以及日本法中的物权法定主义》，载梁慧星主编：《民商法论丛》（第7卷），法律出版社，1997年。

[62] 陈华彬：《19、20世纪德国民法学说史》，论文天下网站，网址：http://lunwentianxia.com

后 记

本书是我在中央民族大学法学院博士学位论文的修改稿。该书的出版，归功于我的博士生导师徐中起教授。如今，我已经离开了中央民族大学，走上了工作岗位，是应该回报培养我的老师和母校的时候了。但先生依然继续在学术、做人、甚至生活上照顾我，岂能用"感谢"一词来表达我的感激之情。作为此书最初的评阅者，徐先生付出了很多辛苦，学生以此为起点，有决心以后续的作品报答他的培养之恩。

需要特别感谢的是博士论文撰写前期提供原始材料的内蒙古东乌珠穆沁旗人民法院、东乌珠穆沁旗劳动就业局、内蒙古新巴尔虎左旗人民政府、新巴尔虎左旗法律援助中心、内蒙古东苏旗人民法院。尤其上述单位负责人，冒着被我"数落"他们"不是"的风险，无私提供了论文写作所需原始材料，同时，他们又给我的田野调查提供了最可靠的后勤保障，他们对我法治研究的支持和期盼让我倍受鼓舞。

该书出版之际，回想起给我最初启发的内蒙古农业大学已故额尔敦达来教授，他在10年前让我关注内蒙古牧区畜群承包习惯法。内蒙古大学法学院周宝峰教授作为我的硕士研究生导师，对民事习惯研究给予我最初的指导和帮助。清华大学法学院高其才教授对我的论文提出了很多中肯的修改意见。内蒙古大学法学院对该书的出版给予了资助，并提供了诸多便利。在博士论文写作阶段，同窗师友提供了很多的帮助和鼓励，文中的好多观点都是在和他们的探讨、争论中产生的，有的甚至就是讨论的总结。

这里一并表达谢意。

书稿的修改和校对阶段,得到中央民族大学出版社云峰社长等有关同志的大力支持和帮助,在此表示衷心感谢!

最后感谢我的孩子戴雅干,作为小学一年级的学生,特别理解她博士生老爸的"作业"之多,在攻读博士期间不能常回家陪伴她身边。

戴双喜

2009 年 4 月 6 日